● 江西农业大学马克思主义理论重点学科

2022 年度江西省社科基金高校思想政治理论课研究专项“三个‘为什么’融入高校思想政治理论课教学研究”（SZ222017）共同资助

新时代生态文明建设的理论与实践研究

基于制度优势的视域

黄以胜⊙著

江西人民出版社
Jiangxi People's Publishing House
全国百佳出版社

图书在版编目（CIP）数据

新时代生态文明建设的理论与实践研究 ：基于制度优势的视域 / 黄以胜著. -- 南昌 ：江西人民出版社，2024. 12. -- ISBN 978-7-210-16105-9

Ⅰ. X321.2

中国国家版本馆 CIP 数据核字第 2025PJ3401 号

新时代生态文明建设的理论与实践研究:基于制度优势的视域

XIN SHIDAI SHENGTAI WENMING JIANSHE DE LILUN YU SHIJIAN YANJIU;JIYU ZHIDU YOUSHI DE SHIYU

黄以胜　著

责 任 编 辑:万莲花
封 面 设 计:同异文化传媒

江西人民出版社 Jiangxi People's Publishing House 全国百佳出版社 出版发行

地　　址:江西省南昌市三经路 47 号附 1 号(邮编:330006)
网　　址:www. jxpph. com
电 子 信 箱:64114527@ qq. com
编辑部电话:0791-86898650
发行部电话:0791-86898815
承　印　厂:江西新华印刷发展集团有限公司
经　　销:各地新华书店

开　　本:787 毫米×1092 毫米　1/16
印　　张:18. 25
字　　数:300 千字
版　　次:2024 年 12 月第 1 版
印　　次:2024 年 12 月第 1 次印刷
书　　号:ISBN 978-7-210-16105-9
定　　价:65. 00 元
赣版权登字-01-2024-1000

序

曾建平

《新时代生态文明建设的理论与实践研究——基于制度优势的视域》一书即将由江西人民出版社出版，以胜邀我作序。作为以胜的硕士研究生和博士研究生攻读阶段的导师，出于对学生学术成果的支持与鼓励，我深感荣幸并欣然接受了这一邀请。本书是作者在博士学位论文的基础上修改完成的，从选题确定到书稿定稿，前后历时五年，凝聚着作者的心血与努力。

"生态文明"最初是学术界研究的一个概念。1987 年，叶谦吉在《生态需要与生态文明建设》一文中最早提出"生态文明"的概念。此后，学界围绕这一概念展开了一系列研究。2003 年，"生态文明"首次被写入党中央和国务院的正式文件《中共中央国务院关于加快林业发展的决定》。2007 年，党的十七大首次把"生态文明"写入报告，并将"建设生态文明"作为实现全面建设小康社会奋斗目标的新要求之一。党的十八大报告将建设生态文明定位为关系人民福祉和民族未来的长远大计，"生态文明建设"被纳入"五位一体"总体布局。党的十九大报告将建设生态文明上升为关系中华民族永续发展的千年大计，"美丽"成为建成社会主义现代化强国宏伟目标的重要一维。2018 年 5 月，党中央召开全国生态环境保护大会，正式确立习近平生态文明思想，将生态文明建设上升为关系中华民族永续发展的根本大计。"生态文明"从学术概念逐步融入官方文件，其在党和国家总体布局中的地位与作用日益凸显，学界对习近平生态文明思想的研究热度也持续攀升。

在这样的学术背景下，如何在把握学界研究热点的同时，凸显自身研究的独特性与辨识度，成为衡量研究选题创新性的关键因素。作者将社会主义制度优越性作为深化习近平生态文明思想研究的重要视角，这一选择既体现了对学界研究动态的敏锐追踪与已有成果的合理继承，又明确界定了选题的独特性与研究边界，具有重要的理论价值和现实意义。在写作过程中，作者从历史维度梳理了社会主义的探索实践与生态文明理论的产生；从中西制度对比的视角论证了生态文明作为社会主义制度优越性绿色标识的必然性；从理论、历史等多个维度系统梳理了习近平生态文明思想的形成基础；从人与自然、保护与发展、环境与民生、国内与国际四重维度阐释了新时代生态文明建设的核心论题；立足中国特色社会主义语境，分析了新时代生态文明建设探索实践的背景、任务及保障；从促进共同富裕、推动“两个和解”、实现“两个必然”等方面揭示了新时代生态文明建设的时代价值。总体而言，这部著作视角独特、内容丰富、逻辑严谨、论证充分，是研究习近平生态文明思想的一部力作。

回顾我国环境保护和生态文明建设的历程，我们始终致力于通过相关工作彰显我国的制度优势，这也成为推动我国环境保护和生态文明事业蓬勃发展的重要动力。新中国成立之初至20世纪70年代初，受国内恢复国民经济、开展经济建设以及思想观念等多重因素影响，当时普遍认为社会主义制度不会造成环境污染。但后来我国逐渐认识到社会主义制度下同样可能出现环境污染问题，并开始正视这一挑战。可以说，对环境污染问题的重视与有效解决，是全面彰显社会主义制度优越性的必要条件。改革开放以来，面对日益积累和凸显的生态环境问题，我国立足基本国情，确立了环境保护的基本国策，坚持统筹经济社会发展和生态环境保护，始终将人的发展作为经济社会发展的根本出发点和落脚点。这不仅体现了我国制度在经济社会发展中的统筹协调能力，更蕴含着生态正义的理念。生态正义强调在生态资源分配、环境保护责任承担等方面的公平公正。我国在生态文明建设过程中，致力于保障全体人民平等享有良好生态环境的权利，无论是城市还是农村，无论是发达地区还是欠发达地区，都努力推动生态环境的改善，不让任何一个地区、任何一个群体在生态发展中受到伤害，体现了制度正义在生态领域的延伸。

党的十八大以来，以习近平同志为核心的党中央，以“国之大者”的博大胸怀和“历来看得很重”的坚定决心，从解决群众反映强烈的突出生态环境问题入手，持续深入推进三大污染防治攻坚战，以动真碰硬的态度开展中央生态环境保护督察，全面推进人与自然和谐共生的现代化，推动生态文明建设在理论和实践层面都发生了历史性、转折性、全局性变化，美丽中国建设迈出重大步伐。从“光头山”变为“绿满山”，从“黑臭河”变身“生态河”，从荒漠到林海，从“沙进人退”到“人进沙退”……我国的天更蓝、山更绿、水更清、环境更优美、百姓更幸福，创造了举世瞩目的生态奇迹和绿色发展奇迹。这不仅是我国生态文明建设实现“四个重大转变”[①]的有力见证，也是“新时代党和国家事业取得历史性成就、发生历史性变革的显著标志”[②]。新时代生态文明建设已成为彰显我国制度优越性的重要窗口，提升了社会主义生态文明的制度高度和文明高度。

习近平总书记指出：“制度优势是一个国家的最大优势，制度竞争是国家间最根本的竞争。制度稳则国家稳。”[③]从人类文明的历史演进来看，传统工业文明显然无法为人类文明带来绿色希望，资本主义的传统发展模式也难以为继。历史和现实已经证明并将继续证明，作为社会主义意识形态的生态文明已成为最终战胜资本主义的有力武器[④]。

习近平总书记在党的二十大报告中强调，“中国式现代化是人与自然和谐共生的现代化”，要“以中国式现代化全面推进中华民族伟大复兴”[⑤]。党的二十届三中全会审议通过的《中共中央关于进一步全面深化改革、推进中国式现代化的决定》，将聚焦建设美丽中国、促进人与自然和谐共生作为进一步全面深化改革总目标的重要方面。新时代新征程，面对百年未有之大变局加速演进，面对实现中华民族伟大复兴“不可逆转”之势，面对两种意识形态及社会制度的

---

① “四个重大转变”指“实现由重点整治到系统治理的重大转变，实现由被动应对到主动作为的重大转变，实现由全球环境治理参与者到引领者的重大转变，实现由实践探索到科学理论指导的重大转变”。参见《习近平在全国生态环境保护大会上强调 全面推进美丽中国建设 加快推进人与自然和谐共生的现代化》，《人民日报》2023 年 07 月 19 日第 01 版。

② 《习近平在全国生态环境保护大会上强调 全面推进美丽中国建设 加快推进人与自然和谐共生的现代化》，《人民日报》2023 年 07 月 19 日第 01 版。

③ 《习近平谈治国理政》（第 3 卷），外文出版社 2020 年版，第 119 页。

④ 曾建平：《生态文明的三种阐释》，《鄱阳湖学刊》2009 年第 1 期。

⑤ 习近平：《高举中国特色社会主义伟大旗帜 为全面建设社会主义现代化国家而团结奋斗——在中国共产党第二十次全国代表大会上的报告》，人民出版社 2022 年版，第 23、21 页。

激烈较量,必须坚持以习近平生态文明思想为指导,把建设美丽中国摆在强国建设、民族复兴更加突出的位置,着力推动新时代生态文明建设取得更加优异的成绩,进而在更大范围、更宽领域、更深层次、更强力度彰显我国制度的巨大优势。

本书在研究习近平生态文明思想及我国生态文明建设制度优势方面取得丰硕成果。然而,生态正义作为生态文明建设的重要价值维度,与制度正义之间存在着紧密且复杂的联系。作者在后续研究中,可进一步挖掘生态正义在我国生态文明制度体系中的具体体现,探究如何通过制度创新更好地实现生态正义。例如,在生态补偿机制、环境资源分配制度等方面,如何确保公平公正地对待每一个利益相关方;研究不同地区、不同群体在生态文明建设中的权益保障与责任分担,从制度正义的高度完善我国生态文明建设的理论与实践体系,为美丽中国建设提供更坚实的理论支撑。期待作者在未来的学术道路上,继续深耕这一领域,能够取得更多具有创新性和影响力的研究成果。

(作者为浙江工商大学马克思主义学院二级教授、博士生导师,浙江工商大学中国化时代化马克思主义研究院首席专家,国家“万人计划”哲学社会科学领军人才,文化名家暨“四个一批”人才,中国伦理学会副会长,中国伦理学会环境伦理专业委员会副主任)

目　录

导　论 …………………………………………………………………… 1
一、选题缘由及研究意义 ……………………………………………… 1
（一）选题缘由 ……………………………………………………… 1
（二）研究意义 ……………………………………………………… 4
二、国内外研究现状述评 ……………………………………………… 8
（一）国内研究现状述评 …………………………………………… 8
（二）国外研究现状述评 …………………………………………… 15
三、研究内容和研究思路 ……………………………………………… 19
（一）研究内容 ……………………………………………………… 19
（二）研究思路 ……………………………………………………… 21
四、研究方法和创新之处 ……………………………………………… 22
（一）研究方法 ……………………………………………………… 22
（二）创新之处 ……………………………………………………… 22
第一章　社会主义的探索实践与生态文明理论的出场 ……………… 24
第一节　社会主义的探索实践与生态文明理念的“空场” ………… 24
一、空想社会主义对完美社会的幻想 ……………………………… 25
二、苏联模式的生态教训 …………………………………………… 29
三、新中国成立初期的环境保护探索 ……………………………… 34
第二节　中国特色社会主义的发展与生态文明理论的出场 ……… 37

一、中国特色社会主义的开创与环境保护基本国策的确立 …………… 38
二、中国特色社会主义的发展与可持续发展战略的实施 …………… 41
三、中国特色社会主义的发展与科学发展观的形成 ……………… 44
四、新时代中国特色社会主义的发展与习近平生态文明思想的提出 … 46
第三节 共产主义的生态向度 ………………………………………… 50
一、科学社会主义的生态基础 ……………………………………… 50
二、共产主义社会的基本特征 ……………………………………… 53
三、生态文明是实现共产主义的内在要求 ………………………… 56
第二章 生态文明与社会主义制度优越性 ……………………………… 61
第一节 生态环境问题的社会制度审视 ……………………………… 61
一、社会制度视域中的生态环境问题 ……………………………… 61
二、资本主义制度的反生态本质 …………………………………… 66
三、社会主义制度的合生态性 ……………………………………… 69
第二节 从生态文明视角审视我国制度优越性 ……………………… 74
一、社会制度优劣的评判标准 ……………………………………… 74
二、我国制度优越性的形成发展 …………………………………… 83
三、生态文明:我国制度优越性的绿色标识 ………………………… 85
第三章 习近平生态文明思想的形成发展 ……………………………… 93
第一节 理论基础:根源于马克思恩格斯生态文明思想 ……………… 93
一、自然存在论 ………………………………………………………… 95
二、自然价值论 ………………………………………………………… 96
三、自然历史论 ………………………………………………………… 97
四、生态民生论 ………………………………………………………… 97
五、环境治理论 ………………………………………………………… 99
第二节 文化基础:根植于中华优秀传统生态文化 …………………… 100
一、从天人合一到人与自然生命共同体 …………………………… 101
二、从尊天时、量地力、尽物性到尊重自然规律 …………………… 102
第三节 实践基础:继承发展了中国共产党人的生态思想 …………… 103
一、对生态文明建设战略地位的不断强化 ………………………… 104

二、对发展之道的不断探索 …… 106
三、对生态文明制度建设规律性认识的不断深化 …… 107
第四节 政治基础:归根于胸怀“国之大者”的强烈担当 …… 109
一、从“宁肯不要钱,也不要污染”到“绿水青山就是金山银山” …… 109
二、从实施“千万工程”到推进乡村生态振兴 …… 111
三、从生态省建设到美丽中国建设 …… 113
第四章 新时代生态文明建设的核心论题 …… 116
第一节 人与自然的关系:促进和谐共生 …… 116
一、“生态兴则文明兴,生态衰则文明衰” …… 117
二、“人与自然是生命共同体” …… 118
三、“尊重自然、顺应自然、保护自然” …… 119
第二节 保护与发展的关系:推动绿色发展 …… 121
一、理念指引:践行绿色发展理念 …… 121
二、考核激励:挥好“绿色指挥棒” …… 123
三、改革驱动:推进供给侧结构性改革 …… 124
第三节 环境与民生的关系:坚持人民至上 …… 127
一、生态共有是坚持社会主义公有制的必然要求 …… 128
二、生态共建是保障人民主体地位的必然要求 …… 134
三、生态共治是推进国家治理现代化的必然要求 …… 138
四、生态共享是实现共享发展的必然要求 …… 143
第四节 国内与国际的关系:突出共享导向 …… 150
一、建设美丽乡村推动全域共享 …… 150
二、建设美丽中国推动全民共享 …… 156
三、建设美丽世界推动全球共享 …… 163
第五章 新时代生态文明建设的探索实践 …… 169
第一节 新时代生态文明建设的实践背景 …… 169
一、历史方位:中国特色社会主义进入新时代 …… 169
二、重要关口:生态文明建设处于“三期叠加” …… 175
三、国际背景:全球生态文明建设面临多重挑战 …… 180

第二节　新时代生态文明建设的重点任务 …… 185
一、加快构建生态文明体系 …… 185
二、深度参与全球环境治理 …… 194
第三节　新时代生态文明建设的实践保证 …… 200
一、最大优势:坚持党的全面领导 …… 201
二、政治优势:集中力量办大事 …… 206
三、道义优势:构建人类命运共同体 …… 212
第六章　新时代生态文明建设的时代价值 …… 220
第一节　促进共同富裕 …… 220
一、共同富裕的本质内涵 …… 221
二、促进共同富裕的生态保障 …… 224
三、促进共同富裕的生态路径 …… 226
第二节　推动“两个和解” …… 229
一、“两个和解”的科学内涵 …… 229
二、“两个和解”何以必须 …… 232
三、推动“两个和解”何以可能 …… 234
第三节　实现“两个必然” …… 241
一、“资本主义生态文明”的梦呓 …… 242
二、社会主义生态文明的超越 …… 249
结　语 …… 255
参考文献 …… 260
后记 …… 278

导　论

一、选题缘由及研究意义

（一）选题缘由

党的二十大报告充分肯定了党的十八大以来我国生态文明建设所取得的历史性成就，并明确指出“中国式现代化是人与自然和谐共生的现代化”。报告再次强调“推动绿色发展，促进人与自然和谐共生”的重要要求，并对未来五年乃至更长时间的美丽中国建设作出明确部署。习近平总书记在2023年全国生态环境保护大会上强调，要把建设美丽中国摆在强国建设、民族复兴的突出位置，加快推进人与自然和谐共生的现代化。党的二十届三中全会提出，要聚焦建设美丽中国推进生态文明体制改革。这些重要论述及要求，指明了新时代生态文明建设的着力点，为深化新时代生态文明建设的研究注入新内涵。

2018年5月至12月，本人参与导师主持的江西省“习近平新时代中国特色社会主义思想研究工程”重大专项课题“习近平生态文明思想与江西实践研究”（XGZD10），梳理、积累了相关文献。之后，本人主持完成了江西省高校人文社会科学一般项目“习近平生态文明思想的核心价值及其世界影响研究”（MKS19213）。2022年12月，又参与了导师主持的研究阐释党的二十大精神江西省社会科学基金重点项目“人与自然和谐共生的中国式现代化研究——以江西为例”（22ZXQH38）。在进一步学习和梳理前人研究成果的基础上，本著作从社会主义制度优越性视域研究新时代生态文明建设的理论与实践，主要是基于以下几方面考虑。

1. 目前关于新时代生态文明建设理论的研究主要是框架性研究，而从某一视域展开研究的较少

自2018年习近平生态文明思想确立以来，学界对相关研究的热度不断上升，产生了丰富的研究成果。但总体而言，这些研究成果多为宏观角度的研究，侧重研究其哲学底蕴、形成背景、主要内容、方法论体系、世界贡献、时代价值等。这些研究成果，进一步丰富和拓展了研究的深度、广度。而通过特定的视角展开对习近平生态文明思想的研究较少，本书将拓展研究的视域及空间。

2. 在以往的研究中，侧重分析社会主义制度优越性对于生态文明建设的保障作用，而全面阐释新时代生态文明理论与实践彰显社会主义制度优越性的研究成果较少

一般而言，社会主义制度优越性是指社会主义制度在同资本主义制度的较量中所发挥或彰显的显著优势。它体现在比资本主义更高的生产力、更强的平等、更高的文明、更强的凝聚力和整合力（秦宣，2012）。社会主义制度优越性的发挥、评价、彰显应该是全面的、辩证的，它涵盖了经济、政治、文化、社会、生态等各个层面。以往对社会主义制度优越性的叙事侧重于经济、政治等层面，生态文明时代的到来和新时代生态文明建设的历史性成就，为开启社会主义制度优越性的新叙事提供了逻辑必然和一切可能。虽然有学者在1990年就提出从生态环境角度评判社会主义的优越性的观点（梁康，1990），为评判社会主义制度优越性提供了新视角，但由于受到经济发展水平、社会文明进步等因素的限制，生态文明未能上升到彰显社会主义制度优越性的高度。党的十八大以来，我国生态文明建设的步伐不断加快，美丽中国建设取得一系列显著成效。部分学者开始逐步提出生态文明体现了社会主义制度优越性（汪旻艳等，2013；赵振华，2015；李钰，2019；等等）。张云飞（2019）则通过与生态社会主义的对比，认为习近平生态文明思想从社会主义本质规定和马克思主义政治立场的高度来审视生态文明，进而形成了其超越生态社会主义的科学优势。但总体而言，这些研究仍有待进一步深化。特别对于习近平生态文明思想为何能彰显我国制度优越性、如何能彰显我国制度优越性以及具体体现在哪里等方面仍有进一步研究的空间。

3. 从两种意识形态、两种社会制度的历史演进及其较量来看，必须要回答

社会主义生态文明能否超越资本主义的不可持续性问题

在部分西方学者看来，社会主义与资本主义一样，都是坚持工业主义的导向，以追求经济效益最大化为单一目标，全然不顾生态环境保护问题，甚至提出环境破坏导致共产主义大失败的论断。而有着得天独厚自然条件优势的苏联，却未能处理好生态环境问题，致使生态环境问题成为造成其解体的重要因素。西方世界似乎更有理由从生态维度贬损社会主义制度优越性。传统社会主义的实践表明，社会主义制度优越性并不是天然就可以避免环境危机。苏联模式的失败，留下了社会主义能否破解生态环境难题的历史课题。

习近平总书记指出："制度优势是一个国家的最大优势，制度竞争是国家间最根本的竞争。制度稳则国家稳。"①面对百年未有之大变局，全球不确定性、不稳定性因素正在增加。在应对全球气候变化挑战方面，一方面，西方发达国家希望中国等新兴国家承担更多的国际责任，分享新兴国家发展带来的重大机遇；另一方面，它们大搞单边主义、保护主义，刻意渲染"中国环境威胁论"，发布所谓的"中国破坏环境事实清单"，试图遏制中国的发展。面对两种意识形态及社会制度的激烈较量，必须坚持以习近平生态文明思想为指导，着力推动生态文明建设取得更加亮眼的"成绩单"，让西方势力找不到攻击我们的借口，推动两种意识形态、两种社会制度的历史演进及其较量更多、更全面地发生有利于社会主义的重大转变。

4. 新时代坚持和发展中国特色社会主义为多维度彰显我国制度优越性创造了最好条件

社会主义制度优越性源自马克思、恩格斯创立的科学社会主义理论。马克思、恩格斯在对资本主义社会基本矛盾分析的基础上，坚信社会主义必然代替资本主义。面对生产力落后的状况，列宁强调，在经济上能否赶上、甚至超越先进国家，关系到苏维埃政权的生死存亡。邓小平认为，社会主义制度较之于资本主义制度的优越性，首要是看经济发展的速度和效果。尽管后来我们党对社会主义制度优越性的认识在不断深化，思想也更加丰富，但是囿于当时生产力发展的状况，因此把社会主义制度优越性的关注重点集中在生产力发展上有其

---

① 《习近平谈治国理政》(第3卷)，外文出版社2020年版，第119页。

历史必然性。过去,一谈到社会主义制度优越性,我们习惯地指向生产力发展水平、经济发展程度等指标,似乎没有足够的"资本"或亮眼的"成绩单"从生态文明的维度来论证社会主义制度优越性问题。

习近平总书记强调,"生态文明建设做好了,对中国特色社会主义是加分项,反之就会成为别有用心的势力攻击我们的借口"①。党的十八大以来,中国共产党领导新时代生态文明建设取得历史性成就、发生历史性变革,创造了举世瞩目的生态奇迹和绿色发展奇迹,人民群众从不断改善的生态环境质量中享受到了过去从来不敢想、从未有过的生态环境获得感、幸福感和安全感。历史和现实都充分表明,社会主义生态文明完全有条件、有能力充分彰显我国制度的优越性,并且在两种意识形态、两种社会制度的较量中发挥更为关键的作用。

党的二十大擘画了全面建设社会主义现代化强国、以中国式现代化全面推进中华民族伟大复兴的宏伟蓝图,明确了更充分彰显社会主义制度优越性的重大任务。面对两种意识形态、两种社会制度的博弈和新时代、新矛盾、新需要带来的挑战,坚持和发展中国特色社会主义就必须在政治、经济等取得比较优势的基础上,从更大范围、更宽领域、更深层次、更强力度把中国特色社会主义制度优越性充分彰显出来。在这方面,习近平生态文明思想完全能发挥关键引领作用。

总之,从社会主义制度优越性的视域研究习近平生态文明思想,既是坚持和发展中国特色社会主义的必然要求,同时也是深化对习近平生态文明思想研究的必然要求,更是在两种意识形态、两种社会制度的历史演进及其较量中掌握历史主动、赢得更多有利于社会主义的重大转变的必然要求。

本书将从历史的维度梳理社会主义的发展历程和生态文明理论的出场过程,从社会主义制度优越性的视域来审视新时代生态文明建设的理论与实践,不断深化对习近平生态文明思想的研究。

(二)研究意义

深化本主题的研究,对于推进新时代生态文明建设、建设美丽中国,充分彰显我国制度优越性、推进民族复兴伟业等都具有重要的理论意义和实践意义。

---

① 习近平:《推动我国生态文明建设迈上新台阶》,《求是》2019年第3期。

1. 理论意义

习近平生态文明思想继承和发展了马克思恩格斯生态文明思想①,与新中国成立以来中国共产党人的生态思想是一脉相承的。基于社会主义制度优越性视域的研究,其理论意义主要表现在:

一是深化对社会主义制度优越性的系统梳理与总结,引导全党全社会更充分认识中国特色社会主义制度的优越性。社会主义优越性有应然和实然之别(牛先锋,2010)。可以说,马克思主义唯物史观只是从应然层面揭示了社会主义制度优越性。然而,社会主义制度优越性从应然转化为实然,还需要在社会主义探索发展过程中进行大量的实践。新中国的成立和社会主义基本制度的确立,在政治制度层面为社会主义制度优越性的充分发挥奠定了根本基础。随后,中国共产党人带领全国各族人民进行了艰辛探索,成功开创中国特色社会主义,在实践中逐步彰显了社会主义制度优越性。通过统筹推进"五位一体"总体布局,协调推进"四个全面"战略布局,把生态文明建设作为建成社会主义现代化强国、实现中华民族伟大复兴中国梦的重要要求,把生态文明建设摆在新时代党和国家事业发展中"五个一"地位,习近平生态文明思想科学擘画新时代美丽中国建设和人与自然和谐共生中国式现代化的美好蓝图。党的十九届四中全会提出,要"引导全党全社会充分认识中国特色社会主义制度的本质特征和优越性,坚定制度自信"②。因此,从社会主义制度优越性视域来研究习近平生态文明思想,可以深化对社会主义制度优越性的系统梳理与总结,引导全党全社会更充分认识中国特色社会主义制度的优越性。

二是进一步深化对中国特色社会主义的认识,有利于在新时代更好地坚持和发展中国特色社会主义。习近平总书记指出:"中国特色社会主义是改革开放以来党的全部理论和实践的主题。"③中国共产党对社会主义的认识经历了一个逐步深化的过程。新中国的建立和社会主义基本制度的确立,是我国社会发展进步的根本政治前提。毛泽东思想为中国特色社会主义的开创提供了理论

---

① "马克思恩格斯的生态文明思想"这一提法来自方世南的《马克思恩格斯的生态文明思想——基于〈马克思恩格斯文集〉的研究》,人民出版社 2017 年版。

② 《党的十九届四中全会〈决定〉学习辅导百问》,学习出版社、党建读物出版社 2019 年版,第 33 页。

③ 《习近平谈治国理政》(第 2 卷),外文出版社 2017 年版,第 59 页。

准备。从邓小平理论，到“三个代表”重要思想，到科学发展观，再到习近平新时代中国特色社会主义思想，中国共产党人进一步回答并深化了对什么是社会主义、怎样建设社会主义的认识，深刻回答了新时代坚持和发展什么样的中国特色社会主义、怎样坚持和发展中国特色社会主义，建设什么样的社会主义现代化强国、怎样建设社会主义现代化强国，建设什么样的长期执政的马克思主义政党、怎样建设长期执政的马克思主义政党等重大时代课题。党的二十大描绘了全面建设社会主义现代化国家、以中国式现代化全面推进中华民族伟大复兴的宏伟蓝图。通过厘清习近平生态文明思想的形成发展、核心要义等，可以从总体上把握其特质、贡献以及其在习近平新时代中国特色社会主义思想中的地位，进一步深化对中国特色社会主义的认识，为新时代更好地坚持和发展中国特色社会主义提供科学指引。

三是为科学把握“两个必然”“两个决不会”思想提供了新视角，进一步论证了“两个必然”的科学性、真理性。马克思、恩格斯在《共产党宣言》中向全世界宣告，资产阶级必然灭亡、无产阶级必然胜利。马克思主义创立 170 多年来，社会主义运动的发展经历了从理论到实践、从理想变成现实、从一国胜利到多国胜利的过程，既有辉煌，也有低潮。同时，近年来西方资本主义的发展呈现出一些新变化。然而，这些变化及事实并没有改变社会主义代替资本主义的历史必然性。“两个必然”仍是当今世界发展的大趋势。与此同时，我们也要看到社会主义代替资本主义过程的长期性、曲折性，也正如马克思在《〈政治经济学批判〉序言》中所指出，“无论哪一个社会形态，在它所能容纳的全部生产力发挥出来以前，是决不会灭亡的；而新的更高的生产关系，在它的物质存在条件在旧社会的胎胞里成熟以前，是决不会出现的”①。以往对“两个必然”的论证更多的是从人民民主的政治制度、以公有制为主体的经济制度等层面入手。而以社会主义制度优越性视域来研究习近平生态文明思想，可以从总体上把握习近平生态文明思想对中国特色社会主义制度优越性的贡献，彰显了作为社会主义意识形态的生态文明成为最终战胜资本主义的有力武器（曾建平，2009）。因此，本研究为科学把握“两个必然”“两个决不会”思想提供了新视角，进一步论证了

---

① 《马克思恩格斯文集》（第 2 卷），人民出版社 2009 年版，第 592 页。

“两个必然”的科学性、真理性。

2. 实践意义

习近平生态文明思想既坚持马克思恩格斯生态文明思想的指导,同时又结合中国实际,对中华优秀传统文化进行了与时俱进的创新,实现了马克思恩格斯生态文明思想与我国生态文明建设实践的有机结合。从社会主义制度优越性视域来研究习近平生态文明思想,其实践意义主要表现在:

一是为推动“两个和解”作出积极探索。通过对习近平生态文明思想的系统研究,能更好地推动习近平生态文明思想在全社会的贯彻、落实,加快形成绿色发展方式和生活方式,以绿色发展促进经济高质量发展,统筹人与人、人与自然的关系,推进人与自然和谐共生的中国式现代化。新时代生态文明建设立足中国社会主要矛盾的变化,以满足人民对优美生态环境的需要为目标,不断推进美丽中国建设取得重大成效,为实现中华民族伟大复兴的中国梦提供坚实的生态基础,同时也为推动“两个和解”作了积极探索。

二是有利于推动中国特色社会主义制度优势更好转化为国家治理效能。生态环境领域国家治理是国家治理体系和治理能力现代化的重要组成部分。习近平生态文明思想作为21世纪马克思主义的人与自然关系新学说,为新时代生态文明建设和美丽中国建设提供了理论指南和实践指导。坚持以习近平生态文明思想为指导,推进生态环境领域国家治理,在推动中国生态文明建设的同时,不断引领全球生态文明建设,这有利于进一步推动中国特色社会主义制度优势更好转化为国家治理效能。

三是为全球生态文明建设、推动构建人类命运共同体贡献更多的中国智慧、中国方案,进一步坚定“四个自信”。当今,气候变化带来的负面效应越来越显著,但是国际社会达成共识又面临诸多挑战,甚至一些国家任性“退群”。在此背景下,以习近平生态文明思想为指导,积极倡导并推动构建人与自然生命共同体、地球生命共同体、人类命运共同体,谋求世界共享发展,致力于人类和合与共,必将为全球生态文明建设贡献更多的中国智慧、中国方案,充分展现中国作为负责任大国的良好形象,彰显人与自然和谐共生中国式现代化的历史必然性,进一步坚定“四个自信”。

二、国内外研究现状述评

（一）国内研究现状述评

1. 从研究文献的数量看，2017 年开始呈现爆发式增长，但学术性著作尚不多

根据 2024 年 10 月 29 日 1:30 进行的统计，在中国知网以“习近平生态文明思想”为篇名的学术期刊文献共 1967 篇。由此可见学术界对于此主题的高度关注。

从经典文献来看，主要有习近平总书记的重要著作，如《之江新语》（2007）、《习近平谈治国理政》（1—4 卷）（2014、2017、2020、2022）、《习近平著作选读》（1—2 卷）（2023）、《习近平关于社会主义生态文明建设论述摘编》（2017）、《论坚持人与自然和谐共生》（2022），以及解读习近平总书记重要讲话精神或重要论述的文献，如《习近平总书记系列重要讲话读本（2016）》、《习近平生态文明思想学习纲要》（2022）。《中国关键词》系列多语种图书也涉及中国的生态文明建设内容。

从学术著作来看，《开创社会主义生态文明新时代》（张云飞等，2017）从生态文明新思想、生态建设新思路、绿色发展新方略、国土空间新布局、生态治理新设计和环境外交新天地等六个方面论述了习近平生态文明思想的主要内容；《习近平生态文明思想概论》（黄承梁，2018）较为全面系统地阐释了习近平总书记关于生态文明建设的一系列重要科学论断，探求了习近平生态文明思想的哲学理论基础；《中国共产党生态文明思想的历史演进》（秦书生，2019）追溯了中国共产党关于生态文明思想形成的历史进程，详细论述了新时代中国共产党生态文明思想；《生态文明建设的理论构建与实践探索》（潘家华等，2019）系统梳理阐释、概括提炼了习近平生态文明思想的学理基础、理论体系、逻辑起点和方法论等；《建设美丽中国：新时代生态文明建设理论与实践》（曹前发，2019）结合中国新时代实际，围绕“八个坚持”系统阐述习近平生态文明思想；《中国生态文明新时代》（张云飞等，2020）从历史、经济、政治、文化等维度阐释了习近平生态文明思想的科学内涵；《学习习近平生态文明思想问答》（李捷，2020）精选了 50 个问答，分为“形成发展篇”“内涵要义篇”“理论创新篇”“实践创新篇”“时代意义篇”五大板块，系统阐释了习近平生态文明思想；《新时代生态文明建

设理论与实践研究》(宫长瑞,2021)阐述了新时代生态文明建设理论形成发展的理论逻辑和实践逻辑,总结概括了新时代生态文明建设理论和实践的重大创新之处,归纳展现了新时代生态文明建设理论与实践所具有的独特品格和时代价值;《新时代生态文明建设的理论创新》(路日亮等,2022)以习近平总书记在全国生态环境保护大会上提出的新时代推进生态文明建设必须坚持的"六项原则"为线索,构建"习近平生态文明思想概论"的理论体系,旨在诠释其思想脉络和价值;《新时代的生态文明建设》(宋月红主编,2022)从习近平生态文明思想形成与科学内涵、把生态文明建设放在突出位置等方面,对新时代的生态文明建设进行全面总结,对新时代美丽中国建设的成就与经验、地位与意义进行研究阐释;等等。

2. 从概念提出的过程看,经历了习近平总书记关于生态文明建设的重要论述(讲话)、习近平生态思想、习近平生态文明建设思想、习近平总书记关于生态文明建设的思想、习近平生态文明思想等几个阶段

党的十八大之后不久,时任环保部部长周生贤、时任国家林业局局长赵树丛撰文阐述习近平总书记关于生态文明建设的重要论述(讲话)的重要意义(周生贤,2013;赵树丛,2013)。而后,刘希刚等(2014)在《习近平生态文明建设思想初探》一文中,最早明确提出"习近平生态文明建设思想"这一概念。2015年,学界在关于习近平生态文明思想的讨论中使用了称谓不一的术语或提法,如"习近平总书记关于生态文明建设的重要论述"(黄承梁)、"习近平生态思想"(周光迅等)、"习近平生态文明建设新理念"(郭秀清)等。同年,刘鹏、唐小芹差不多同时明确使用了"习近平生态文明思想"。2016年、2017年,学界从多个层面对习近平生态文明(建设)思想继续开展研究。党的十九大后,党和政府高度重视对党的十九大精神和习近平新时代中国特色社会主义思想的研究阐释。2017年"研究阐释党的十九大精神国家社科基金专项"、2018年的国家社科基金重大招标项目及教育部社科基金重大攻关项目,都单设了"习近平生态文明思想研究"的选题。2018年批准立项2项"习近平生态文明思想研究"的国家社科重大项目。第八次全国生态环境保护大会则标志着"习近平生态文明思想"的表述正式确立。

3. 从研究文献的内容看,学界对习近平生态文明思想的研究集中在形成背景、

思想来源、形成过程、主要内容、主要特征(理论特质)、价值意义、地方实践等方面

第一,关于习近平生态文明思想的形成背景。周光迅等(2017)认为,“习近平自身几十年的生态工作经验,是其生态文明建设思想的实践出发点”;段蕾等(2016)认为,习近平生态文明思想的产生背景包括严峻的生态环境形势倒逼、国家治理能力现代化的需求等;荣开明(2017)认为,努力走向社会主义生态文明新时代,是顺应人类文明发展进程的必然要求、破解我国经济社会发展难题的必由之路、塑造国际环境与负责任大国形象的根本之策、避免重走西方国家先污染后治理老路的必然之举;秦宣(2019)从五个历史阶段阐述了习近平生态文明思想产生的历史逻辑背景;黄承梁(2018)阐述了习近平生态文明思想产生的历史条件和时代总依据。乔清举(2021)认为,其时代背景在于:当代全球性生态危机、我国生态现状呼唤生态文明建设,生态文明建设关乎党的执政基础和中华民族的伟大复兴。总的来说,学者们立足国际国内视角,从破解经济社会发展难题、顺应人类文明发展的趋势、维护我国国际形象等方面,总结了习近平生态文明思想的形成背景。

第二,关于习近平生态文明思想的来源基础。郇庆治(2022)专门阐述了习近平生态文明思想的马克思主义生态学基础;宋月红(2022)认为,习近平生态文明思想继承了马克思主义自然观、生态观,根植于中华优秀传统生态文化;张森年(2018)认为,习近平生态文明思想继承发展了马克思主义生态哲学,总结概括了中国特色社会主义生态文明建设实践,对当今世界绿色文明发展趋势进行了洞察把握;宋献中等(2018)认为,习近平生态文明思想坚持马克思主义生态文明观的理论指导,汲取了中华优秀传统文化的精髓,融合了中国特色社会主义时代特征的最新成果;王磊(2017)认为,习近平生态文明思想的理论基础是马克思主义生态文明思想和新中国成立后中国共产党主要领导人的生态文明建设思想;陈俊(2017)认为,习近平生态文明思想与马克思主义生态观一脉相承,继承了以往中国共产党领导人的生态保护理念,吸收了西方生态理论中的优秀成果,根植于中国传统生态文化的土壤。总的来说,习近平生态文明思想的来源主要包括马克思主义的生态思想、中国传统文化中的生态智慧、以往中国共产党领导人的生态思想、西方生态理论中的优秀成果等。

第三,关于习近平生态文明思想的形成过程。郇庆治(2022)梳理了习近平

生态文明思想形成与发展的萌生孕育、形成确立和丰富发展等三个阶段；黄承梁(2019)从历史形成、自然形成、党的十八大以来习近平生态文明思想的完善和成熟等三个部分进行论述；周光迅等(2017)认为，习近平生态文明思想的形成过程经历了：从知青生涯到福建领导人期间、在浙江的理论与实践、党的十八大以来的新发展三个阶段；胡熠等(2019)则梳理了习近平生态文明思想在福建的孕育与实践。总的来说，习近平生态文明思想是习近平总书记在不同阶段、岗位上不断孕育、形成、发展起来的。

第四，关于习近平生态文明思想的主要内容。学者一般通过三种方式进行阐述。第一种是用"生态兴则文明兴，生态衰则文明衰""绿水青山就是金山银山"等核心观点进行概括总结。张云飞等(2017、2022)从山水林田湖是一个生命共同体，生态兴则文明兴、生态衰则文明衰，良好生态环境是最普惠的民生福祉，绿水青山就是金山银山，生态文明是实现中国梦的重要内容等5个方面阐述生态文明新思想；他们同时还将党的十九大以来习近平生态文明思想的新发展初步概括为"加强党对生态文明建设的领导"的政治原则等12个方面。第二种是从整体层面进行概括总结。从相关经典文献来看，其主要内容从"六大原则"到"八个坚持"，再拓展为"十个坚持"①。生态环境部原部长李干杰(2018)认为，其核心要义集中体现在深邃历史观、科学自然观等"八个观"；郇庆治(2023)概括了其"十个核心概念""八个基本命题"，并在多篇文章中探讨了习近平生态文明思想的科学体系问题②；王艳峰等(2022)概括了其"生命共同体论""绿色发展论"等十个原创性思想；叶海涛(2022)认为，以人与自然和谐共生为价值理念、以系统论思维为基本思路、以最严格的制度和最严密的法治为实施保障构成了其基本逻辑和理论体系；宫长瑞(2021)认为，其主要内涵包括"人与自然和谐共生"的生态价值观、"绿水青山就是金山银山"的生态发展观

---

① "六大原则"见习近平：《推动我国生态文明建设迈上新台阶》，《求是》2019年第3期；"八个坚持"见《中共中央 国务院 关于全面加强生态环境保护坚决打好污染防治攻坚战的意见(2018年6月16日)》，《人民日报》2018年6月25日第01版；"十个坚持"见中共中央宣传部、中华人民共和国生态环境部编：《习近平生态文明思想学习纲要》，学习出版社、人民出版社2022年版，第2页。

② 郇庆治：《习近平生态文明思想的科学体系研究：一种分析框架》，《福建师范大学学报》(哲学社会科学版)2022年第6期；郇庆治：《习近平生态文明思想的科学体系研究》，《马克思主义与现实》2023年第1期。

等“六个观”；张乾元等（2019）认为，它的主要内容包括以绿色发展为核心的生态动力观、以良好生态环境为核心的生态民生观等；宋献中等（2018）总结为“生态文明兴衰论”“生态价值论”等“八个论”；王雨辰（2019）分析了它的哲学文化维度、经济维度、社会政治维度的含义；燕连福等（2021）将其核心内涵概括为科学自然观、绿色发展观等“六个观”。第三种是重点围绕习近平生态文明思想中的一些重要概念开展研究，如“生命共同体”（王雨辰，2018；张云飞，2019），“绿水青山就是金山银山”（张云飞，2018）等。王雨辰等（2023）认为，生命共同体、人与自然生命共同体、地球生命共同体和人类命运共同体这“四个共同体”构成了其四个向度。耿步健（2023）认为，人与自然和谐共生的现代化是其核心与特色。叶海涛（2024）分析了习近平生态文明思想所蕴含的全人类共同价值。

第五，关于习近平生态文明思想的基本特征（理论特质）。王雨辰（2019）阐述了其“环境正义”的价值追求、环境民生论的价值归宿和价值目的等理论特质；张云飞（2022）阐述了其科学性、真理性等六大特性；郝栋（2019）认为，习近平生态文明建设思想呈现出以人民为中心、经过地方实践检验和具有世界眼光的特性；王磊（2017）认为，习近平生态文明建设思想具有强烈的科学色彩、鲜明的继承路径、突出的创新方式和深刻的民本情愫等理论特色；陈俊（2017）认为，它蕴含了顶层思维、辩证思维等五种思维方式，体现了以人为本的民生情怀和整体谋划的战略思维等。总的来说，学者们一般从不同角度将其特征总结为时代性、人民性、科学性等。

第六，关于习近平生态文明思想的价值意义。学者们一般从理论与实践、国内与国际两个层面阐释习近平生态文明思想的价值意义。黄承梁（2018）认为，它批判地继承中华传统生态智慧、马克思主义自然辩证法思想，对丰富马克思主义生态文明学说作出了历史性贡献。张云飞等（2020）认为，它明确了社会主义生态文明建设的基本原则，集中体现了社会主义生态文明观，奠定了21世纪马克思主义生态文明思想的理论内核，彰显了21世纪马克思主义生态文明思想的科学品格，开辟了21世纪马克思主义生态文明思想，为发展21世纪马克思主义作出了卓越贡献。王雨辰等（2022）认为，它坚持以生态文明理念转换为新的发展方式，坚持“德法兼备”的社会主义生态治理观，把捍卫民族国家的发展权、环境权与促进民族国家消除贫困和全球环境治理、全球共同繁荣有机结合起来,实现了对西方生态文明理论的超越。郇庆治等(2022)认为:(1)其理论及实践意义:构成了当代中国的马克思主义生态学、习近平新时代中国特色社会主义思想体系的重要组成部分和中国共产党与时俱进的环境治国理政方略;推动国家生态环境公共政策体系重建,实现生态环境治理体系与治理能力的现代化;促进社会整体制度框架的生态化重构,将生态文明建设融入其他"四大建设"各方面和全过程;引领社会公众主体观念和行为的绿色重塑,牢固树立社会主义生态文明观;(2)其世界意义与贡献:在理论维度上从三重意义创新与拓展了全球性绿色理论话语议题,在实践维度上倡导与推动全球生态文明建设。沈鹏(2023)认为,它对全球公域环境治理具有重要意义。李全喜(2023)则从世界视野、世界意蕴与世界贡献层面探求其世界意义。沈广明(2024)分析了习近平生态文明思想对马克思主义的原创性贡献。蔡华杰(2024)阐述了习近平生态文明思想对马克思社会主义经济本质论的传承和贡献。总的来说,习近平生态文明思想丰富和发展了马克思主义生态观,深化了对"三大规律"的认识,发展了中国特色社会主义理论体系,促进了国家治理体系和治理能力现代化,增强我国在国际生态文明建设中的话语权,为构建人类命运共同体、建设清洁美丽世界提供了宝贵启示。

第七,关于习近平生态文明思想的地方实践。相关期刊文献主要涉及习近平生态文明思想在青海、新疆、广西、江西、福建、湖南、西藏等地的实践。花明(2018)认为,江西将习近平生态文明思想贯穿于富裕美丽幸福现代化江西建设的各领域全过程;黄承梁等(2021)认为,习近平总书记在福建工作17年半,亲自擘画福建生态省建设战略,福建成为习近平生态文明思想的孕育地和发源地。

第八,关于生态文明建设与社会主义制度优越性关系的研究。这主要是从两个方面来展开的:一是阐释社会主义制度的优越性对生态文明建设的保障作用。梁康老师(1990)认为,从生态环境角度评判社会主义的优越性,就是看哪种制度在生态方面能给人类提供更大的利益或更有利于人类的协调发展和持续发展,而社会主义制度在这方面有巨大的潜力并逐步表现了其优越性[①]。赵

① 梁康:《社会主义优越性问题研究综述》,《社会主义研究》1990年第3期。

振华(2015)认为,社会主义制度优越于资本主义制度,不仅体现在更高的劳动生产率上,更体现在自觉地推动生态文明建设上;肖祥(2019)认为,中国特色社会主义制度的优越性是实现生态文明的根本保障;方世南(2020)认为,中国对人民群众环境权益的维护,体现了执政党的先进性和社会主义制度的优越性。二是认为生态文明体现了社会主义制度的优越性。汪旻艳等(2013)认为,生态文明是优越性的体现;吴宁等(2018)认为,良好的生态环境是最公平的公共产品,是从生态角度对社会主义优越性的解读;李钰(2019)认为,我国的生态文明建设体现了中国特色社会主义的优越性;刘涵(2019)认为,生态文明是一种与社会主义社会相适应的新文明,它体现了社会主义制度的优越性;沈广明等(2019)认为,社会主义制度优越性表现在资本价值增殖与环境保护的有机统一;张云飞(2019)通过与生态社会主义的比较来指明习近平生态文明思想的科学优势,认为习近平生态文明思想从社会主义本质规定和马克思主义政治立场的高度来审视生态文明,进而形成了其超越生态社会主义的科学优势。

总的来说,目前国内学术界从不同层面对新时代生态文明建设的理论与实践进行了较为深入的研究,也已经取得了颇为丰硕的研究成果。无疑,这些研究为进一步深化对习近平生态文明思想的研究提供了重要的理论源泉及思想启示,但是学界对于习近平生态文明思想研究的深度、整体性及系统性、国际视野等方面仍有一定的研究空间。主要表现在:

一是目前的很多研究成果一般是就习近平总书记的相关讲话、指示批示等文本开展研究,而基于新时代中国特色社会主义语境的研究成果相对较少。正如郇庆治(2019)所指出:深入理解与阐发“社会主义生态文明”理念或话语理论的关键在于,不能将其简约或虚化成为一种生态环境治理的公共政策概念或术语,而脱离“中国特色社会主义现代化发展”和“中国特色社会主义理论”这一更宏大也更为重要的背景和语境 。他(2018)同时指出了学界有意无意地淡化或回避生态文明建设的社会主义指向及其政治要求的问题。因此,立足中国特色社会主义进入新时代这个新的历史方位,以社会主义制度优越性为切入视角,加强对习近平生态文明思想的研究,将进一步深化研究的理论深度。

二是在阐述新时代生态文明建设的价值意义时,大多是从马克思主义的视角或者国内的视角来阐释,而从全球中西比较的视角对习近平生态文明思想的价值意义进行研究的成果相对较少。因此,从中西比较的视角强化对习近平生态文明思想的世界影响研究,将进一步增强习近平生态文明思想的实践伟力,推动其国际传播。

三是尽管现有的研究成果中有部分是习近平生态文明思想地方实践的成果,但是从整体上看现有的研究成果存在一定的"重理论、轻实践"的倾向。后期对习近平生态文明思想的研究,只有把生态文明理论与新时代中国特色社会主义的鲜活实践相结合起来,才能更好地推动中国特色社会主义生态文明建设,以增强研究的实效性。本书在研究中将结合美丽乡村建设的"安吉模式"、浙江生态省建设、塞罕坝生态文明建设范例等,不断总结提炼实践经验,丰富对习近平生态文明思想的研究。

(二)国外研究现状述评

作为工业化进程最早的西方国家,也最早遭遇了现代环境问题,因而它们对环境问题的研究关注也比较早。发生在20世纪30年代至60年代的全球"八大公害事件"震惊了世界,引起了全球范围内对环境问题的广泛关注。美国学者福斯特(2006)曾对"环境危机"囊括的问题进行了总结,包括全球变暖、臭氧层遭到严重破坏、热带雨林消失、珊瑚礁死亡等一系列的问题,并且认为这一长长的清单还在继续变长,而且影响范围也在日益扩大。1962年,《寂静的春天》对二战后杀虫剂和除草剂的滥用所造成的后果发出了警告,唤起了人们环境意识的觉醒,推动了全球环境保护事业的发展,是一部具有里程碑意义的著作。1972年通过的《联合国人类环境宣言》,标志着全人类对环境问题的觉醒,是世界环境保护史上第一个路标(曲格平,2002)。同年,罗马俱乐部发表的研究报告《增长的极限》震撼了世界,引发了一系列生态警世之作相继问世。报告呼吁人类转变发展模式:变无限增长为可持续增长,并把增长控制在地球可以承载的限度内。1992年召开的联合国里约环境与发展大会是人类环境与发展史上影响深远的一次盛会,会议通过并签署了《里约环境与发展宣言》《21世纪议程》等五个重要文件,标志着世界各国对可持续发展达成了共识。随着全球生态危机的加剧,西方兴起了一股保护生态环境的思潮,代表性的流派有人类中心主义、动物解放/权利论、生态中心主义、生态学马克思主义等。

人类中心主义坚持把伦理学定位为仅限于人的伦理学,即人只有对人才负有直接的、明确的道德义务，至于人之外的其他存在物，并不是人类必须要予以道德关怀的对象。如果要说对它们有什么道德义务，那也只是间接的。因为人与自然的关系问题不具有伦理意义。虽然现代人类中心主义试图对人的利益进行某种限定，如诺顿将人的偏好区分为感性与理性，并认为只有人的理性偏好才能具有合理性，而人的感性偏好则未能获得合理性的辩护，进而形成了所谓的弱人类中心主义。

动物解放/权利论主张把道德义务的范围扩展到人之外的所有动物或者至少有感觉能力的动物，认为这些动物与人一样，有自然的权利。以辛格为代表的动物解放论认为，苦乐感受的能力也是人的能力属性之一，并以苦乐感受的能力为获得道德关怀的辩护依据，因而人对具有这些能力的动物也有道德关怀的义务。以雷根为代表的动物权利论认为，动物与人拥有相同的道德权利，主张把道德权利赋予作为生命主体的动物。

生态中心主义反对近代机械论的哲学世界观和自然观，主张建立生态哲学世界观和自然观。它则把生态危机的根源归结为人类中心主义的价值观，主张通过确立自然价值、自然权利以强调自然的地位，同时把人类道德关怀的范围从人扩展至非人存在物。美国生态学家奥尔多・利奥波德(1997)认为，人类与土壤、动植物等共处一个共同体，人类在大地共同体中只是平等一员，而不是征服者，并以维护共同体和谐、稳定、美丽作为价值评判的标准。挪威的阿伦・奈斯则提出深层生态学的思想，认为深层生态学注重从深层来追问为什么，超越了以人的利益为中心的人类中心主义价值观，并将自我实现和生态中心主义的平等原则作为根本性原则。罗尔斯顿则把自然的内在价值作为人负有对自然道德义务的论证依据。总之，生态中心主义反对人类中心主义的价值观，主张将伦理关系扩展至非人存在物，主张人类与动物、生物等非人存在物的共生共存。

生态学马克思主义流派代表性人物有加拿大的本・阿格尔、威廉・莱斯，法国的安德列・高兹，英国的戴维・佩珀，美国的詹姆斯・奥康纳、约翰・贝拉米・福斯特等。“生态学马克思主义”概念由加拿大著名左翼学者本・阿格尔首次提出，并在20世纪八九十年代得到进一步发展。生态学马克思主义以历史唯物主义为理论基础，坚持对资本主义制度批判、哲学价值观批判和政治批判相统一;认为解决生态危机的根本途径在于变革资本主义制度及全球权利关系,建立以满足人们基本需要为目标的生态社会主义社会(王雨辰,2017)。英国的戴维·佩珀(2012)认为,资本主义制度是造成全球生态危机的根源,因为资本主义制度内在地倾向于破坏和贬低物质环境所提供的资源和服务,自由放任的资本主义政治造成了全球变暖、生物多样性减少等严重后果。法国的安德列·高兹从经济理性的角度来分析资本主义生态危机的根源,认为资本主义的企业管理首要关注的是如何以最小的成本获得最大的交换价值,而并不是如何保持与自然的平衡、和谐。美国的詹姆斯·奥康纳(2003)指出了资本主义的生产关系与资本主义生产的条件这个资本主义的第二重矛盾。美国福斯特(2006)则认为,生态和资本主义是互相对立的,资本主义制度才是全球性生态危机的根源所在,而非现代性、工业主义等;"资本主义经济把追求利润增长作为首要目的",哪怕是会剥削和牺牲全球大多数人的利益也要不惜代价追求经济增长。总之,生态学马克思主义认为,全球生态危机的根源是资本主义制度及生产方式,同时还对消费主义价值观进行了批判,提出了社会制度和生态价值观双重变革的出路。

从"生态文明"概念的提出时间来看,西方要早于我国。根据卢风(2017、2019)的梳理,相比国内 1987 年最早或许由叶谦吉先生提出"生态文明",国外最早或许由德国法兰克福大学政治系费切尔(Iring Fetscher)于 1978 年在《论人类生存的条件——兼论进步的辩证法》一文提出了"生态文明"(Ecological Civilization)概念。虽然西方学者最早提出了"生态文明"概念,但迄今为止使用这个概念并认为这方面研究重要的西方学者却较少,仅有美国的小约翰·柯布(John B. Cobb, Jr.)、澳大利亚的阿伦·盖尔(Arran Gare)、美国学者罗伊·莫里森(Roy Morrison)等人。同时,卢风认为叶谦吉与费切尔对"生态文明"的界定不同。叶先生的定义是把生态文明与物质文明、精神文明、政治文明、社会文明放在共时态的一个维度,而费切尔则是在历时态的意义上使用"生态文明"这个词,即生态文明指一个全新的社会形态,这种全新社会形态的出现和发展就是一个全新的时代。费切尔表述的历时态意义的"生态文明",才标志着一个历史学意义上的新时代。

由于意识形态的差异,国外专门针对习近平生态文明思想的研究成果较少。随着中国日益走近世界舞台的中央，中国的发展受到越来越多的关注，生态文明贵阳高端论坛、博鳌亚洲论坛等一系列高端论坛和2018年北京奥运会、2019中国北京世界园艺博览会、2021年联合国《生物多样性公约》缔约方大会第十五次会议、2022年北京冬残奥会等重大国际活动的成功举办，进一步推动了习近平治国理政思想及习近平生态文明思想的国际传播，成为读懂“中国为什么能”的思想指引。部分国外专家对习近平治国理政思想和中国生态文明建设给予了较高的关注，主要体现在：

一是国外对《习近平谈治国理政》等著作的广泛关注，扩大了中国生态文明建设的影响。俄罗斯知名政论家塔夫罗夫斯基所著《习近平：正圆中国梦》被认为是“外国人写的第一部全面介绍习近平生平和治国理政思路实践的著作”，美国时代出版公司出品的《习近平时代》也论及了中国生态文明建设。另随着《习近平谈治国理政》(1—4卷)、《习近平谈“一带一路”》等海外发行规模的不断扩大，习近平生态文明思想的全球影响也在进一步拓展。

二是生态马克思主义、有机马克思主义等对中国生态文明建设的肯定。如美国国家人文科学院院士小约翰·柯布认为，“中国给全球生态文明建设带来了希望之光”[①]；西方有机马克思主义学派认为，中国最有可能引领其他国家奏响可持续发展的生态文明乐章(菲利普·克莱顿等，2015)；澳大利亚拉筹伯大学哲学系弗瑞亚·马修斯(2013)认为，中国在自身土壤中生成的生态文明能够关照世界其他国家和人民的利益和福祉，能为其他社会提供生态文明的范本。

三是在《人民日报》《光明日报》等媒体报道中，国外学者对中国生态文明建设的高度关注和积极评价。联合国机构和国际人士点赞中国经济转型——“中国更加注重经济增长的质量”(人民日报，2019-07-16)；联合国前副秘书长克劳斯·托普弗认为“中国治理环境的决心令人赞叹”(人民日报，2019-12-03)；“中国是生态文明建设的引领者”(人民日报，2021-09-28)；“中国践行生态文明理念，展现出立志于为所有人创造更美好世界的思考”(人民日报，2022-10-24)等。此外，中国的“2060碳中和”议题也引发国际媒体的广泛报道和评论。

---

① 铁铮：《中国引领着世界的生态文明——记美国国家人文科学院院士小约翰·柯布》，《绿色中国》2018年第15期。

总的来看,西方不同流派的生态思潮对环境问题进行了不同视角的分析。早期,秉持主—客二元对立思维的人类中心主义占据环境伦理学的主流叙事。但随着生态危机的全球化扩散,人类以自然主人自居对自然的肆意“榨取”和任性“借贷”,越来越危及人本身的可持续生存与发展,人类中心主义也逐渐受到动物解放/权利论、生态中心主义、生态学马克思主义等代表的非人类中心主义的质疑。特别是生态学马克思主义对资本主义制度下的生态危机进行了批判,并积极探寻破解生态危机的路径。

这些迥异且各具特色的生态思潮及其论争,在人类环境保护的进程中起着思想启蒙和意识觉醒作用,进一步廓清了人与自然的内在关系,明晰了环境保护及生态文明建设的重要性、必要性和紧迫性,对于我国新时代生态文明建设具有一定的借鉴意义。但是,他们脱离社会制度和生产方式维度来谈化解生态危机的路径,片面强调调整价值观和推动技术创新,最终的结局必然是难以走出生态危机的困境,更难以为人类开创生态文明未来提供理论指引和实践借鉴。

因此,站在中国特色社会主义进入新时代这个新的历史方位,立足国际国内理论与实践,以社会主义制度优越性为切入视角,深化对习近平生态文明思想的研究,对于深入学习、贯彻习近平新时代中国特色社会主义思想,坚持和完善中国特色社会主义制度、推进国家治理体系和治理能力现代化,坚定“四个自信”,为全球环境治理、推动构建人类命运共同体贡献更多的中国智慧、中国方案等都具有重要而深远的意义。

三、研究内容和研究思路

(一)研究内容

本书以习近平新时代中国特色社会主义思想为指导,在充分吸收、借鉴国内外已有相关研究成果的基础上,站在中国特色社会主义进入新时代这个新的历史方位,以社会主义制度优越性为切入视角,力求对新时代生态文明建设的理论与实践进行较为系统的研究。全书正文部分有六章。

第一章,社会主义的探索实践与生态文明理论的出场。受历史与时代条件的限制,无论在空想社会主义那里,还是苏联及新中国成立初期的社会主义实践,都存在生态文明理念的“空场”问题。中国共产党人探索、开创、坚持和发展中国特色社会主义的伟大实践,为生态文明理论的出场提供了场域。可以说,生态文明理论既是中国特色社会主义的重要内容,又是坚持和发展中国特色社会主义的重要理论支撑。同时,通过分析科学社会主义的生态前提、共产主义社会的基本特征,论证生态文明是共产主义的内在要求。

第二章,生态文明与社会主义制度优越性。通过对生态环境问题进行社会制度审视,揭示资本主义制度的反生态本质,论证了社会主义制度的合生态性。通过梳理我国制度优越性的形成基础,提出了社会制度优劣的评判标准,分析了生态文明作为我国制度优越性的绿色标识何以提出、何以必然、何以可能。

第三章,习近平生态文明思想的形成发展。习近平生态文明思想的形成发展有着内在的必然逻辑。它根源于马克思恩格斯生态文明思想,根植于中华优秀传统生态文化,继承发展了中国共产党人的生态思想,归根于胸怀“国之大者”的强烈担当。

第四章,新时代生态文明建设的核心论题。在新时代生态文明建设中,形成发展了“十个坚持”原则。这些原则反映了中国共产党人对社会主义生态文明建设规律的思想认识高度和行动落实力度,是社会主义生态文明建设理论及实践重大创新成果的集大成。习近平生态文明思想系统阐释了人与自然、保护与发展、环境与民生、国内与国际等关系,具体体现在促进人与自然和谐共生、推动绿色发展、坚持人民至上、突出共享导向,这些核心论题充分彰显了社会主义制度优越性。

第五章,新时代生态文明建设的探索实践。分析新时代生态文明建设的实践背景,要准确把握中国特色社会主义进入新时代这个历史方位、生态文明建设处于“三期叠加”这个重要关口、全球生态文明建设面临多重挑战这个国际背景。在此背景下,它面临着加快构建生态文明体系、深度参与全球环境治理等重点任务。为此,必须发挥好党的全面领导这个最大优势,集中力量办大事这个政治优势,构建人类命运共同体这个道义优势。

第六章,新时代生态文明建设的时代价值。新时代生态文明建设在彰显我国制度优越性中的重要价值,体现在与资本主义的比较中。突出体现在促进共同富裕、推动“两个和解”、实现“两个必然”等方面。促进共同富裕是社会主义最大的优越性，习近平生态文明思想为促进共同富裕提供了生态保障、生态路径。推动“两个和解”是社会主义制度优越性的内在要求，习近平生态文明思想为推动“两个和解”提供了保证。实现“两个必然”是社会主义制度优越性的目标指向。“资本主义生态文明”不具有可能性，社会主义生态文明实现了对资本主义的超越。

（二）研究思路

本书立足于中国特色社会主义的语境，把握中国特色社会主义进入新时代这个新的历史方位，以社会主义制度优越性为切入视角，围绕新时代生态文明建设的理论与实践展开论述，重点阐述习近平生态文明思想的形成发展，新时代生态文明建设的核心论题、探索实践和时代价值。具体而言：

一是梳理社会主义的探索实践与生态文明理论的出场，从社会制度的视域审视生态文明。从空想社会主义到科学社会主义，再到中国特色社会主义，这个过程见证了生态文明理念的“空场”到生态文明理论的出场过程。生态环境问题的社会制度属性，揭示了全球生态危机的资本主义制度根源，形成了资本主义制度反生态本质与社会主义制度合生态性的鲜明对比。生态文明既是共产主义的内在要求，同时也成为我国制度优越性的绿色标识。

二是从社会主义制度优越性视角阐释习近平生态文明思想的形成发展和新时代文明建设的核心论题。从理论基础、文化基础等方面分析了习近平生态文明思想的形成发展。从人与自然、保护与发展、环境与民生、国内与国际等关系阐释了新时代文明建设的核心论题。

三是分析新时代生态文明建设的探索实践。作为习近平新时代中国特色社会主义思想的重要组成部分，新时代生态文明建设根本遵循和行动指南的习近平生态文明思想，如何将其落实到生态文明建设的伟大实践中，更好发挥其思想引领、价值引领作用，必须全面把握其实践背景、实践任务、实践保证。

四是阐释新时代生态文明建设的时代价值。习近平生态文明思想指引新时代生态文明建设更好地促进共同富裕、推动“两个和解”、实现“两个必然”，进一步增强了社会主义制度优越性。促进共同富裕是社会主义最大的优越性，推动“两个和解”是社会主义制度优越性的内在要求，实现“两个必然”是社会主义制度优越性的目标指向。

四、研究方法和创新之处

(一)研究方法

本书在研究中坚持理论与实证、逻辑与历史、归纳与分析相结合的原则,从历史与现实、国内与国际等不同视角,综合运用比较分析、跨学科等研究方法,力求进一步深化对习近平生态文明思想的研究。具体研究方法主要包括以下几个方面。

1. 文献研究法

从社会主义制度优越性视域对新时代生态文明建设进行研究,既要梳理马克思恩格斯生态文明思想和马克思主义中国化时代化成果中的生态思想,又要梳理社会主义的探索实践、中国特色社会主义的开创与发展过程,这些都离不开相关文献的支撑。本书将在前期积累的基础上,通过多种方式进一步加大对生态文明、中国特色社会主义生态文明建设、习近平生态文明思想等主题国内外文献的搜集整理力度,同时注重对官方政策文件、发布的相关报告等的收集,力争拓展有效文献的广度、深度,以便为本研究的顺利推进打下扎实的基础。

2. 跨学科研究方法

新时代生态文明建设的理论与实践涉及哲学、政治学、经济学、社会学等多个领域,需要从多个学科、视角进一步深化对其的系统、整体研究。本书将采用跨学科的研究方法,综合、交叉运用哲学、社会学、政治学、经济学等多学科方法。

3. 比较分析法

生态环境问题是全球共同面对的“共性”问题。为此,世界各国结合具体情况开展了不同的探索与实践。因此,开展本研究,既要从横向层面做好与西方主要生态思潮的比较,批判吸收他们的研究成果,又要梳理其与新中国成立以来的中国共产党生态思想的“一脉相承”关系,并进行相应的比较分析,以便准确把握习近平生态文明思想的全貌。

(二)创新之处

本书把对习近平生态文明思想的研究置于中国特色社会主义理论与实践的背景及语境中,综合运用比较分析、跨学科等研究方法,基于社会主义制度优越性视域，力求对习近平生态文明思想进行较为整体性、系统性的研究，进一步挖掘习近平生态文明思想的时代价值。本书创新点如下：

1. 注重研究视角的创新

与以往研究主要进行框架性研究不同，本研究站在中国特色社会主义进入新时代这个新的历史方位，立足历史与现实、理论与实践、国际与国内等多维度，以社会主义制度优越性为切入视角深化对新时代生态文明建设的研究，研究视角新颖独特。

2. 注重研究的整体性

本研究坚持以习近平新时代中国特色社会主义思想为指导，以社会主义的探索实践、生态文明理论、社会主义制度优越性等相关梳理为基础，从习近平生态文明思想的形成发展，新时代文明建设的核心论题、探索实践及时代价值等方面力争深化对习近平生态文明思想的整体性、系统性研究。

3. 注重利用多种研究方法

本书将采用文献研究、比较分析、跨学科交叉研究等多种研究方法，以深化对习近平生态文明思想的研究，进一步强化研究的理论深度，更好地彰显习近平生态文明思想的真理力量和实践伟力，进一步扩大其国际影响。

第一章　社会主义的探索实践与生态文明理论的出场

从世界社会主义五百多年的发展历程看，社会主义经历了从空想到科学、从一国到多国、从理论到实践的过程。从空想社会主义的产生到科学社会主义的创立，再到苏联社会主义的实践，再到中国特色社会主义的发展，见证了生态文明从理念“空场”到理论出场的过程。受历史与时代条件的限制，无论空想社会主义者那里，还是苏联及新中国成立初期的社会主义实践中，都存在生态文明理念的“空场”问题。而改革开放甫一开始的实践，开创了中国特色社会主义发展之路，同时也推动了生态文明理论的出场。推进生态文明建设，既是发展中国特色社会主义的必然要求，也是实现共产主义的内在要求。

第一节　社会主义的探索实践与生态文明理念的“空场”

如何处理人与自然的关系始终伴随着人类社会的发展过程。人与自然关系的协调、和谐程度不仅影响人与人的关系，而且在很大程度上影响人类社会发展的程度。在空想社会主义者那里，他们设想的“乌托邦”“太阳城”等完美社会无不是建立在良好生态的基础上。苏联在社会主义建设过程中，也遇到了类似如西方工业化发展过程中出现的环境问题。苏联虽然在环境保护上取得了一定的成效，但是其发展的后期在环境实践上的失误及造成的严重影响，一定程度上导致了苏联社会主义政权的丧失。而新中国成立初期，虽然我国在环境保护方面做了一些探索,也取得了一定的成效,但是在应对环境问题上还处于被动局面。

一、空想社会主义者对完美社会的幻想

空想社会主义是马克思主义三大组成部分之一的科学社会主义的重要思想来源。在目前的研究中,一般多为从批判的视角分析空想社会主义的空想性,而从生态的视角挖掘其蕴含的生态思想在力度、广度、深度等方面均有待进一步深化。空想社会主义者描绘的理想社会,不仅在政治上消除了剥削与压迫等不平等现象,而且这个社会还有着良好生态的自然基础。在空想社会主义者所设想的完美社会,离不开良好生态的支撑。

(一)完美社会的自然基础

托马斯·莫尔在1516年出版的《乌托邦》中对资本主义社会"羊吃人"现象进行了揭露、批判,并构想了一个没有剥削压迫、物质产品用之不竭、可以按需分配的完美社会——乌托邦。莫尔在转述杰出人物拉斐尔·希斯拉德关于某一国家理想盛世的谈话中,对乌托邦得天独厚的自然条件和地理位置进行了描述:"他们的国家很大,治理得宜……他们的地方离海很远,几乎四面环山,物产完全自给自足。"[①]优越的自然条件为国家治理创造了良好的自然基础。呈新月状的岛屿,既便于居民的交通出行,又可以很好地抵御自然灾害。在对城市、特别是亚马乌罗提城的描述时指出,这个城市位于不太陡的山坡上,长宽合适,充分考虑并有效利用了水、空气、阳光等自然因素,使得城市能更适宜人的居住。

早期共产主义者意大利人康帕内拉在《太阳城》中抨击私有制及其产生的种种罪恶,描绘了一个人人必须劳动、一切生产分配活动都由社会来组织的理想社会制度。太阳城"大部分位于这个广阔平原的一座高高的小山上"[②],并且利用山势增加了面积。城市位于广阔的平原可充分保障居民的物质生活,建在小山上有利于空气流通、阳光照射、防御入侵。康帕内拉在其另外一部著作《论最好的国家》中,强调自然条件对于国家地位的保障作用。一个国家位于沿海

---

① [英]托马斯·莫尔:《乌托邦》,戴镏龄译,商务印书馆1960年版(2020.05重印),第25页。

② [意]康帕内拉:《太阳城》,陈大维、黎思复、黎廷弼译,商务印书馆1980年版(2019.8重印),第3页。

岸或沿河岸一带，可以利用良好的自然条件保障国家的稳定以及国力的提升。国家的地理定位充分考虑了自然条件的宜居性和人口容量，因而不仅可以为居民的生产生活提供丰富的物产，还可以有效抵御外敌入侵、保障国家安全。

法国埃蒂安-加布里埃尔·摩莱里出版的著作《巴齐里阿达》中，以寓言的形式描述了一个以共产主义原则为基础的社会。他所构想的是，“在风平浪静和没有潜伏着危险的暗礁的广阔大海里，有一个富饶的国家”①。这里有着充足的日照，以利于作物生长和居民生活；有充足的水源，有效保障了居民生产生活用水；有宽广的良田沃地，使得居民的粮食有可靠、稳定的来源；等等。因而它是一个富饶、美丽的国家。

英国的威廉·莫里斯在其以未来共产主义社会为题材的优秀长篇空想小说《乌有乡消息》中，揭露和抨击十九世纪末资本主义社会的罪恶，描写未来共产主义社会的幸福生活。小说对空气、微风、河水、花园、小道、公园、房屋等的描述都极具自然之美，多个地方详细描绘了“美丽的花园”。“每一所房子都坐落在一个悉心栽培、鲜花盛开的花园里。画眉正在花园的树木间唱着最悦耳的歌儿；那些树木，除了几棵月桂树和偶尔出现的一群群的菩提树之外，似乎都是果树；其中有许多樱桃树，这时已经结满果实。”②如此鸟语花香的生态环境，必然让人心向往之。宜人的小道两旁，法国梧桐大树枝繁叶茂、连成一片，在树后面的房屋则与道路景观构成一幅美丽的自然画卷。道路的绿化景观设计也充分体现了人与自然的和谐场景。

从莫尔对乌托邦、康帕内拉对太阳城、莫里斯对乌有乡等的描述中可以看到，空想社会主义者对理想社会的构想，包括了政治、社会、自然等多层面。理想社会中不再存在阶级对立，且都具有良好的自然环境。

（二）完美社会的社会生活

空想社会主义者构想的理想社会对良好生态的期待，不仅体现在自然基础上，而且还体现在社会生活的层面上。莫尔所构想的乌托邦，不仅有着合理的

① ［法］埃蒂安-加布里埃尔·摩莱里：《自然法典》，黄建华、姜亚洲译，译林出版社2014年版，第142页。

② ［英］威廉·莫里斯：《乌有乡消息》，黄嘉德、包玉珂译，商务印书馆1981年版（2015年7月重印），第54页。

城市规划，而且还特别注重卫生健康。康帕内拉所构想的太阳城则注重水的循环利用。摩莱里在《自然法典》中，注重利用制度来保障自然基础设施的安全。

在乌托邦，自然原则是人们行为的最高原则。他们认为，按照自然的指示选择过一种舒适、快乐的生活是人的全部行为的目标。因而，追求朴素自然、遵循自然指示的生活，才是有德行的生活。乌托邦关注人口的密度问题，不仅城市的总住户有相应的数量，连每家的成年人数量都有要求。城市之间的距离最远一般不超过一天的脚程，实行分区域管辖。每个区域的生活配套如食品市场、医院、食堂等一应俱全。城市的街道布局合理、建筑美观，既便于交通，又可免于大风等自然灾害。而农村中的住宅也间隔适宜。乌托邦人既注重节约，又非常注重城市绿化。花园里种了葡萄等各种果树和各种花草。他们酷爱自己的花园，勤于养护果树及花草，并从中享受到人与自然和谐交融的生活情趣。因而，花园既是所有人从中获得各种果实的果园，又是从对花园的爱护中获得娱乐享受的乐园。花园集合了城市绿化、食物供给、休闲娱乐等多项功能，彰显了生态的共享性、艺术性等特征。乌托邦人还非常注重卫生健康。乌托邦除了具有良好的医疗软硬件条件外，还非常注重公共环境卫生，注意饮用水及食物的清洁。城内不允许杀生等血腥污秽存在，这些全部在城外处理干净了。城邦也决不允许把不洁的东西带入，以防止空气受到不洁之物的影响而引发疾病。此外，乌托邦人不仅注重自然之美，而且在星辰运行、天体运动等方面极有研究，进而关注气候变化、解释自然现象，把探索自然当作能为神所接受的一种礼拜。

在太阳城，人们懂得充分利用自然资源，注重水的循环使用。广场上喷水池里的水，既有山里来的水，也有经过过滤后循环使用的雨水。而脏水则经过下水道流入沟里。在第三城区，城墙里有各种花草树木的画，也有些植物的盆栽，且都注明了它们的产地、价值等信息。摩莱里则把自然的法则作为最高准则，把大地视为人的乳母，主张用自然的法则去纠正政治和道德的缺点。而对于自然基础设施的人为漏洞，则用规章和告诫来约束。“平静的溪流由于受到轻率建成的堤坝的拦截而暴涨，溪水溢出来堤外，变成了汹涌澎湃的大海，不得不利用规章和告诫来堵塞堤上经常存在的漏洞。”[①]由此可见，作者已经认识到尊重自然规律的重要性及必要性了，并且强调要用规章、告诫等制度来防止违背自然规律的行为，以使自然恢复到自然状态。

莫里斯对生态环境问题进行了较为深入的思考。他认为，资本主义社会陷入到了一种商品生产的恶性循环中。工人在“廉价生产”中丧失了劳动快乐和全部的生活，“廉价生产”及这种不快乐的劳动必然造成人与自然关系的扭曲。人类站到了自身之外的自然的对立面，“具有这种观点的人当然会企图使‘自然’成为他们的奴隶，因为他们认为‘自然’是在他们以外的东西”[②]。在世界市场所造成的“廉价生产”血盆大口中，人们生活的自然环境将不再美好，变成了垃圾场。自然成为了人类征服的对象。

总之，空想社会主义者以航海家口述、对话、小说等形式描述了未来的理想社会。莫尔描述了一个财产共有、消除了剥削压迫的“乌托邦”。康帕内拉则描述了一个完全没有私有财产、人人参加义务劳动、由社会组织生产及分配这样一个正义的社会。在这些理想社会中，良好的自然生态成为了必备基础。无论是太阳城中自然与社会融为有机整体，还是在基督城中城市按照自然模板的复制，“在这些乌托邦中，自然被加以效仿，而不是被改变或‘拷问’”[③]。他们虽然看到了阶级对立，并进行了揭露与批判，但由于当时经济、社会等状况的限制，他们对未来理想社会的美好设想注定只能是空想。

当然，尽管空想社会主义者对未来社会的美好设想只是空想，未能付诸实践，但正如美国学者约·贝·福斯特认为，这些空想社会主义者对构成资本主义核心危机的资本主义与环境之间的敌对关系的认识，甚至超越了当今绝大多数绿色思想家[④]。他们对资本主义社会逐渐出现的环境危机的分析思考，为生态思想的发展和生态文明理论的出场打下了基础。

---

① [法]埃蒂安-加布里埃尔·摩莱里:《自然法典》，黄建华、姜亚洲译，译林出版社 2014 年版，第 18 页。

② [英]威廉·莫里斯:《乌有乡消息》，黄嘉德、包玉珂译，商务印书馆 1981 年版(2015 年重印)，第 227 页。

③ [英]戴维·佩珀:《现代环境主义导论》，宋玉波、朱丹琼译，格致出版社、上海人民出版社 2011 年版，第 249-250 页。

④ [美]约·贝·福斯特:《生态革命——与地球和平相处》，刘仁胜、李晶、董慧译，人民出版社 2015 年版，第 124 页。

二、苏联模式的生态教训

苏联作为世界上第一个社会主义国家和社会主义阵营的“大哥”，其模式自然成为其他社会主义国家照搬照抄的“模板”。迫于国内发展经济和应对外部威胁的需要，苏联走上了以生产至上、增长第一的粗放型经济发展道路，未能顾及经济增长的生态后果，当然也遗忘了马克思、恩格斯当年的警告。因此，全面、客观总结苏联模式的经验及生态教训，对于推进新时代生态文明建设具有重要意义。

（一）苏联模式的形成

回顾苏联模式的形成，首先要分析旧俄国是如何走上社会主义道路的。旧俄国是否具备进行社会主义革命的条件，这个问题在马克思主义这里存在一个思想认识转变的过程。因为根据马克思主义关于社会发展规律的理论，像俄国这种不是资本主义发达国家是不具备进行社会主义革命的条件的。以列宁同志为代表的布尔什维克党也是在 1917 年俄国二月革命之后，才逐步把社会主义革命问题提上议事日程的。

在马克思心目中，《德意志意识形态》和《共产党宣言》所表述的“世界历史”思想是放之四海而皆准的，任何国家都不能例外，俄国也必须经历资本主义发展阶段，走上“世界历史”的道路。但是 19 世纪 70 年代中期以后，资本主义世界呈现经济迅速增长、政治相对稳定的局面，社会主义革命又在短时期内难以胜利实现。面对资本主义发展的新形势，促使马克思改变了对俄国社会发展道路的看法。

1861 年俄国农奴制改革后，俄国开始了从半封建农奴制向资本主义的过渡。俄国知识界就俄国是否能够在保存公社的基础上建立社会主义而避免走资本主义道路的问题发生了激烈争论。1881 年，查苏利奇给马克思写信，请马克思谈谈世界各国历史发展的趋向和俄国社会发展的前景等问题，马克思在 20 天中几易其稿，对俄国社会的发展道路进行了持续性探索。马克思、恩格斯在《共产党宣言》1882 年俄文版序言中指出：“假如俄国革命将成为西方无产阶级革命的信号而双方互相补充的话，那么现今的俄国土地公有制便能成为共产主义发展的起点。"[①]马克思关于俄国社会发展道路的思想为俄国十月革命提供了理论指导。

1917年,俄国发生了震惊世界的十月革命,推翻了资产阶级临时政府,建立了无产阶级专政的苏维埃政权。十月革命胜利后,以列宁同志为首的布尔什维克党开始了走向社会主义的艰辛探索。1918年,西方资本主义国家纠集14个国家武装干涉苏俄。同时,俄国又爆发了内战。为了捍卫苏维埃政权和建设新社会,苏俄实行了"战时共产主义"政策。1925年12月,联共(布)十四大提出社会主义工业化的方针。1926年4月,联共(布)中央全会制定了实行社会主义工业化的具体纲领,开启苏联社会主义工业化进程。1928年10月,苏联着手实施第一个五年计划。苏联在1933年提前完成了"一五"计划,在社会主义工业化和农业集体化的过程中逐步确立了苏联模式。1936年通过了苏联新宪法。这部宪法以法律形式确认社会主义制度在苏联的建立,这也标志着苏联模式正式确立。

俄国十月革命胜利后,虽然发达资本主义国家没有跟进,但助推了中国等一批东方国家建立了共产党组织。十月革命无疑具有伟大的世界意义。

(二)苏联模式的生态教训

"苏联模式"一般指苏联建设社会主义的方式,包括了经济、政治、文化等各个层面。其主要原则是在政治上坚持无产阶级专政和社会主义方向,坚持共产党在社会生活中的领导核心地位,坚持马克思主义在思想领域的指导地位等;在经济上实行全民所有制、经济管理体制集中制、国民经济计划化等。[②] 也有学者把苏联模式概括为"共产党作为执政党的一党高度集权、指令性的计划经济体制和文化的一元主义"[③]。

作为世界上第一个也是当时最为强大的社会主义国家,苏联在与资本主义国家的较量中充分展现了社会主义制度的优越性。但当时,无论是从意识形态、政治制度斗争的角度,还是从思想认识、发展实践的角度看,都认为社会主义国家不可能存在环境危机,坚信社会主义制度的优越性可以避免陷入西方资

---

① 《马克思恩格斯文集》(第2卷),人民出版社2009年版,第8页。

② 吴恩远:《"中国特色社会主义"和"苏联模式"关系析论》,《马克思主义研究》2007年第8期。

③ 黄宗良:《从苏联模式到中国道路》,北京大学出版社2014年版,第3页。

本主义国家面临的环境危机。印度学者萨拉·萨卡指出:“世界上没有别的国家能够在开始建设一个‘社会主义’社会时拥有比苏联更好的资源条件了。”①列宁同志也认为苏联所处的条件非常优越,甚至在布列斯特和约以后也还拥有丰富的如矿石、燃料和极丰富的森林等资源。苏联是世界上矿产资源种类繁多、藏量丰富、品类齐全、潜力很大的少数国家之一,并拥有多种多样且较为丰富的能源资源,如煤、石油、风能、核能等。这些自然资源为苏联社会主义建设提供了坚实的物质基础。

在早期,苏维埃政权也非常重视环境保护工作,列宁同志签署了100多项保护和合理利用自然资源的文件。虽然直到20世纪70年代前,苏联还不承认社会主义国家会出现环境问题,甚至出现严重的环境问题,但是随着苏联模式的矛盾和僵化,再加上联合国第一次人类环境会议以来全球对环境问题的关注和西方生态主义运动的兴起,苏联内部的环境问题日益凸显。戈尔巴乔夫改革后,人们对环境危机的不满逐渐暴露出来。报告显示:环境退化已到了无法恢复的“严重受害区”,约占全苏面积的3.3 %;占全苏面积16%的约300个区域的环境问题非常严重。② 由此,可以看出当时苏联存在较为严重的环境问题。

苏联的生态环境问题与苏联解体是否有关联性?如果说有,这种关联程度又有多大呢?以往对苏联解体的原因分析主要集中在政治体制、意识形态等方面,而苏联模式伴随的生态危机或生态环境对苏联解体的影响等问题逐渐受到学者的关注。中西方学者认为,环境问题在一定程度上导致了苏联的解体。③不可否认,苏联进行社会主义建设是处于受到西方资本主义包围、敌视,又必须集中精力搞好经济建设赶超西方这样一个大背景,的确增加了苏联进行社会主义建设时处理好环境问题的复杂性。同时我们也要看到,苏联进行社会主义建设中未能较好地处理人与自然的关系,进而导致苏联模式伴生了资源浪费、环

---

① [印]萨拉·萨卡:《生态社会主义还是生态资本主义》,张淑兰译,山东大学出版社2012年版,第28页。

② 王宏斌:《生态文明与社会主义》,中央编译出版社2011年版,第122页。

③ 刘希刚:《马克思恩格斯生态文明思想及其在中国实践研究》,中国社会科学出版社2014年版,第104页;康瑞华、宋萌荣、陈丽华:《资源生态环境视阈下的苏联模式》,《当代世界与社会主义》2010年第5期;[美]约翰·贝拉米·福斯特:《马克思的生态学:唯物主义与自然》,刘仁胜、肖峰译,高等教育出版社2006年版,第273页。

境破坏等环境危机，成为造成苏联解体的重要因素之一，说明社会主义制度的优越性并不是天然就可以避免导致环境危机。

苏联社会主义建设的经验为新中国的建设提供了宝贵的借鉴，但是正如邓小平同志所指出，我们照搬苏联模式也带来很多问题，强调我们必须解决好这个问题，建设具有中国特色的社会主义。充分吸取苏联模式的生态教训，有助于更好地推进新时代生态文明建设。

一是要全面加强党对生态环境保护工作的领导。苏联模式的生态教训，首要表现在党对生态环境保护工作领导的弱化、缺位上。首先是生态环境保护在党和国家发展事业中的地位没有得到足够凸显。苏维埃政权建立后，面临的首要任务就是如何尽快地利用资源优势提高生产力。为满足国家建设需要，苏联推动开发西伯利亚、实施系列水利工程等。而一些对环境有害经济政策竟被看作是“社会主义”制度生存之所需。“1977 年以后的苏联政府没有采取任何措施来纠正破坏环境的行为”①，“1980 年，苏联每生产 1 卢布的国民收入所消耗的电力比美国多 20%，用钢量多 90%，石油用量多 100%，水泥用量多 80%”②。其次是环境管理体制不顺。苏联没有像西方那样建立统一、权威的环境管理机构，而是将环境管理的职能分散在 11 个部委，直到 1988 年才成立国家自然保护委员会，并在 1991 年升格为部。这样分散、多头管理的环境机构难以真正担负起环境保护的职责。最后是人民的环境权益没有得到保障。从环境污染程度、人均寿命来看，1985 年的人均寿命反而低于 1958 年，1987 年 104 个大城市的空气中的有害物质超标十倍多③。从环境信息公开的角度看，最初出于意识形态宣传的需要，苏联有意识地回避环境问题的严重性，而切尔诺贝利事件后，又未能有效应对各类曲解及负面的信息，进而引发了大规模的生态抗争运动，成为导致苏联解体的重要因素。

二是要完整、准确、全面贯彻新发展理念。苏联社会主义建设走的是一条坚持粗放型经济发展的道路。粗放型经济发展模式归根到底就是坚持生产至

---

① ［印］萨拉·萨卡：《生态社会主义还是生态资本主义》，张淑兰译，山东大学出版社 2008 年版，第 46-47 页。

② 江流、徐葵等：《苏联剧变研究》，社会科学文献出版社 1994 年版，第 66 页。

③ ［印］萨拉·萨卡：《生态社会主义还是生态资本主义》，张淑兰译，山东大学出版社 2008 年版，第 43-44 页。

上、增长第一，盲目追求片面的数量增长。苏联实行的计划经济，可以最大限度地集中各种资源，最大可能地实现经济的快速增长。苏联通过实施五年计划，快速地提高了经济总量，也较大程度地改善了人民群众的生活。1928 年到 1940 年，苏联工业生产的绝对量从占世界第五跃升至第二，仅用了 6 年的时间（1929—1935）就将生铁产量从 430 万吨提高到 1250 万吨，而美国花了 18 年（1881—1889），“一战”前的德国花了 19 年（1888—1907）。[①] 然而，这种高增长是建立在高投入、高消耗、高污染和低产出、低效率的经济及生态代价基础上的。特别是苏联重工业主导型的工业化道路，进一步加剧了环境污染。

三是要实行最严格的制度和最严密的法治。应该说，苏维埃政权在其建立的早期就关注了环境问题。列宁同志对环境保护也高度重视，这点可以从苏联在世界上第一个建立自然保护区，并且 1925—1929 年间自然保护区的数量大幅增长中得到印证。苏联成为世界上第一个制定了水源和空气污染物容许浓度标准的国家，这个标准也是当时世界上最严格的标准。苏联还制定了大量保护自然的法律，从国家层面出台了一系列的决定，把保护环境的任务纳入国民经济发展计划，把保护环境纳入宪法，通过实施国家生态鉴定的立法规定，同时确立对违法行为的追责举措。但是在实践过程中，经济战胜了生态，自然生态毫无条件地为经济发展让路，根本没有剩余资金投入环保，因而必然在环境法律的实施、执行的层面软弱，罚金远远小于完成生产计划的奖金，严格执行环境法律被认为是限制了经济的发展和军事实力的增强。正如印度学者萨拉·萨卡所指出：“法律、宪法和意愿是一回事，而经济、政治和社会现实又是另外一回事。”[②]不惩罚或惩罚太轻，往往难以起到震慑作用。总的来看，苏联的相关制度条例未能有效保障生态系统，尽管苏联也有污染条例，但最终都不得不为经济发展让路。

---

① 程又中：《苏联模式的兴衰》，湖北人民出版社 2000 年版，第 113 页。

② ［印］萨拉·萨卡：《生态社会主义还是生态资本主义》，张淑兰译，山东大学出版社 2008 年版，第 38 页。

三、新中国成立初期的环境保护探索

新中国成立初期，面对恢复国民经济的繁重任务，以毛泽东同志为主要代表的中国共产党人虽然没有提出过生态文明的理念，但在经济建设的过程中还是比较重视环境保护，对人与自然的关系有着较为深入的认识，大力开展绿化祖国、兴修水利、厉行节约等活动，环境破坏、环境污染问题并未凸显出来。受到1958年"大跃进"、人民公社化运动等的影响，"以粮为纲""以钢为纲"等给自然环境造成了巨大的压力，我国的环境问题随之凸显出来。

（一）历史背景

新中国成立后，面对一个由于长期战争等因素造成的百废待兴、一穷二白的烂摊子，如何在烂摊子上恢复和发展国民经济、开展经济建设，成为摆在中国共产党人面前的首要任务。

从国际看，第二次世界大战结束后，资本主义殖民体系已经被瓦解，正在形成以苏联为首的社会主义阵营和以美国为首的资本主义阵营的对立，形成美苏对峙的冷战格局。20世纪50年代后，随着经济建设步伐的加快，西方国家面临的生态危机逐渐暴露出来，引起了部分思想家的强烈关注。1962年，美国海洋生物学家蕾切尔·卡逊出版了《寂静的春天》，对滴滴涕等有毒农药滥用造成的环境污染发出了警告，引发了全世界对环境问题的关心关注，进而开启了全球的环境运动。第一次联合国人类环境会议通过了《人类环境宣言》，凝聚了只有一个地球的共识。同年，罗马俱乐部还发布了第一份研究报告《增长的极限》，首次提出了经济增长的极限问题，再次引发人们对追求无止境增长带来环境后果的关切。

从国内来看，新生政权刚刚建立，还不太稳固，一些地区没有得到解放，还要歼灭国民党残余势力，随后还有抗美援朝的任务。但是当时的生产力发展水平较低，经济形势严峻，根本谈不上什么工业体系。正如毛泽东同志所说，我们除了能生产一些日常生活原料，汽车、飞机、坦克等工业产品一件也不能造，因而经济建设的任务异常艰巨繁重。

全球环境运动的兴起和对环境问题的广泛关注，也促使中国开始承认环境问题，逐渐意识到环境保护的重要性及紧迫性，进而开启中国的环境保护行动。

1972年,中国派出代表团参加第一次联合国人类环境会议。1973年,召开了第一次全国环境保护会议,直面中国的环境问题,讨论通过并由国务院发布了《关于保护和改善环境的若干规定(试行草案)》,提出了32字工作方针,进而开启了中国环境保护事业的历史。

(二)主要内容

面对当时经济、社会发展的状况,毛泽东同志坚持辩证唯物主义和历史唯物主义的观点,对人与自然的关系作了大量探索,提出了人类兼具自然界和社会的奴隶和主人双重身份的观点。毛泽东同志认为,正是在人类的实践活动中将自身与自然界区别开来,同时也只有通过实践才能不断地认识自然、改造自然。为了发展生产和解决温饱问题,必须与自然进行斗争、"向自然开战",以获取生存与发展所需的生产、生活资料。"向自然开战"激发了战胜当时现实困难状况的勇气及精神,但盲目、片面地强调与自然斗争也带来了对自然环境的破坏。总的来说,以毛泽东同志为主要代表的中国共产党人在环境方面的探索主要体现在以下几个方面:

一是植树造林,绿化祖国。毛泽东同志重视造林绿化事业,并作出了许多重要指示。他早在1944年5月的延安大学开学典礼上就要求,让陕北的"光头山"种上树、长上头发。在新中国成立初期制定的《中国人民政治协商会议共同纲领》中就提出了"保护森林,并有计划地发展林业"方针。1950年,国家发布了《关于全国林业工作的指示》。随后,毛泽东同志在《征询对农业十七条的意见》中提出了在12年内基本消灭荒地荒山的任务。他多次发出了"绿化祖国"的号召,由此推开了"12年绿化运动"。绿化祖国的号召,激发了全国人民植树造林的热情。毛泽东同志对森林资源、林业的重视,对于当时的环境保护起着至关重要的作用。

二是兴修水利,治理水患。早在1934年初,毛泽东同志就将水利视为农业的命脉,以保障农业生产。新中国成立后,农业仍然是"靠天吃饭",多次发生大规模的洪涝灾害,如1954年长江特大洪水,给人民的生命财产造成了巨大损失,更加凸显兴修水利、治理水患的重要性、紧迫性,同时也更加坚定了我国加快水利建设、治理水患的信心和决心。新中国成立以前,只有22座大中型水库和一些塘坝、小型水库，江河堤防仅4.2万公里，江河普遍缺乏控制性工程①。新中国成立初期，毛泽东同志第一次离京巡视就视察了黄河。他同时关注淮河、海河、黄河等大江大河的治理。我国建设了治淮工程、官厅水库、三门峡水利枢纽等一批标志性的水利设施，为促进经济社会发展、保护环境、抵御自然灾害、保障人民生命财产安全等发挥了重要作用。

三是厉行节约，反对浪费。1931年开始的一场大规模的节省运动被称为党的历史上首次大规模反浪费斗争。毛泽东同志坚持勤俭节约的方针，号召全国各族人民艰苦奋斗、厉行节约、反对浪费。根据毛泽东同志的指示，全国各行各业开展了增产节约运动，并出台了一系列的文件。坚持勤俭建国的方针，开展增产节约运动，既是当时充分利用、节约自然资源以发挥资源的最大效益的现实所迫，同时更体现了中国共产党勤俭节约、艰苦奋斗的优良作风和爱护自然、保护环境的精神。节约成为建设社会主义的重要原则之一。

除此之外，他还重视对工业“三废”的综合利用，变废为宝、变害为利。同时还非常重视改善环境卫生，保障人民生命健康。

（三）重要意义

第一，开启了中国环境保护事业的历史。社会主义制度下的中国是否有环境问题？直到召开全国首次环境保护会议以前，我国也一直否认存在环境问题，或者说未意识到环境问题的严重性。当时认为：“社会主义制度是不可能产生污染的，谁要说有污染，有公害，谁就是‘给社会主义抹黑’。”②当时的人们对“环境保护”这个概念也很陌生，全社会的环境保护知识都缺乏。1972年，中国派出代表团参加第一次联合国人类环境会议后，中国才逐渐承认、正视自身存在的环境问题。曲格平同志认为，第一次环境保护会议首次承认中国存在比较严重的环境问题，这在政治动乱时期能够做到这点极为不易，“如果没有这一条，在中国开展环境保护工作就无从谈起了”③。1974年，成立了历史上的第一个环境保护机构——国务院环境保护领导小组。这个机构成立后下发了《环境

---

① 《新中国60年水利事业发展 人水相争变人水和谐》，中国网2009-08-17，http://www.china.com.cn/news/txt/2009-08/17/content_18349001_2.htm。

② 曲格平：《中国环境问题及对策》，中国环境科学出版社2007年版，第73页。

③ 曲格平：《中国的环境与发展》，中国环境科学出版社1997年版，第1页。

保护规划要点》等多个文件。

第二,为改革开放后的环境保护实践提供经验教训。虽然新中国成立初期的环境保护探索还没有上升到生态文明的高度,但是开展的植树造林、绿化祖国、兴修水利、治理水患、厉行节约、反对浪费等行动,不仅为新中国成立初期的经济建设和社会发展作出了贡献,也为当时的环境保护作出了积极探索,同时为新中国环境保护基本国策的确立及生态文明建设作了理论及实践准备。当然在探索过程中也出现了过度“向自然开战”、选择重工业化道路、政治化运动等所带来的资源浪费、环境破坏问题,为改革开放后科学应对环境问题提供了教训及警醒。

第二节　中国特色社会主义的发展与生态文明理论的出场

中国共产党领导中国人民开创和发展中国特色社会主义是一个艰辛探索、开拓创新的过程。以毛泽东同志为主要代表的中国共产党人团结带领全党和全国各族人民,完成了新民主主义革命、社会主义改造,开始了全面建设社会主义的探索,为开创和发展中国特色社会主义作出了奠基性、历史性的伟大贡献。以邓小平同志为主要代表的中国共产党人,作出把党和国家工作中心转移到经济建设上来、实行改革开放的历史性决策,确立环境保护基本国策,成功开创了中国特色社会主义。以江泽民同志为主要代表的中国共产党人带领全党和全国各族人民,组织实施可持续发展战略,成功地把中国特色社会主义推向21世纪。以胡锦涛同志为主要代表的中国共产党人提出科学发展观的重大战略思想,在新的历史起点上坚持和发展了中国特色社会主义。以习近平同志为核心的党中央统筹推进“五位一体”总体布局、协调推进“四个全面”战略布局,把生态文明建设上升为根本大计,推进美丽中国建设,形成了习近平生态文明思想,推动了新时代中国特色社会主义的发展。从环境保护基本国策的确立,到可持续发展战略的实施,再到科学发展观的形成,再到习近平生态文明思想的提出,中国特色社会主义生态文明理论的出场与中国共产党人探索、开创、坚持和发展中国特色社会主义的伟大实践同向而行。可以说,生态文明理论既是中国特色社会主义的重要内容,也是坚持和发展中国特色社会主义的重要理论支撑。

一、中国特色社会主义的开创与环境保护基本国策的确立

以邓小平同志为主要代表的中国共产党人领导了关于真理标准问题的大讨论，召开了党的十一届三中全会，重新确立解放思想、实事求是的思想路线，并实现党和国家工作中心战略转移，开创了中国特色社会主义，为我国环境保护事业的发展和环境保护基本国策的确立奠定了基础。

（一）历史背景

从全球看，西方发达国家利用资金、技术等方面的先发优势，利用发展中国家急于发展经济、改善民生等方面的意愿，大力推行环境殖民主义，推动高污染、高耗能的产业向发展中国家及欠发达地区转移，进而转嫁了环境污染。发达国家自身的环境状况是改善了，但这是以发展中国家及地区的环境状况恶化为代价的。有学者对巴西、加纳、秘鲁等国家森林资源的锐减给予关注①。面对日益严峻的环境形势，生态学马克思主义、生态中心主义等流派从不同视角对环境问题给予了关注，从而不断推动可持续发展理念在全球的广泛传播，并不断落实到实际行动中。从1972年的《人类环境宣言》到1980年的《世界自然保护大纲》，再到1987年的《我们共同的未来》，再到1992年的《21世纪议程》，可持续发展理念越来越广泛、越来越深入地被认同，并付诸实践。

在国内，全国百姓无不期望尽快恢复经济、社会、政治生活秩序，实现国家的安定团结，为社会主义现代化建设创造良好的条件。然而，在当时党和国家指导思想中，“左”倾错误思想仍然占据主导地位，“两个凡是”的指导方针严重阻碍了党和国家事业的发展。对此，邓小平同志强调，要准确、完整地理解毛泽东思想，并用之指导实践，坚定地支持关于真理标准问题的大讨论，坚决反对“两个凡是”。通过这场讨论，长期束缚人们的思想禁锢逐步被打破，人们的思想得到了极大解放，同时也为党的十一届三中全会的召开作了思想准备。党的十一届三中全会作出了把党和国家工作中心转移到经济建设、实行改革开放的伟大决策，彻底否定了“两个凡是”的错误方针，重新确立了解放思想、实事求是的思想路线。随着改革开放的不断推进，经济社会发展带来的环境问题愈发凸

---

① ［美］J·唐纳德·休斯：《世界环境史：人类在地球生命中的角色转变》（第2版），赵长风、王宁、张爱萍译，电子工业出版社2014年版，第265页。

显。重新确立正确的思想路线为环境保护基本国策的确立创造了条件。而环境保护基本国策的确立则顺应了当时经济社会发展的形势需要，特别是成为推进环境保护事业的必然要求。

（二）主要内容

以邓小平同志为主要代表的中国共产党人开启了改革开放和社会主义现代化建设的新征程。邓小平同志站在党和国家前途命运的战略高度推进改革开放，强调要协调好人口、资源、环境与经济发展的关系，大力发展生产力，建设有中国特色社会主义，同时注重环境保护，倡导植树造林，把计划生育与环境保护列入国家的基本国策，为改革开放初期的环境保护事业打下了扎实的基础。

一是倡导植树造林。邓小平同志继承了毛泽东同志植树造林、绿化祖国的思想，倡导并亲自参与植树造林。新中国成立后，邓小平同志在四川、北京、黑龙江等地考察时就强调植树造林的重要性。为动员全国各族人民植树造林，加快绿化祖国，1979 年将 3 月 12 日确立为全国的植树节，并于 1981 年通过了开展全民义务植树运动的决议。1982 年，邓小平同志为全军植树造林总结经验表彰大会题词。1983 年，他指出，“植树造林，绿化祖国，是建设社会主义，造福子孙后代的伟大事业”①，要不断地坚持下去。在他的推动下，针对我国西北、华北和东北地区沙尘暴、荒漠化等环境问题，1978 年国家开始实施“三北”防护林工程，并将其作为国家经济建设重点项目。全国范围的植树造林行动，扩大了我国的森林面积，提高了森林覆盖率，有效保持了水土，改善了生态环境。

二是确立计划生育的基本国策。新中国成立后，随着物质生活条件的改善，人口增长的速度逐渐加快。人口问题确实是一个影响经济社会发展的重要问题。1957 年，人口学家马寅初在人民日报发文，关注中国人口增长过快问题。1971 年，国务院批转的《关于做好计划生育工作的报告》，首次将控制人口增长作为国民经济发展计划的重要内容。邓小平同志认为，要使中国实现四个现代化，必须至少看到底子薄和人口多、耕地少这两个重要特点，指出“我们要大力加强计划生育工作”②，强调要提升人口的素质，打造人才资源优势。1981 年，国家设立计划生育委员会。1982 年 9 月，党的十二大把计划生育确定为基本国

---

① 中共中央文献研究室：《邓小平年谱 1975—1997》（下），中央文献出版社 2004 年版，第 895 页。

② 《邓小平文选》（第 2 卷），人民出版社 1994 年版，第 164 页。

策,同年写入宪法。计划生育基本国策的确立为缓解资源环境压力,实现经济社会的可持续发展发挥了重要作用。

三是确立环境保护基本国策。1978 年,全国人大通过了新修订的宪法,明确规定国家在保护环境和自然资源、防治污染等方面的责任。这是新中国历史上首次在宪法中作出了环境保护的相关规定。同年,中共中央批转了《环境保护工作汇报要点》,指出"消除污染,保护环境,是进行经济建设、实现四个现代化的一个重要组成部分"①,首次以党中央名义对环境保护工作作出指示。1979 年,《中华人民共和国环境保护法(试行)》颁布。1981 年印发的《国务院关于在国民经济调整时期加强环境保护工作的决定》,指出了当时环境问题的严重性,把环境问题视为国民经济发展中的一个突出问题,强调"保护环境是全国人民的根本利益所在"②,把环境管理和资源开发利用作为现代化建设的基本任务。环境保护成为继计划生育后我国第二项基本国策。确立环境保护的基本国策,对于做好新时期的环境保护工作、走出一条适合我国国情的环境保护之路等都具有战略性、历史性、全局性的重要意义。

(三)重要意义

第一,推动我国环境保护事业按下"快进键"。第二次全国环境保护会议确立环境保护的基本国策后,我国环境保护事业得到快速发展。一是环境保护的制度进一步完善。国家或有关部门相继印发了《关于环境保护工作的决定》《中国自然保护纲要》《国务院关于进一步加强环境保护工作的决定》等制度,形成了海洋环境保护、土地管理、水污染防治等方面的法律规定。1989 年,全国人大通过了《中华人民共和国环境保护法》,还召开了第三次全国环境保护会议。二是组织机构建设进一步加强。从 1974 年成立领导小组,到 1982 年设立环境保护局,到 1984 年更名为国家环境保护局,再到 1988 年作为国务院直属的国家环境保护局,进一步理顺了环境保护工作的体制机制,为做好环境保护工作提供了组织保证。三是环境保护的意识进一步加强。从国家层面更进一步认识

---

① 国家环境保护总局、中共中央文献研究室:《新时期环境保护重要文献选编》,中央文献出版社、中国环境科学出版社 2001 年版,第 2 页。

② 国家环境保护总局、中共中央文献研究室:《新时期环境保护重要文献选编》,中央文献出版社、中国环境科学出版社 2001 年版,第 20 页。

到环境问题在经济、社会发展全局中的重要地位，认识到环境问题的严重性。曲格平先生把 1983 年到 1989 年称作我国环保工作实现重要转变的时期，认为当时在中国不能走发达国家走过的“先污染后治理”的道路上形成了共识。

第二，为我国生态文明建设奠定了历史性基础。随着改革开放的推进，我国经济实现快速增长，由于缺乏资金等原因，导致环境保护的步伐滞后于经济建设的步伐，不可避免地面临着“环境污染的蔓延和生态环境恶化”①的严峻环境形势。可以说，这一时期是面对改革开放以来的第一个环境问题集中的时期。这一时期环境保护基本国策的确立、相关文件及法律的出台、处理环境问题正反两方面的经验教训，形成了党和国家环境保护工作的基本框架，为我国生态文明建设奠定了历史性基础。

二、中国特色社会主义的发展与可持续发展战略的实施

以江泽民同志为主要代表的中国共产党人成功应对国际和国内严峻考验，捍卫了中国特色社会主义事业，借鉴全球实施可持续发展战略，准确把握我国的基本国情和相当严峻的环境形势，从战略和全局的高度强调实施可持续发展战略的重要性和紧迫性，推动我国环境保护事业进入新的发展时期，带领全党和全国各族人民，成功地把中国特色社会主义推向 21 世纪。

（一）历史背景

从国际上看，20 世纪 90 年代以来，全球环境恶化的形势仍在不断加剧，环境问题也已经突破国家的边界蔓延至全球，引发了全球性的生态危机。1992 年科学家联合会发起和签署“世界科学家警告人类声明书”，呼吁从根本上变革当时的经济发展模式。1992 年，联合国在巴西召开环境与发展大会，讨论通过了《里约宣言》《21 世纪议程》等重要文件，形成了可持续发展的国际共识，推动各国制定、实施符合本国的可持续发展计划，成为人类环境与发展史上具有深远影响的一次盛会。1997 年，在日本举行的第三次缔约方大会通过了《京都议定书》，将温室气体减排纳入发达国家的法律义务。

从国内看，随着改革开放的进一步推进，特别是随着社会主义市场经济体

---

① 宋健：《向环境污染宣战——在第三次全国环境保护会议开幕式上的讲话》，《环境保护》1989 年第 7 期。

制的逐步确立,社会主义现代化建设实现“加速度”,经济实现了较快增长,1995年提前完成原定到2000年完成的比1980年翻两番的目标。然而,这种粗放型的经济增长方式,伴随大量能源资源的消耗和环境污染问题的频发、高发,城市污染严重并逐步向农村蔓延,环境恶化的形势进一步加剧。同时,一些深层次矛盾问题也一并凸显出来。面对严重的城市环境问题和已经凸显的乡村环境问题,如果继续走粗放型经济增长方式和先污染后治理的老路,如果不在环境保护上采取更有力的举措,环境问题必将越来越成为我国经济社会发展的严重制约因素。

（二）主要内容

顺应全球实施可持续发展战略的大势和应对国内严峻环境形势的需要,以江泽民同志为主要代表的中国共产党人立足我国基本国情,确立可持续发展战略地位,组织实施了中国的可持续发展计划,提出了“保护资源环境就是保护生产力”等重要论述,在实施可持续发展战略上取得巨大成绩,进一步推动了中国特色社会主义事业的发展。

1992年,我国启动《中国21世纪议程》的编制工作,并于1994年正式发布,成为1992年联合国环境与发展大会后第一部国家级可持续发展战略,受到国际社会的广泛关注。党的十四大把加强环境保护列为关系全局的十项主要任务之一。1995年,江泽民同志在党的十四届五中全会上的讲话中,把经济建设和人口、资源、环境的关系列为社会主义现代化建设中必须处理好的关系,强调要大力实施可持续发展重大战略。1996年,可持续发展战略与科教兴国战略一并被列入了“九五”计划和2010年远景目标纲要。江泽民同志强调:“经济发展,必须与人口、环境、资源统筹考虑。”①在党的十五大报告中,他基于我国人口众多、资源相对不足实际,强调必须实施可持续发展战略,坚持计划生育和保护环境的基本国策。在庆祝中国共产党成立八十周年大会上的讲话中,他将实施可持续发展战略进一步细化、具体化,首次明确要走生产发展、生活富裕、生态良好的文明发展道路。党的十六大报告多次提出,要实施科教兴国和可持续发展战略,把增强可持续发展能力、改善生态环境等生态环境指标明确为全面建

① 《江泽民文选》(第1卷),人民出版社2006年版,第532页。

设小康社会的重要目标。

此外,还在如何处理经济发展同环境保护的关系上有新的认识,突破了以往把二者对立起来的传统认识。江泽民同志提出,"破坏资源环境就是破坏生产力,保护资源环境就是保护生产力,改善资源环境就是发展生产力"①,将如何对待资源环境上升到影响生产力发展的高度,进一步凸显了保护资源环境的重要性,突出了保护资源环境和发展生产力的一体性、贯通性,为落实可持续发展战略、保护资源环境提供更有效的价值支撑。

通过对党的重要会议、党和国家领导人关于可持续发展战略相关表述的梳理可以看出,全党、全社会对可持续发展战略的思想认识在不断深化,对战略的目标要求、路径选择等落实层面在不断细化,进而推动可持续发展战略取得一系列重大成效,进一步增强了我国的可持续发展能力,推动了中国特色社会主义的发展。

(三)重要意义

第一,为我国生态文明建设指明了道路。我国的环境保护经历了从不承认存在环境问题到正视、重视环境问题,逐渐意识到不能再走西方走过的"先污染后治理"的老路,不能再继续坚持粗放型的经济增长方式,并将这种思想认识落实到行动上。但是至于我们该走一条怎样的发展道路?中国的环境保护之路,路在何方?对于这个问题的思想认识有一个逐渐深化的过程。江泽民同志强调,"我们绝不能走人口增长失控、过度消耗资源、破坏生态环境的发展道路"②,要站在可持续发展的高度统筹好经济社会发展和破解人口、资源、环境工作面临的问题,确立生产发展、生活富裕、生态良好的文明发展道路。至此,这一道路成为我国环境保护和生态文明建设的重要选择。从党的十六大到党的二十大,虽然在如何看待这条道路的具体表述上存在差异,但是走生态文明之路的方向是明确的、一致的、坚定的。

第二,为新世纪的环境保护和生态文明建设提供经验教训。江泽民同志进一步丰富发展了可持续发展战略的思想体系,制定并组织实施了我国的可持续

---

① 中共中央文献研究室:《江泽民论有中国特色社会主义(专题摘编)》,中央文献出版社 2002 年版,第 282 页。

② 《江泽民文选》(第 3 卷),人民出版社 2006 年版,第 461 页。

发展战略,明确了走生产发展、生活富裕、生态良好的文明发展道路,进一步提升了环境保护在经济社会发展战略全局中的地位,这些都为这一时期及今后一个时期的环境保护和生态文明建设打下坚实的基础。同时,如 1998 年特大洪水等自然灾害也给了我们深刻的启示,只有正确认识、把握、遵循自然规律,才能统筹经济建设与生态环境的发展,真正把可持续发展战略落到实处。

三、中国特色社会主义的发展与科学发展观的形成

以胡锦涛同志为主要代表的中国共产党人,站在谋划 21 世纪中国新发展的战略高度,立足我国处于社会主义初级阶段的基本国情,顺应全球金融危机后推行“绿色新政”的倡议,准确把握新时期我国经济社会发展的规律特点,在实施可持续发展战略的基础上,提出了科学发展观的重大战略思想,在新的历史起点上坚持和发展了中国特色社会主义。

(一)历史背景

进入 21 世纪后,人类可持续发展面临着新的挑战。2002 年,联合国可持续发展世界首脑会议通过了《约翰内斯堡可持续发展承诺》和《可持续发展世界首脑会议执行计划》,进一步凝聚了世界各国推动可持续发展的共识。与此同时,影响人类可持续生存与发展的生态环境问题种类也在不断增加、范围在不断扩展。2008 年,一场席卷全球的金融危机更是催生了“绿色新政”“绿色经济”的绿色转向。这场金融危机暴露了传统的线性经济的弊端及矛盾问题,让世界各国更加意识到推动可持续发展、发展循环经济的重要性、紧迫性、必然性。2005 年《京都议定书》正式生效,成为人类历史上首次以法规的形式应对全球变暖问题。2008 年联合国环境规划署召开全球环境部长会议,提出的“全球绿色新政”和“发展绿色经济”倡议得到全球的广泛认同。2011 年,联合国环境规划署发布了《绿色经济报告》,强调绿色经济在实现可持续增长、保护环境等方面的重要作用。美国、日本、德国、欧盟等国家及地区纷纷实施“绿色新政”,大力发展“绿色经济”。绿色发展理念既是世界发展的时代大趋势,又是全球实现可持续发展的内在要求,为各国推动可持续发展提供行动指南。

从国内看,绿色发展也是走在发展十字路口的中国的必然选择。联合国开发计划署发布了《2002 年中国人类发展报告:让绿色发展成为一种选择》研究

报告，分析了中国所面临的环境形势，指明了走绿色发展之路的必然选择。2004年四川沱江特大水污染、2005年松花江水污染和2007年太湖、巢湖、滇池暴发蓝藻危机等事件敲响了环境保护的警钟，给人民的生产生活造成巨大威胁，对经济社会发展造成严重影响。面对严峻的生态环境形势，转变经济发展方式迫在眉睫。

（二）主要内容

党的十六大以来，以胡锦涛同志为主要代表的中国共产党人，顺应国内外形势变化，提出了科学发展观的重大战略思想。党的十六届三中全会首次完整提出科学发展观，在原来论述的基础上新增了"以人为本"，并将科学发展观的主要内容作为深化经济体制改革的指导思想和原则。党的十七大报告把科学发展观写入党章，并把科学发展观新增为党的指导思想。

准确把握科学发展观的深刻内涵和基本要求。2004年，胡锦涛同志在中央人口资源环境工作座谈会的讲话中，全面阐述了科学发展观的深刻内涵和基本要求。坚持以人为本，就是要让人民群众成为发展成果的最大受益者，并将之作为判断发展与否的根本标准，最终实现人的全面发展。全面发展，要求坚持把发展放在第一位，因而必须坚持以经济建设为中心，同时又要注重经济、政治等建设的同步。协调发展，就是要统筹城乡、区域、经济社会、人与自然等层面的协同发展，避免出现不平衡问题。可持续发展意味着我们的发展必须立足长远，不能满足于一时的发展，把人与自然的和谐放到更加突出的位置。党的十七大报告进一步提出："科学发展观，第一要义是发展，核心是以人为本，基本要求是全面协调可持续，根本方法是统筹兼顾。"①"坚持以人为本"，要求从根本上厘清为什么发展、为谁发展、发展的目的是什么等问题。"全面、协调、可持续"，就是要解决如何把坚持以人为本落到实处的问题，是科学发展观的基本要求。

建设生态文明是贯彻落实科学发展观的必然要求，而建设资源节约型、环境友好型社会又是推进生态文明建设的题中应有之义。建设生态文明，必须关注资源环境的承载能力，尊重自然规律，立足可持续发展目标，建设资源节约型

① 《胡锦涛文选》（第2卷），人民出版社2016年版，第623页。

和环境友好型社会。2008 年,胡锦涛同志把生态文明建设与经济建设、政治建设、文化建设、社会建设并列,并提出了全面推进“五大建设”的要求。与此同时,人与自然和谐相处也作为重要内容,纳入建设社会主义和谐社会的目标任务中。

（三）重要意义

第一,实现了党在发展问题上思想认识的飞跃。如果说环境保护基本国策的确立和可持续发展战略的提出仍然是一种被动选择的话,科学发展观的形成则是一种思想认识上的自觉行动。科学发展观的形成是对过去近三十年改革开放实践的系统总结,是对环境保护基本国策和可持续发展战略的创新升级,标志着我们党在统筹经济社会发展与环境保护上的认识飞跃,也是当时对发展问题的最完整、最全面的认识。它“第一次形成了我们党系统的马克思主义发展理论,实现了在发展问题上的认识飞跃,丰富了马克思主义的理论宝库”①。科学发展观助推我国经济实现高速增长,使我国成为世界第二大经济体,大大提升了我国的综合国力和对外影响力,推动中国特色社会主义发展取得新进步。

第二,为开启我国生态文明建设奠定历史性基础。党的十七大报告提出“建设生态文明”的命题,这在我们党的历史上属于首次。“建设生态文明”把生态建设提升到文明的高度,标志着中国共产党对环境保护的认识有新的飞跃,深化了对加快生态文明建设重要性、紧迫性的认识,充分彰显了中国共产党的历史担当与行动自觉,提升了中国在全球环境治理中的影响力。“建设生态文明”不仅为落实科学发展观提供了有效路径,而且进一步丰富了中国特色社会主义理论体系的内涵。生态文明建设被纳入“五位一体”总体布局,建设美丽中国,引领生态文明建设不断深入推进。

四、新时代中国特色社会主义的发展与习近平生态文明思想的提出

以习近平同志为核心的党中央践行“人民对美好生活的向往就是我们的奋斗目标”的庄严承诺,把生态环境上升到关系中华民族永续发展的根本大计、上

---

① 冷溶:《科学发展观的创立及其重大意义》,《马克思主义研究》2006 年第 8 期。

升到关系党的使命宗旨的重大政治问题和关系民生的重大社会问题的高度，坚持“绿水青山就是金山银山”的理念，从群众反映最强烈最突出最紧迫的问题着手，推进美丽中国建设，形成了习近平生态文明思想，代表了马克思主义生态观新时代实践的最新成果，推动了新时代中国特色社会主义的发展。

（一）历史背景

从国际来看，随着全球环境问题影响深度、广度的扩大，气候变化问题越来越成为国际社会广泛关注的热点问题，甚至也成为了政治博弈的焦点问题。虽然在谈判的进程中存在分歧，未能达成一致，发达国家未能按照有关文件有效履行自身责任，但无论是从历史发展来看，还是从现实挑战来看，携手应对全球气候变化、共谋全球生态文明建设应成为全球各国的普遍共识。2012 年，联合国可持续发展大会共商全球未来可持续发展大计。2015 年，巴黎气候变化大会通过了《巴黎协定》，对 2020 年后的全球气候治理作出安排。同年，联合国发展峰会通过了具有里程碑意义的“2015 年后可持续发展议程”，系统规划了之后 15 年世界可持续发展的蓝图。世界经济论坛发布的《2023 年全球风险报告》显示，在全球十大风险中，多项风险与气候变化有关。

从国内来看，改革开放以来的快速发展所积累的环境问题呈现出高强度频发态势，越来越成为我国经济社会发展的突出短板，成为百姓反映强烈的民生之患、民心之痛。雾霾从 2012 年开始受到社会的关注。雾霾问题不仅成为关系百姓生命健康及正常生活的大问题，而且成为影响我国经济社会发展的大问题，甚至成为了国际关注的政治敏感问题。中国雾霾事件词条被写入维基百科。一些国家出现严重雾霾后就直接“甩锅”中国，严重破坏了我国的国际形象。大范围长时间的雾霾成为了人民群众反映强烈的突出生态环境问题，习近平总书记指出，“我们在生态环境方面欠账太多了，如果不从现在起就把这项工作紧紧抓起来，将来会付出更大的代价”①。2011 年，我国 GDP 占全球的 10.48%，却消耗了世界 60%的水泥、49%的钢铁和 20.3%的能源。② 面对资源约束趋紧、环

① 中共中央文献研究室：《习近平关于社会主义生态文明建设论述摘编》，中央文献出版社 2017 年版，第 7 页。

② 《美丽中国，从雾霾中突围（贯彻十八大 开局新气象·特稿）——学习贯彻落实十八大精神系列述评之二》，《人民日报》2013 年 2 月 21 日第 1 版。

境污染愈重等严峻环境形势，党中央更加认识到加强环境保护、加快生态环境治理、推进生态文明建设的重要性及紧迫性，下大气力开展净空、净水、净土行动，出台了一系列制度构筑起生态文明建设的“四梁八柱”，实施史上最严的监管执法行动，高位推动中央环境保护督察，不断回应群众的关切，满足人民对良好生态的需要。

（二）主要内容

党的十八大报告将生态文明建设纳入“五位一体”总体布局，提出了要把生态文明建设融入经济、政治、文化及社会建设各方面和全过程的战略要求。第八次全国生态环境保护大会强调，要推动生态文明建设迈上新台阶，并概括确立了习近平生态文明思想。习近平生态文明思想是习近平新时代中国特色社会主义思想的重要组成部分，是推进生态文明建设、建设美丽中国的根本遵循。

一是确立了生态文明的根本历史地位。生态文明作为一个概念，在国内最早由叶谦吉先生于 1987 年提出来。2003 年，生态文明第一次被写入党中央和国务院的正式文件。2007 年，党的十七大第一次把生态文明写入党代会报告。党的十八大报告第八部分专门论述生态文明建设，绘就了建设美丽中国的宏伟蓝图，发出了走向社会主义生态文明新时代的号召。党的十九大报告，把建设生态文明上升为关系中华民族永续发展的千年大计，把坚持人与自然和谐共生纳入新时代坚持和发展中国特色社会主义的基本方略，美丽中国成为强国目标的重要内容，并写入新党章、宪法。党的二十大报告明晰了美丽中国建设的战略安排，提出了“推动绿色发展，促进人与自然和谐共生”的任务要求。从“两位一体”到“三位一体”，再到“四位一体”，再到“五位一体”；从长远大计到千年大计，再到根本大计，生态文明建设在新时代党和国家事业发展全局、在中华民族永续发展、在构建美丽世界和人类命运共同体中的根本历史地位前所未有地凸显出来了。

二是确立了生态文明制度的“四梁八柱”。制度和法治在保护生态环境中具有重要作用，生态文明建设必须纳入制度化、法治化的轨道。针对 2013 年初的大范围雾霾，当年 9 月国务院就发布《大气污染防治行动计划》，即“大气十条”。党的十八届三中全会瞄准生态文明制度建设；党的十八届四中全会侧重强调建立健全生态文明法律制度，并强调发挥好法律制度对于环境的保护作用。党的十九大提出,要加快生态文明体制改革,建设美丽中国。党的十八大以来,《关于加快推进生态文明建设的意见》《生态文明体制改革总体方案》等纲领性文件相继出台,构筑了生态文明制度的“四梁八柱”。党的二十大报告在总结新时代十年伟大变革时,充分肯定党的十八大以来我国生态文明制度体系更加健全。

三是确定了生态文明建设的方向和道路。党的十九大报告把坚持人与自然和谐共生提升到了新时代基本方略的高度。2018 年第八次全国生态环境保护大会对进一步强化生态环境保护、打好污染防治攻坚战作出战略部署,提出新时代推进生态文明建设必须坚持的六项原则,同时提出必须加快建立健全的五大生态文明体系。“六项原则”和“五大体系”,既从宏观上为新时代推进生态文明建设指明了原则方向,又从实践层面为新时代推进生态文明建设指明了具体路径,成为新时代推进生态文明建设“路线图”。党的二十大报告强调,中国式现代化是人与自然和谐共生的现代化,要以中国式现代化全面推进中华民族伟大复兴。这为新时代生态文明建设进一步指明了方向。

(三)重要意义

第一,开创马克思恩格斯生态文明思想的新境界。习近平总书记在纪念马克思主义诞辰 200 周年的讲话中指出,要学习和实践马克思主义关于人与自然关系的思想。我国的环境保护工作离不开马克思恩格斯生态文明思想的指导。党的十八大以来,以习近平同志为核心的党中央立足新时代的新矛盾、新需要,统筹推进“五位一体”总体布局、协调推进“四个全面”战略布局,践行“绿水青山就是金山银山”的理念,坚持良好生态环境是最普惠的民生福祉,在为什么建设生态文明、建设什么样的生态文明、怎样建设生态文明等重大理论及实践问题上丰富发展了马克思恩格斯生态文明思想,成为 21 世纪的马克思主义生态文明学说。

第二,开创中国特色社会主义生态文明理论及实践的新境界。以习近平同志为核心的党中央在继承和发展中国共产党人生态思想的基础上,以历史的眼光、全球的视野、人类的站位,直面新时代我国经济社会发展面临的突出短板,深化生态文明体制改革,加强生态文明制度体系建设,携手推进全球环境治理,推动生态环境保护发生历史性、转折性、全局性变化,进一步丰富和发展了中国特色社会主义理论体系，深化了对共产党执政规律、社会主义建设规律、人类社会发展规律的认识，为当代中国马克思主义生态文明理论研究作出巨大贡献，为发展中国家探索实现现代化和全球生态文明建设贡献了中国方案、中国智慧、中国力量，成为“两个结合”的标识性重大成果。

第三节　共产主义的生态向度

与空想社会主义对完美社会的空想不同，科学社会主义有着现实的生态基础。马克思、恩格斯通过对资本主义经济危机和生态危机的揭露，提出了建立共产主义社会的宏伟目标。共产主义社会将消灭私有制，实行“各尽所能，按需分配”，促进人的自由全面发展。从浅层面或者说字面意义上来看马克思、恩格斯所描述的共产主义，生态文明似乎与共产主义是不相容的。然而，回归到马克思主义的语境可以发现，共产主义与生态文明不仅具有相容性，而且生态文明是实现共产主义的内在要求。

一、科学社会主义的生态基础

科学社会主义的生态基础，不再是空想社会主义式的对完美社会的设想，而是通过对资本主义生态环境问题的批判，并透过这一表象，直指资本主义生产方式背后的私有制度。只有变革资本主义制度，才能还原人与自然的本真关系，实现人与自然的本质的统一，夯实科学社会主义的生态基础。

（一）对资本主义生态环境问题的批判

无论是从生态环境问题的严重程度而言，还是从生态环境问题的影响程度而言，马克思、恩格斯生活的资本主义时代，不可能面临如今天那样严重的生态环境形势。那生态环境问题为何会进入，又是如何进入科学社会主义视域的？

对资本主义生态环境问题的批判是科学社会主义的理论必然、实践必然。一方面，科学社会主义诞生于资本主义工业化的过程中。正是由于资本主义大工业带来的全方位的需求，致使广大的农民被迫失去土地成为无产者，进入到资本主义工业化大生产的产业链之中。然而，这种工业化越是发展，就需要越来越多的工人，由此不断形成具有规模效应的工人阶级队伍，这就为无产阶级革命奠定了群众基础。同时，这种工业化越是发展，工人阶级却越是难以具有足够的消费能力，导致产品“过剩”危机，造成了周而复始的资本主义经济危机，成为无产阶级革命的导火索。这些都为科学社会主义的诞生创造了条件。

另一方面，为人类求解放是马克思主义的根本之所在。马克思、恩格斯怀着为人类求解放的历史使命，始终关注工人阶级的生活及命运。在资本主义工业化的过程中，工人阶级不仅在经济、政治等方面受到剥削压迫，而且在生活上受到环境贫困带来的身心毒害。资本主义及其生产方式给生态环境带来的灾难性后果，工人阶级是首当其冲的受害者。恩格斯在《英国工人阶级状况》中，对19世纪英国普遍出现的河流、空气等各种污染进行了描述。马克思则在《资本论》中对伦敦的河流污染问题进行了描述。这些生态环境问题不仅在当时的英国有，在德国、法国等资本主义国家也都普遍存在。工人们不仅处于受污染的工作环境中，还生活在环境极其恶劣、污染极其严重的空间中，由此给工人身心造成了巨大伤害。“任何情况都不像工人阶级的居住条件这样露骨这样无耻地使人权成为产权的牺牲品。”①因而，争取实现工人阶级的自由与解放，不仅需要对资本主义制度造成的政治剥削进行批判，还需要对资本主义生产方式所导致的生态环境问题及其背后的根源进行批判。

马克思、恩格斯深刻揭露了资本主义生态环境问题的根源所在，即建立在资本主义私有制基础上的资本主义制度。在产业革命和机器大规模应用之前，英国整个社会的生产方式仍是田园式的自给自足。但是随着产业革命的兴起，一大批大机器投入使用，必须要求人口和工厂的聚集，由此也会造成生态环境问题。然而，更为严重的是，资本家在高额利润面前对大自然的无节制的“借贷”，这种不顾一切的对自然的掠夺，是资本主义私有制使然，必然破坏人与自然之间的物质变换，造成严重的生态环境问题。

由此可见，资本主义的生态环境问题并不是单纯地作为资本主义生产方式的产物，它同时构成对工人阶级所受到压迫与侵害的重要部分。生态环境问题从另一个角度揭露了资本主义制度的反生态本质。因此，作为指引无产阶级革命、解放事业的科学理论，必须对资本主义的生态环境问题给予彻底的批判。

---

① 《马克思恩格斯文集》(第5卷)，人民出版社2009年版，第758页。

（二）科学社会主义的生态前提

马克思、恩格斯创立的科学社会主义，首先是为了与空想社会主义相区别。因为空想社会主义试图用新幻想欺蒙人民，未能在实践层面指引人民开展社会运动。在《共产党宣言》1888年英文版序言中，马克思、恩格斯解释了为什么这个宣言不能叫社会主义宣言。因为在那时，社会主义者主要是包括了各种空想社会主义体系的信徒和形形色色的社会庸医，这些人都是"上流社会的"，因而也不可能成为工人阶级的代表和工人运动的先锋。所以，作为科学社会主义诞生标志的《共产党宣言》，必须要对包括空想社会主义在内的各种非科学社会主义进行彻底的清算。事实上，在《德意志意识形态》中，马克思、恩格斯就批判了以"科学"为基础的"真正的社会主义"，认为这种"科学"实质上是"一种秘传的科学"。它关心的不是现实的人，而是"人"；它没有求助于无产者，而是求助于哲学家和哲学学徒，因而不可能是真正的社会主义。显然，这样的著作、这样的理论，是不能担负起指引人类解放事业的历史使命的。马克思主义站在唯物史观的高度，抛弃了空想社会主义的空想及幻想，从现实的社会关系和社会的基本矛盾出发，指明了无产阶级革命、解放的现实路径。唯物史观成为科学社会主义诞生的世界观基础。

虽然空想社会主义提出了对完美社会的设想，但是这些设想仅仅是停留在幻想或者空想层面，最终未能变成现实。其根本原因是他们没有触动资本主义的制度，更未能找到变革资本主义私有制度的有效路径。而科学社会主义透过资本主义生产方式的表象，揭示了资本主义内在的不可调和的矛盾，从而使空想社会主义的设想能够变为现实。

科学社会主义不仅要解决人与人之间的矛盾，同时也必须解决人与自然之间的矛盾，只有推动"两个和解"，才能真正实现人的自由和解放。而在以往的观念中，人在自然界中处于旁观者的角色，把人与自然、人类社会与自然界完全对立起来，未能从整体的视角对人与自然的相互关系进行考察。根据唯物史观的观点，人在劳动过程中创造了世界历史，同时这个过程也是"自然界对人来说的生成过程"①。从人与自然的关系来看，人与自然之间具有同一性，人类对待

---

① 《马克思恩格斯文集》（第1卷），人民出版社2009年版，第196页。

自然的态度与方式，同样会影响人类对待自身的态度与方式，反过来亦是如此。正如马克思、恩格斯所指出的，人们对自然界的狭隘的关系与他们之间的狭隘的关系必然是相互影响的。从历史的维度看，自然史和人类史不仅不可分割，而且还彼此制约。生态环境问题必然影响人类的生存与生活，进而影响人类发展的历史进程。因此，要还原人与自然之间的本真关系，就必须变革资本主义的生产方式及私有制度。这样，自然界才能真正成为人与人之间的联系纽带，为人合乎人性的存在提供自然基础。正如马克思所指出，社会主义"是从把人和自然界看做本质这种理论上和实践上的感性意识开始的"①。人与自然的本质的统一，既是科学社会主义的价值目标，又构成其生态基础。

二、共产主义社会的基本特征

共产主义是人类社会的最高理想。马克思在《1844 年经济学哲学手稿》对粗陋的共产主义、民主的或专制的共产主义等空想社会主义思想进行了批判，在此基础上提出了自身的共产主义思想。马克思认为，共产主义社会是在资本主义社会的基础上产生的，因而在各个方面都带有旧社会的痕迹。在《哥达纲领批判》中，马克思把共产主义社会划分为刚刚从资本主义社会中产生的第一阶段和在第一阶段基础上发展形成的高级阶段。列宁同志则把两个阶段分别称作社会主义社会、共产主义社会。关于共产主义社会的基本特征，学界从不同角度进行了论述。总体而言，主要有消灭私有制；各尽所能，按需分配；人的自由全面发展等。

（一）消灭私有制

共产主义是对私有财产的积极扬弃。马克思、恩格斯在《共产党宣言》中指出："共产主义的特征并不是要废除一般的所有制，而是要废除资产阶级的所有制。"②而资产阶级的所有制就是资本主义私有制。无产阶级为何要付出巨大努力甚至是流血牺牲以求得解放？那是因为无产阶级在资本主义社会受到了野蛮、无情的剥削和压迫。人对人的剥削，既构成资本主义生产的"必备"基础，同时又成为资本主义社会不可调和的矛盾。

---

① 《马克思恩格斯文集》（第 1 卷），人民出版社 2009 年版，第 197 页。
② 《马克思恩格斯文集》（第 2 卷），人民出版社 2009 年版，第 45 页。

从资本主义的发展历史来看，正是大工业生产取代手工业生产的工业革命，最大限度地增加了资产阶级的财富，同时助推资产阶级在政治上取代了贵族和行会师傅的社会势力。财富的积聚和政治权力的取得，为资产阶级上升为“第一阶级”打下了坚实的基础。借助资本这个决定性的力量，资本家、资产者成为了社会及政治上的第一阶级。资产阶级通过“奴役他人劳动”“剥削雇佣劳动的财产”，在榨取最大剩余价值的同时，也导致了阶级矛盾的最大化，无产阶级的处境到了不堪忍受的程度。因此，作为关于无产阶级解放条件的学说，共产主义必须解决所有制问题，即通过废除私有制，实现对整个社会制度的彻底改造，无产阶级才能上升为统治阶级，实现自身的解放。由此可以说，消灭私有制是实现共产主义的必然要求和核心关切。

（二）各尽所能，按需分配

根据历史唯物主义的观点，生产资料所有制决定了不同的社会分配及其依据标准。生产条件本身的分配决定了消费资料的分配。在不同的生产资料所有制下，分配方式也必然会存在根本不同。在资本主义社会中，占有生产资料的资产阶级决定着分配，霸占着社会的一切，而工人阶级则是真正的无产者。只有在共产主义社会，才能实现分配方式的根本变革。

从人类社会发展的历程来看，按需分配是人类在分配领域梦寐以求的梦想。在空想社会主义者看来，按需分配就是他们所设想的完美社会的“标配”之一。空想社会主义者欧文突破 18 世纪空想社会主义所坚持的平均主义、禁欲主义，设想了在生产力高度发展和产品极大丰富的基础上实行消费品按需分配的理想分配模式。但是在共产主义社会之前的一切社会形态，要么因为社会生产力发展不够，要么因为资本利益集团的控制，按需分配只能是一种可望不可即的空想。在阶级社会，阶级对立在社会产品分配上表现为：谁拥有经济及政治上的特权，谁就主宰着分配标准、分配方式。在资本主义社会，资本则在分配中起着决定性作用。

共产主义社会的分配超越了资本主义社会资本主宰的分配原则。马克思在《哥达纲领批判》中分析了共产主义社会高级阶段的分配方式。在高级阶级，人们不再被迫服从于分工，脑力劳动和体力劳动的对立也消失了，劳动不再局限于作为谋生手段，而是成为生活的第一需要。生产力极大提升、集体财富极大丰富，这些就为“各尽所能，按需分配”打下了坚实的基础。“各尽所能，按需分配”，从人的解放出发，基于人的内在需要而非其他外在因素来衡量社会产品分配的根本尺度，这标志着人类在分配上第一次真正实现平等，因而实现了对资本分配原则的根本超越。

共产主义社会按需分配，有着良好的物质和精神条件基础。社会生产力的高度发达，是实现共产主义的物质基础，进而为实现按需分配提供了根本的可能性。当然，按需分配并非单纯是一个经济问题，它还涉及对需要的界定。需要什么、需要多少等问题关乎人的精神境界。“各尽所能，按需分配”，反映了人的主体性价值的确证。这种需要是符合人的本性、契合实际、服务于人的自由全面发展的正常需要。

（三）人的自由全面发展

人的自由全面发展是实现共产主义“联合体”的必然要求和重要基础。马克思、恩格斯在《共产党宣言》中明确指出，与资产阶级旧社会不同，共产主义“联合体”在每个人自由发展的基础上实现一切人的自由发展。因而，人的自由全面发展成为了共产主义社会的显著特征。

从人类社会发展的历程来看，在最初的社会形式中，受到生产力发展水平的限制，人们居住得比较分散，唯有依靠群体的力量才能战胜各种自然灾害和外部的威胁，“人的依赖关系”成为了社会的主要特征。但是随着生产力的发展，特别是在工业革命的助推下，资本主义社会的人已经被全面“物化”。“物的依赖性”不仅代替了之前社会的“人的依赖关系”，而且在“物的依赖性”基础上的人的独立性也大大增强了。由此形成了“普遍的社会物质变换、全面的关系、多方面的需要以及全面的能力的体系”①。这就为人的自由全面发展创造了良好的物质、精神等各方面的条件。

共产主义社会既破除了单纯的“人的依赖关系”，同时又超越了过度的“物的依赖性”，为实现人的自由全面发展、构建自由人联合体创造了条件。共产主义社会消灭了私有制，因而就推翻了一切旧的生产关系和交往关系等制度基础，消除了阶级和阶级剥削及压迫，从而为人的自由全面发展奠定了根本政治

① 《马克思恩格斯文集》（第8卷），人民出版社2009年版，第52页。

前提。与此同时,随着资本主义生产关系的破除,生产力将得到根本解放,并获得高度发展,人们自行掌握着共同的、社会的生产能力所创造的社会财富,这就为人的自由全面发展奠定了物质基础。

三、生态文明是实现共产主义的内在要求

从浅层面或者说字面意义上来看马克思、恩格斯所描述的共产主义,似乎与生态文明是不相容的。这即意味着共产主义社会难以实现生态文明。一些西方学者宣称,环境破坏是共产主义重大失败的重要表征。一些人从表面上来理解《共产党宣言》中的"自然力的征服""农村生活的愚昧状态",进而认为它缺少环境关切,表现出反生态的倾向,认为其是一种"生产主义"。可以说,这些对共产主义的庸俗化理解,模糊了生态环境危机的社会制度属性,掩盖了资本主义制度是全球环境危机"罪魁祸首"的事实,最终破坏了对共产主义的信仰。事实上,共产主义与生态文明不仅具有相容性,而且生态文明是实现共产主义的内在要求。实现共产主义作为党的最高理想和最终目标,也必然是我们党领导生态文明建设所要达成的目标。可以说,实现共产主义的过程内蕴了建设生态文明的要求。

(一)对共产主义社会与生态文明相容性的质疑

共产主义社会能否实现生态文明?西方生态思潮基于自然的极限、增长的极限等理论,进而臆断共产主义社会如同资本主义社会一样,在本质上都是反生态的。在他们看来,在自然资源稀缺性加剧、生态环境形势越来越严峻的大背景下,共产主义所描绘的美好蓝图如"集体财富的一切源泉都充分涌流""各尽所能,按需分配""生产力的普遍发展"等,其现实性、可能性都值得怀疑。因为,在生态资源、环境容量有限的情况下,何以能实现包括物质财富在内的集体财富的充分涌流?何以能实现生产力的高度发展?何以能实现产品的极大丰富以供人们按需分配?倘若实行按需分配,是否会刺激人们的消费欲望、出现像资本主义社会所出现的消费异化问题?因而,在他们看来,唯一的办法就是不断地突破自然资源的极限,甚至不惜以破坏生态环境为代价,才能达到使财富充分涌流、促使生产力的普遍发展、实现按需分配的目标。

诚然,若以所谓的生态理性或者带着生态焦虑来审视共产主义社会的生态

问题，似乎多少会存在这样的质疑。但是，一切关于马克思主义经典论述的恰当理解，首先必须回到马克思、恩格斯当时的话语语境即时代背景和历史条件之中。马克思主义理论作为为人类求解放的科学学说，其要解放的对象是受到剥削、压迫的广大无产阶级。因而，其必须在与一切非无产阶级的思想的斗争、论战中，直接、鲜明、通俗地表达其思想，以更充分实现对无产阶级的政治动员、政治激励，从而达到掌握群众的目的。而当时无产阶级的文化水平、理论素养决定了马克思主义的动员话语，必须既要通俗易懂、又要鼓舞人心，才能更好地被他们接受、认同，促进马克思主义的传播与宣传，并为无产阶级运动提供科学的理论指引。

财富充分涌流、按需分配等这些对共产主义社会相关特征的形象化、直白化表达，可以更好地激发无产阶级对未来美好社会的无限渴望，充分调动他们投身革命的极大热情，进一步坚定他们的革命意志，凝聚起推翻资产阶级剥削、压迫的强大合力。特别是财富充分涌流与无产阶级的无产状态，生产力的普遍发展与当时的生产力水平不高，按需分配与当时的物质产品匮乏形成了鲜明的对比。这种巨大的反差，更能唤醒无产阶级的阶级意识，明确他们所肩负的阶级使命，以对共产主义社会的情感憧憬达到有效政治动员的效果。因此，只有回到马克思主义的语境中，才能还原马克思主义话语的“本来面目”，避免以当下的生态环境问题来苛求甚至是指责、曲解他们的理论。

（二）生态文明对共产主义社会的生态支撑

马克思主义关于共产主义社会相关特征的描述，从形式上看是开展政治动员的需要，实质上构成实现共产主义的内在要求。共产主义社会的相关特征蕴含了丰富生态意涵，即实现共产主义需要发挥生态文明的生态支撑作用。

共产主义社会需要培养自由全面发展的新人类。资本主义工业文明虽然创造了巨大的物质财富，却造成了人的异化。人与自然不再是一体的，而是对立的，工人成为了自然的奴隶；人也不再是完整的、独立的人，而是变成了片面、畸形发展的人。正如马克思在《资本论》中所指出，“工场手工业把工人变成畸形物。”[①]而自由全面发展的新人类，必须从异化的社会关系、人与自然的关系中

① 《马克思恩格斯文集》（第5卷），人民出版社2009年版，第417页。

解放出来。一方面,要推翻一部分人对另一部分人的剥削,消除阶级对立,使人成为自身的社会结合的主人;另一方面,要改变工人作为自然的奴隶的地位和资本主义生产方式对自然的任意支配,使人成为自然界的自觉的、真正的主人。

人的双重属性决定了人的自由全面发展必须建立在生态文明的基础之上。从人的自然属性来看,人首先是自然存在物。自然界是构成人的存在的首要前提。失去自然界这个依靠、这个无机的身体,人将无法作为有生命的存在。若此,何以谈人的自由全面发展。从人的社会属性来看,人不仅是自然存在物,而且还是类存在物。劳动作为人区别于其他动物的根本规定性,是人类构建社会关系并表现社会属性的重要手段。自然界是人的劳动的作用对象。异化劳动不仅造成人与自然之间的异化,而且还造成人与人之间的异化。马克思深刻指出了工人异化劳动所带来的种种困境。工人越是通过劳动占有自然界、创造的劳动产品越多,他就变得越穷困潦倒。因而,替代异化劳动的自由自觉的劳动,必须充分体现人的本质力量,同时也要实现人与自然的和谐共生。共产主义,"作为完成了的自然主义,等于人道主义,而作为完成了的人道主义,等于自然主义,它是人和自然界之间、人和人之间的矛盾的真正解决。"[①]自由全面发展的新人类,既能够从生态系统的完整性来统筹人与自然的关系,具有合理调节人与自然之间的物质变换关系的行动自觉;又能够统筹人与人的关系,实现对人的本质的真正占有。正是在这个意义上,人与自然的关系标注了人的文化教养和人类文明的尺度。

共产主义社会设想的生产力高度发达,不能没有良好的生态基础。长期以来,生产力一直被定义为人类征服和改造自然的能力,片面地强调人类对自然的能动作用,忽视了自然对人的反作用。在资本主义工业文明时代,生产力在很大程度上俨然代表了一种破坏力量。换言之,只要发展生产力,就不可避免地造成对生态环境的破坏,带来环境问题。若循此逻辑,那共产主义社会设想的生产力高度发达岂不是要造成更加难以想象的环境破坏和难以承受的环境污染?

自然是创造生产力的重要源泉。马克思批判了"劳动是一切财富的源泉"

① 《马克思恩格斯文集》(第1卷),人民出版社2009年版,第185页。

的错误观点，主张自然界这个"第一源泉"和劳动共同构成使用价值的源泉。社会生产力的高低决定着劳动生产率的状况。而正如马克思所指出，"劳动生产率是同自然条件相联系的"①。自然条件的状况也会影响到劳动生产率的高低，进而影响生产力的发展。然而，不可否认，自然资源的总量是有限的。这就对共产主义社会的生产力发展提出了更高的要求。甚至可以说，生产力越是发达，自然的生态支撑作用就发挥得越明显。在资本主义社会，追求资本的狂热者把自然界看作是一种无偿的自然力和资本的生产力，把自然的工具价值最大化，确实提升了社会生产力，创造了前所未有的巨大物质财富，同时也造成了深重的生态危机。共产主义社会变革了资本主义的私有制度，实行社会化的联合生产，实现了劳动的解放，这些就为实现生产力的高度发达创造了条件。

从生态的角度看，按需分配是否意味着人类可以突破资源稀缺性的瓶颈约束？共产主义社会主张的按需分配绝非是一种道德乌托邦构想，而是建立在生产资料公有制的基础之上。需要是人类社会发展进步的重要动力。人类社会正是在不断地满足人的需要中不断发展的。与资本主义社会不同，共产主义社会的需要不再是异化需要。它不是建立在对物质产品及财富贪婪占有基础上的欲望型需要，也不是以环境破坏、生态失衡为代价的挥霍性需要，更不是以人的本能为中心的非人性化需要，而是有益于人的身心健康成长、符合人性、遵循生态性的正常需要。那种基于资源的稀缺性与人类需要的无限性之间的矛盾，进而断定"按需分配"的不可能性，是对共产主义社会的需要的严重误读。

生态文明倡导人与自然和谐共生，能为按需分配提供最重要的生态支撑。人的需要与自然、社会是密切联系的。从需要的层次来看，无论是生存型需要，还是发展型需要，还是享受型需要，都是建立在对自然资源的合理利用基础之上。从共产主义社会人的需要类别来看，它不再局限于物质财富、精神财富，还包括对更多优质生态产品的需要及其所带来艺术、美学等方面的享受。从需要类别的价值排序来看，生态需要可以说起着基础性、兜底性的保障作用，并且社会发展及文明程度越高，自然界给予人的需要的满足在人的全部生活中的价值地位就愈发凸显。没有自然界给人类所提供的生产、生活资料，就没有人的基

---

① 《马克思恩格斯文集》(第 5 卷)，人民出版社 2009 年版，第 586 页。

本需要的满足,更谈不上人的个性、潜能的全面发展。同时,一代人对生态环境资源的开发利用程度,既关乎他们生态需要的满足,又关系到后代人生态需要的满足程度。因此,生态对人的需要的满足不仅体现在当下,还体现在从代际的未来视角出发,把实现生态的可持续和生态系统的完整性作为代际人的需要满足的持久性保障。马克思在《资本论》中批判了资产阶级对土地的霸占,认为任何社会、民族等都只是土地的使用者,而不是所有者,且必须履行“好家长”的角色,把良好的土地传给后代。

第二章　生态文明与社会主义制度优越性

社会主义制度的诞生,特别是中国特色社会主义的创立及发展,为生态文明理论的出场提供了现实土壤。然而,社会主义制度的诞生不等于社会主义制度优越性的现实呈现。社会主义制度优越性有应然与实然之分。应然层面的社会主义制度优越性蕴含在马克思、恩格斯创立的科学社会主义理论当中。但是实然层面的社会主义制度优越性却是一个在现实中不断发展、曲折探索的实证过程。在习近平生态文明思想指导下的生态文明建设实践,能否成为彰显我国制度优越性的新窗口,这个问题在中国特色社会主义事业的不断发展中日益凸显出来。

第一节　生态环境问题的社会制度审视

随着经济全球化的不断发展,世界日益成为一个"地球村",生态环境问题也日益成为世界各国必须共同应对的重大风险挑战。因而,从形式上看,生态环境问题或者生态危机是一个全球性或世界性的问题。但就其产生根源和治理的可能性而言,它又是一个具有社会制度属性的问题,离不开社会制度的审视。

一、社会制度视域中的生态环境问题

对于生态环境问题是否具有社会制度属性,学界有针锋相对的两派观点。其一,基于生态环境问题的共性特征或社会主义国家同样具有生态环境问题的

现实性，断定生态环境问题与社会制度无关。认为强行把生态环境问题与社会制度“捆绑”在一起，具有泛意识形态化的倾向。其二，认为生态环境问题与社会制度息息相关。资本主义制度不仅是造成全球生态危机的根源，同时从人类文明的发展历程来看，资本主义不可能担负起以生态文明引领人类文明进程的历史使命。

（一）泛意识形态化还是去意识形态化

只要有人类活动，就有可能造成生态环境问题。不管是何种国别、种族、区域、经济社会发展水平，其出现生态环境问题的可能性都是存在的，这构成生态环境问题的共性特征。既然生态环境问题具有共性特征，那么就意味着其与社会制度无关。进而认为，强调生态环境问题的社会制度属性，就是把生态环境问题泛意识形态化。

毫无疑问，生态环境问题具有共性特征。根据马克思主义的观点，人是自然界不断进化的产物，人类创造历史的第一个前提是基于自然界供给基础上的人的生命的存在。自然界充当了人类“无机的身体”。自然界是构成人类获取生存、发展所需的全部资料的来源。当然，人类在生产、生活活动中，还存在一个排泄物或废弃物的处理问题。人与自然之间的物质变换，是超越社会制度属性的人类面对的共性问题。就此，有学者认为，生态危机与社会制度没有必然联系，造成生态危机的是现代生产力所具有的对自然的超级破坏能力，把生态危机的根源归结为以获取利润为中心的资本主义制度，是不符合马克思主义实事求是的精神。① 同时还认为，把生态危机的根源归结为资本主义制度，就难以回应当前资本主义和社会主义在生态环境状况上的巨大“反差”。

然而，是否因生态环境问题的共性特征，就可以否认生态环境问题的社会制度属性呢？通过资本主义工业文明前后对比可以看出，人类对自然界的支配及其影响是截然不同的。在资本主义工业文明以前，人类活动对自然界的影响应该说还是在可控的范围之内，虽然说出现了成为问题的生态环境问题，但尚未出现全球性的生态环境问题。随着工具理性的高扬和人的主体性的复归，借助资本主义工业文明的极大成就，人类以前所未有的力度“解构”自然、操纵自

① 顾钰民：《生态危机根源与治理的马克思主义观》，《毛泽东邓小平理论研究》2015 年第 1 期。

然、支配自然，甚至是“借贷”自然，此时的生态环境问题诱发了深度、具有广泛影响的全球性生态危机。就此而言，生态环境问题绝不仅仅是单纯的经济问题或者人的问题，而是一定的社会制度下的经济问题或者人的问题。若生态环境问题与社会制度无关，那又该如何解释资本主义工业文明前后，自然界所处境地的巨大变化。生态环境问题构成一种全球性生态危机，资本主义制度充当了“幕后黑手”。

此外，若生态环境问题是资本主义制度的产物的话，又该如何回应社会主义国家同样存在生态环境问题的诘问。作为第一个把社会主义从理念变成现实的苏联，在世界上首先建成了社会主义国家。苏联在经济发展的过程中，由于采取了以重工业为主的工业化发展模式，再加上疏于环境管理，造成的生态环境问题一定程度上导致了苏联的解体。就此而言，是否意味着生态环境问题不再局限于与资本主义制度“捆绑”在一起，因为社会主义制度似乎也无法规避生态环境问题。从现实来看，西方发达资本主义国家的生态环境也优于中国等社会主义国家。诚然，我们无法否认社会主义国家会出现生态环境问题以及在生态环境上的暂时欠佳，但究其实质主要是由于发展理念的滞后、发展方式的粗放、技术支撑的不足等原因造成的。况且，社会主义国家的生态环境问题并未构成对全球的严重后果，特别是与在资本逻辑驱动下的对全球自然生态的无限扩张、对世界各国的生态殖民有着根本的区别，并不具有制度必然性。而资本逻辑是资本本性、资本主义制度的内在动力。换言之，资本主义制度成为了全球生态危机的根源。

总之，强调生态环境问题的社会制度属性，绝不是有人所担心的将生态环境问题泛意识形态化，恰恰是代表了西方国家意图将生态环境问题去意识形态化。其真实目的就是为资本主义制度“开脱”，极力撇清资本主义制度与全球生态危机的关系，强调对全球生态危机的“责任共担”。西方发达资本主义国家不仅造成了全球生态危机，而且还借助全球化的进程，让发展中国家“吃下污染”，造成发展中国家的“生态贫困”。诡异的是，他们非但没有更主动、更多的责任承担，却发起了模糊生态环境问题社会制度属性的意识形态攻势。这种将生态环境问题去意识形态化的倾向，必须引起高度重视。

(二)社会制度视域下的生态环境问题分类

众所周知,建立在大量消耗资源基础上的粗放型生产及经济发展方式,再加上在消费主义刺激下的“被消费”的生活方式,不可避免会造成生态环境问题。然而,任何的经济、生产及生活方式都是建立在一定的社会制度背景下。从生态环境问题的根源来看,必须从社会制度的视角全面准确地审视全球化的生态环境问题。

不同的社会经济制度在经济发展方式、生态环境政策等方面呈现不同,进而对生态环境的影响程度、广度、强度等也存在差别。有学者基于社会经济制度与生态问题的相关性程度,将生态问题区分为资本主义生态问题、社会主义生态问题、一般生态问题。认为资本主义生态问题不同于资本主义国家的生态问题,社会主义生态问题不同于社会主义国家的生态问题。资本主义生态问题是由其自身基本经济制度所造成的人与自然的严重对立,它不仅存在于自己内部,社会主义国家也存在“被输入”资本主义生态问题。社会主义国家的生态环境问题与特定历史发展阶段的经济发展、环境保护等政策有关。但与资本主义生态问题不同,社会主义生态问题并不是社会主义经济制度的必然产物。一般生态问题则是两种社会制度都存在的共性问题,主要是指由于对自然界的规律性认识和利用自然所产生的后果认识不足所出现的人与自然的不和谐问题。①

生态环境问题是资本主义国家的专有还是全世界的共有?两种制度下的生态环境问题又有什么区别?首先,从生态环境问题的发源来看,资本主义最早经历了工业革命,也最早遭遇了成为一种问题的生态环境问题,同时将已成为一种问题的生态环境问题推向了全球,造成全球性生态危机。社会主义由于生产力发展的落后,因而晚于资本主义国家遭遇生态环境问题。其次,从生态环境问题的影响来看,资本主义先发的生态环境问题,不仅困扰了他们自身,而且还在全球化的进程中通过产业转移、垃圾转场、污染转嫁等给后发国家和地区带来了生态困扰、甚至是生态灾难。再次,从生态环境问题的根源来看,资本主义生产资料的私有制是全球性生态危机生成的制度基础。换言之,资本主义制度才是“罪魁祸首”。最后,从生态环境问题的治理来看,资本主义的生态环

① 何畏:《生态问题的研究范式及其类型划分》,《马克思主义研究》2017 年第 1 期。

境治理都是建立在资本主义制度的基础上,其根本目的是挽救资本主义,维系资本主义再生产的自然条件,最终稳固资本主义制度的根基。这种资本主义制度下的“修修补补”,充其量只能算是一种环境保护,根本不可能上升到生态文明建设的高度。而社会主义制度下的生态环境治理,坚持以人的自由全面发展为微观目标、以建成美丽中国为中观目标、以实现共产主义为宏观目标,着力解决人民群众反映突出的生态环境问题,推动构建人与自然生命共同体、地球生命共同体、人类命运共同体。当今的中国已成为全球生态文明建设的重要参与者、贡献者和引领者。

此外,社会主义生态环境问题有着其特殊性。这种特殊性与社会主义革命、建设道路的探索历程及其面临的严峻形势密切相关。具体而言,主要表现在三个方面。

一是先天“不足”。社会主义的“老大哥”苏联,是在比较落后的俄国取得十月革命的胜利,开启了人类社会发展的新纪元,跨越了资本主义“卡夫丁峡谷”。由此突破了马克思关于社会主义革命首先在欧洲比较发达的几个资本主义国家发生的设想。中国则经过新民主主义革命的胜利,建立了新中国。社会主义三大改造的完成,标志着社会主义制度的确立。但是正如邓小平同志所指出,我们的社会主义还是不合格的社会主义。不管是苏联的社会主义,还是中国的社会主义,可以说都是先天“不足”的。正是因为这种“不足”,其后天的发展任务尤为繁重,追赶的脚步必须加快。因而,在经济建设过程中,难免存在急进、甚至是冒险的一些做法,带来了难以回避的生态环境问题。

二是威胁巨大。作为新生的社会主义政权,无论是当时的苏联,还是当时的新中国,都必须面对超强对手带来的全方位威胁。苏维埃政权在成立的第二年,就受到德帝国主义的武装侵略,被迫签订了《布列斯特和约》,同时还受到其他帝国主义国家的军事威胁和国内反苏维埃势力的反攻。在列宁时期,苏维埃就遭受到数十个帝国主义国家的军事干涉,在斯大林时期又受到德国法西斯的军事攻击。新中国成立之初,国内尚有部分地方待解放,还面临着国民党反动派残余势力的密谋破坏和美帝国主义在朝鲜半岛的公开挑衅。新中国政权的巩固、发展也伴随着西方资本主义国家的经济孤立、技术封锁、军事威胁等。因而,求生存、保稳定成为最根本、最急切的任务,进而采取了以资源、环境的大投入等超常规手段谋求经济的快速发展，以加速推进社会主义工业化、现代化。正如詹姆斯·奥康纳所分析："对社会主义国家环境问题的任何真正的理解都必须被置放在自20世纪早期以来主要的西方国家对社会主义所发动的政治—经济—军事—意识形态斗争的语境之中，同时，还必须被置放在第二次世界大战结束以来的冷战的语境之中。"①正是由于西方资本主义的敌对态度，使中国、苏联等面临更为严峻的挑战。生态破坏、资源浪费、环境污染似乎成了经济社会发展的"必需"和无奈选择。

三是时机不同。社会主义国家不可能再像西方资本主义国家有那样的"天时地利"，可以通过"合理"的国际经济体系及贸易规则在全球范围内"搜刮"资源，并以所谓的产业转移、技术及贸易合作等方式"合理"地转移环境污染和转嫁环境风险。社会主义国家在经济发展中所造成的生态环境问题不仅只能靠自己消化，而且西方还不断抛出"环境威胁论"，要求其在全球环境治理中履行同等义务，这些均构成巨大的国际政治、舆论和谋求自身发展的压力。此外，西方国家还对社会主义国家实行技术垄断、绿色壁垒、污染转移等，大大增加了消化生态环境问题和应对生态环境风险的难度。

总之，忽视以上这些特殊性，单纯就生态环境问题来谈社会主义的生态环境问题，就难以认清生态环境问题的社会制度属性，难以全面、科学、客观地评价当前社会主义国家在生态环境上的暂时欠佳表现，最终将在生态环境上陷入去意识形态化的陷阱，为资本主义制度"洗罪"。而这不利于社会主义制度优越性的彰显。

二、资本主义制度的反生态本质

既然生态环境问题与社会制度密切相关，就非常有必要考察资本主义制度在生态环境问题上的表现。马克思主义坚持以历史的、辨证的眼光来评判资本主义制度。马克思、恩格斯揭示了生产力与生产关系的矛盾运动推动社会制度演变的内在规律，分析了资本主义制度取代封建主义制度的历史必然性，高度肯定了资本主义制度的"文明面"。同时，也指出了资本主义对自然的征服造成

---

① ［美］詹姆斯·奥康纳：《自然的理由——生态学马克思主义研究》，唐正东、臧佩洪译，南京大学出版社2003年版，第419页。

人与自然的物质变换的断裂，揭示了全球生态危机的资本主义制度根源，提出了对资本主义生产方式一起的整个社会制度进行变革的唯一出路。20 世纪中叶以来，西方生态学马克思主义运用历史唯物主义理论对资本主义制度进行了生态批判，并提出了解决生态问题的途径。总之，马克思主义和西方马克思主义的生态批判，揭示了资本主义制度的反生态本质①。

（一）马克思主义对资本主义的生态批判

资本主义制度的根基在于资本主义的私有制。资本作为决定性力量，帮助资产阶级成为整个社会在经济、政治等方面的“第一阶级”。资本增殖自身的本性，决定了掌握着资本的资产阶级必然会不择手段地追求利润。他们唯一关心的就是他们行为的最直接效益。恩格斯曾经对西班牙种植场主在古巴的贪婪行为进行了批判。这些种植场主为了咖啡树的木灰竟然焚烧古巴山坡上的森林，却全然漠视由此造成的水土流失。这种只为直接成果却不顾较远后果的做法，就是资本最有利使用的例证。因为对于资本来说，最有利的使用就是从自然力中榨取最大好处。资本在创造资产阶级社会的同时，也造成社会成员——当然是资产阶级——对自然界的普遍占有和肆意支配。资本主义社会之前的社会对自然的崇拜已经荡然无存了，人类的活动也不再受到地方性的限制。在资本的视野中，在资本主义制度的框架下，自然界实质上完全变成了人的有用物。自然界难以继续神化了，它已彻底成了满足人的欲望的工具。

资本主义私有制以新的私有制取代了旧的封建私有制，在此基础上，资本实现了对涵盖劳动在内的一切的统治。马克思深刻阐明了资本和劳动的关系，揭示了资本主义生产方式下工人所受到的剥削。资本对劳动的统治必然导致异化劳动，并造成自然界同人的异化。劳动原本是人从自然界获取生产及生活资料的过程，正是通过劳动，人才成为人。然而，在资本主义社会中，工人已经从人蜕化成了生产线上流水作业的机器和资本的奴隶，工人的劳动不再是一种自由、自觉的劳动。工人生产的产品越多，非但没有为其个人带来更多的社会财富，反而变得越来越穷困潦倒。在无限扩大的再生产中，原本一体的人与自

① 说明：关于资本主义制度的反生态本质，参见张云飞：《社会主义生态文明观的科学典范》，《马克思主义研究》2020 年第 10 期；王雨辰：《论社会主义生态文明观的价值取向与特质》，《湖北社会科学》2021 年第 7 期。

然的关系也已经被割裂、变得扭曲了，由此造成了不断蔓延扩散的生态危机。

在资本主义制度下，不仅自然的状况堪忧，工人阶级的生存状况也堪忧。原本作为社会财富的创造者，却未能得到清洁的水、干净的食物、不受污染的空气、整洁的住处等基本的生存及健康的保障。这种非人遭遇，同样阻碍了人的解放。因为没有吃喝住穿在质与量方面的充分供应，工人阶级就不可能获得解放。因此，生态批判是资本主义制度批判的题中应有之义。只有变革资本主义制度、消除私有制，才能扬弃异化劳动，实现人与自然和人与人之间的和解，构建以人的自由全面发展为基础的自由人联合体。

（二）西方生态学马克思主义对资本主义的生态批判

生态学马克思主义针对西方生态思潮把历史唯物主义与生态思维对立起来的论调进行了回应，开启了历史唯物主义的生态学视阈。他们坚持认为：资本主义的内在矛盾蕴含着生态危机，资本主义制度和生产方式是反生态的。由此决定了资本主义社会不可能实现真正的生态文明，也不可能开展真正的生态文明建设。要破解全球生态危机，就必须变革资本主义制度及其生产方式，建立生态社会主义社会。

奥康纳以资本主义的内在矛盾为切入点，提出了“资本主义第二重矛盾”的理论。其第一重矛盾主要是指生产力与生产关系的矛盾。无限扩大的再生产虽造就了丰裕的社会，但广大的工人阶级却由于贫困未能有足够的消费需求，这种供给大于需求的状况必然造成生产过剩并带来周期性的经济危机。其第二重矛盾则是指生产力、生产关系与生态条件之间的矛盾。资本主义制度下的生产，给外部自然条件造成了严重的破坏，带来全球性生态危机。由此可见，这两重矛盾从内、外部层面揭示了资本主义制度存在的两重危机。马克思、恩格斯所处的资本主义早期阶段，由于资本主义生产所需要的劳动生产力、土地和自然资源等生产条件较为充足，因此他们更多的是从经济的角度来审视自然条件对资本主义生产的影响。此时的生态环境问题还尚未成为资本主义的中心问题，但是到了资本主义的后期，随着各种生产条件的大量使用，并逐步呈现紧缺状况，生产条件问题已成为一种系统性问题，这就构成了奥康纳“生产条件理论”出场的背景。在奥康纳看来，资本主义的生产，资本主义不平衡发展、不充分发展和“联合”发展，必然造成影响自身及其他国家的生态危机。因为资本主义生产带来了对整个生态系统的破坏。

福斯特则在《生态危机与资本主义》中分析了资本主义生产方式的六个构成部分,揭示了资本主义生产方式与生态环境之间的矛盾对立。因为资本主义的生产方式始终是服务于资本增殖的逻辑,实质上是高扬经济理性,把经济增长和利润放在首要关注的位置,其后果将威胁整个世界的生存。"资本主义体系的不断扩张已经使得环境退化扩散到全球的范围","在资本主义条件下,人类文明正处于摧毁未来的过程之中"。① 生态学马克思主义把技术理性批判与生态批判结合起来。高兹在《经济理性批判》中提出并区分了"经济理性"与"生态理性"的概念,认为资本主义的生产、消费方式遵循经济理性的原则,因而必然与生态系统产生严重冲突,给生态系统带来灾难性破坏。

此外,生态学马克思主义还对资本主义社会的"异化消费"、资本的逐利本性等进行了生态批判,构成了多角度、多层面对资本主义制度反生态本质的批判。

三、社会主义制度的合生态性

社会主义制度坚持以生产资料公有制为基础,其生产的目的是满足全体人民的合理需求,实现了对资本主义私有制和异化的扬弃,摒弃了传统工业化发展老路,致力于开创人与自然和谐共生的现代化之路。因此,与资本主义制度反生态本质不同,社会主义制度具有合生态性。从目标维度看,社会主义生态文明坚持马克思主义生态观,追求人与自然的和谐共生;从价值维度看,社会主义生态文明坚持以人民为中心的发展思想,守护最普惠的民生福祉;从实践维度看,社会主义生态文明坚持中国特色社会主义发展观,推动绿色发展。总之,生态文明既彰显了马克思主义的内在要求,又体现了社会主义的根本属性。社会主义生态文明充分融合了社会主义的制度优势和生态文明的内在要求。

(一)目标维度:社会主义生态文明追求人与自然和谐共生

传统的工业文明发展模式遵循机械自然观,高扬工具理性,以无限增长为目标,以资源大量消耗为手段,虽然短时间内带来了物质丰裕,使人类处于物的

① John Bellamy Foster, Brett Clark, Richard York, The Ecological Rift: Capitalism's War on the Earth. New York: Monthly Review Press, 2010: 251.

包围中,但从长远来看,必然受到增长极限、环境容量与环境承载力的制约,进而无法避免陷入全球性生态危机之中。日益突出、严重的环境污染及环境问题就是大自然给人类敲响的警钟。在扬弃传统工业文明发展模式、超越人类中心主义和生态中心主义的基础上,社会主义生态文明对人与自然的关系进行了重构,实现了从征服自然、控制自然到尊重自然、顺应自然、保护自然的转变,体现了社会主义的基本原则。

社会主义生态文明坚持马克思主义生态观的指导。习近平总书记高度重视学习和实践马克思主义关于人与自然关系的思想。马克思主义认为,人与自然是辩证统一的有机整体。一方面,人是自然界不断进化的产物,是自然界不可分割的重要组成部分。另一方面,自然界是人类"无机的身体",人类的生存与发展一刻也离不开自然界给我们提供的生产、生活资料。人类与自然无时无刻处于物质交换中,二者成为一个不分你我、共存亡的生命共同体。马克思还对未来社会文明形态进行展望,认为共产主义将实现人道主义和自然主义的高度融合,真正解决人与自然、人与人之间的矛盾。生态文明是实现共产主义的内在要求,也成为实现人的自由全面发展的重要基础。社会主义生态文明建设遵循了人道主义和自然主义的原则。

习近平总书记在党的二十大报告中强调:"尊重自然、顺应自然、保护自然,是全面建设社会主义现代化国家的内在要求。"[①]习近平生态文明思想把生态环境视为关系党的使命宗旨的重大政治问题和关系民生的重大社会问题,把生态文明建设上升到根本大计的历史高度,推动构建人与自然生命共同体、地球生命共同体、人类命运共同体,促进人与自然的和谐共生。"坚持人与自然和谐共生"成为新时代坚持和发展中国特色社会主义的基本方略,成为新时代推进生态文明建设必须坚持的重要原则,构成中国式现代化的中国特色和本质要求。生态文明被写入党章、被历史性地写入宪法,从根本制度、根本法律层面为社会主义生态文明保驾护航。因此,坚持人与自然和谐共生,既是习近平生态文明思想的核心内涵之一,同时也成为社会主义生态文明的重要特质。

---

① 《党的二十大报告辅导读本》编写组:《党的二十大报告辅导读本》,人民出版社 2022 年版,第 45 页。

（二）价值维度：社会主义生态文明守护最普惠的民生福祉

在不同发展阶段，民生这个概念的内涵也不尽相同。在工业文明以前，由于受到生产力发展水平的限制，人类遵循着自然，尽最大可能解决生活资料匮乏的问题，于是乎物质民生就是民生的“唯一”或者说代名词。但是随着工业文明的兴起，科学技术得到广泛运用，提高了全社会的生产力，创造了物质丰裕的图景，极大改善了以物质需要为主的传统民生。由此，随着生产力发展起来的生态环境问题日益影响甚至威胁到人类的可持续生存与发展。可以说，在传统意义上，民生只是简单地基于物质需要的满足。但是在环境约束日益凸显、环境形势日益严峻、生态危机日益加剧的背景下，生态环境问题越来越成为民生的热点、堵点、痛点问题。而文明作为人类创造活动的产物和积极成果，离开了人，便无所谓文明。同理，不关注人的生态文明是毫无价值的。生态文明正是在扬弃工业文明单方面追求物质增长的基础上，更加注重包含生态民生在内的多层次、多样化民生需求，突出了生态民生所彰显的价值意义。

改革开放以来，传统的粗放型经济增长在给我们带来金山银山的同时，也让我们付出了绿水青山的代价，物质丰裕带来的获得感、幸福感、安全感也大打折扣。生态环境问题成了明显短板，国土之伤、民生之痛。党的十八大以来，党和国家把良好生态环境作为最公平的公共产品、最普惠的民生福祉，下大气力治理群众反映最强烈、最突出、最紧迫的生态环境问题，协同推进生态文明建设与生态民生建设，从根本上超越了将民生囿于物质范围的传统思维，突出了生态民生的基础性作用和时代性价值。因此，从价值维度看，生态文明致力于发展生态民生，其根本指向是人的自由全面发展，在生态领域充分践行了以人民为中心的发展思想，坚守了人民至上的价值立场，回应了社会主要矛盾的新变化，契合了新时代人民对优美生态环境的新需要。

（三）实践维度：社会主义生态文明注重绿色发展

纵观人类文明发展的历史，古巴比伦、古埃及、古印度等文明古国，其文明的形成与发展无不建立在良好生态环境的基础上，其文明的衰落或消退无不与对生态的过度破坏密切相关。恩格斯就曾经列举了美索不达米亚、希腊、小亚细亚以及其他各地的居民和阿尔卑斯山的意大利人破坏自然的生态教训。资源的过度开采、生态环境的破坏被视为是实现发展的“必由之路”，因而是对发展本真、人的价值的背弃。实践证明，传统工业文明的老路只能是一条死路、绝路。社会主义生态文明坚持把绿色发展作为发展观的深刻革命，科学把握了生态与文明兴衰的辩证关系，顺应了人类文明发展的大势。

生态环境问题归根到底是经济发展方式问题。面对我国在快速发展过程中积累的大量生态环境问题，面对人民群众对美好生态环境的强烈诉求，必须进一步转变经济发展方式，破解资源环境瓶颈制约的难题。党的十八大以来，以习近平同志为核心的党中央，把不损害生态环境作为发展的底线，把保护、改善生态环境视为保护和发展生产力，把资源消耗、环境损害、生态效益等体现生态文明建设状况的指标作为推进生态文明建设的重要导向和约束，把环境改善作为衡量发展质量和效益的重要标准，把生态环境因素置于经济社会发展评价体系的突出位置，统筹经济社会发展与生态环境保护的关系。以"绿水青山就是金山银山"理念大力推进生态文明建设，以绿色发展、循环发展、低碳发展引领美丽中国建设迈出重要步伐，人民群众的生态环境获得感、幸福感和安全感获得极大提升。因此，从实践维度看，生态文明推动绿色发展契合了中国特色社会主义发展观的新要求，成为习近平生态文明思想的核心内涵之一。

然而，针对资本主义制度反生态本质的论断，也有人质疑：一是从全球环境保护的历程来看，一定时期内资本主义国家曾充当了"启蒙老师"。20世纪中期以来，关于环境保护方面的报告如《增长的极限》、著作《寂静的春天》等都是来自西方，同时西方还引领着全球的环境保护运动，推动了环境保护思潮的全球化传播。在这方面，我国环境保护工作的开展，毫无疑问也受到了这种思潮的影响。二是西方国家的现实生态环境现状比社会主义国家优越，何以能印证社会主义制度的优越性？诚然，历史地看，我们不可否认西方在唤起各国环境保护意识觉醒方面发挥了引领作用。可以说，没有这种环境保护意识的觉醒，全球环境保护工作可能就要滞后很多。但我们再深究下，西方为何会在环境保护意识觉醒方面走在前列，并充当全球环境保护工作的"吹哨人"角色？正是因为西方几百年的工业化发展所积累的环境问题开始反噬其自身，造成愈来愈严重的生态后果，并开始波及世界各国。这必然会引起西方学者的普遍关注。这种关注既是一种被动的自省，同时也是一种寻求修复其本国人与自然关系的尝试。从此以后，西方更加注重其国内的环境保护工作，并及时将一些资源密集型的高耗能、高污染产业转移到欠发达国家。由此就很好理解为何西方国家的现实环境状况好于社会主义国家。而在保护全球生态环境方面,即使是经过讨价还价才列入协定的西方责任条款也迟迟未见具有实质性的履约行动。因此,西方在污染产业转移、环境污染转嫁中较好地保护了自身生态,但却对他国的环境问题和全球的生态环境危机袖手旁观,充分暴露了其环境利己主义、生态帝国主义的行径。

有人质疑:若社会主义制度具有合生态性,那该如何解释苏联社会主义时期出现的严重环境问题?中国即使在意识到环境保护的重要性后,为何在改革开放和社会主义建设时期还是走了先污染后治理的老路,并造成了严重的环境问题和环境污染?这些是否意味着在生态环境方面,社会主义制度无优越性可谈?看待社会主义制度是否具有合生态性,或是否能在生态环境方面彰显社会主义制度优越性,一定要结合社会主义发展史以及社会主义所面临的外部环境等来审视。正如詹姆斯·奥康纳所指出:"对社会主义国家环境问题的任何真正的理解都必须被置放在自20世纪早期以来主要的西方国家对社会主义所发动的政治—经济—军事—意识形态斗争的语境之中,同时,还必须被置放在第二次世界大战结束以来的冷战的语境之中。"①社会主义对自身优越性以及生态环境问题的认识也是有一个逐渐深化的过程。况且无论是苏联还是中国的社会主义,都不是马克思所预想的"版本",而是跨越了资本主义的"卡夫丁峡谷"。因此,社会主义的建设发展,从来都不是预想的那么顺利,也从来不可能复制西方的现代化之路。其所面临的特殊内外部环境及形势,决定了社会主义在统筹经济社会发展与生态环境保护关系时的难处和复杂性。这就是为什么在20世纪七八十年代开始,虽然已经有了环境保护意识的觉醒,但是还是未能避免走西方先污染后治理的老路。在追求社会主义制度优越性的实践过程中,也难免会走弯路。但是从共产主义的目标引领来看,社会主义制度的合生态性具有历史必然性。社会主义制度下的生态文明建设蕴含着推动"两个和解"的任务要求。从社会主义的发展实践来看,社会主义制度合生态性具有现实可能性。苏联社会主义的生态教训,以及中国共产党人在推进环境保护方面的经验

① [美]詹姆斯·奥康纳:《自然的理由——生态学马克思主义研究》,唐正东、臧佩洪译,南京大学出版社2003年版,第419页。

教训，为新时代生态文明建设提供了实践借鉴；马克思恩格斯生态文明思想，以及中国共产党人的生态思想，特别是习近平生态文明思想，为新时代生态文明建设提供了理论指导。

总之，资本主义制度的反生态本质和社会主义制度的合生态性形成了鲜明的对比，从生态环境层面进一步印证了社会主义制度的优越性。

第二节　从生态文明视角审视我国制度优越性

彰显社会主义制度优越性不是今天中国特色社会主义才面临的课题。可以说，自科学社会主义创立以来就直接面临彰显社会主义制度优越性的重大课题。社会主义制度优越性与社会主义运动的发展状况密切相连。马克思、恩格斯在标志着科学社会主义诞生的重要著作《共产党宣言》中，指明了无产阶级及其运动的优越性，描绘了实现共产主义的远大理想。苏联社会主义的实践，在一定时期内较好地彰显了社会主义制度优越性，同时也带来了深刻的历史教训。中国共产党领导人民完成新民主主义革命和推进社会主义革命、建设及改革的百年奋斗历程，充分表明我国社会主义制度有着无可比拟的巨大优势。

一、社会制度优劣的评判标准

优越性一般是相对而言的。社会主义制度优越性也必须在比较当中才能更好地显示出来。社会制度优劣的比较一般涉及比较主体、比较标准两个关键要素。比较主体也就是说谁和谁进行比较；比较标准也就是说拿什么进行比较，或者说比较什么。从纵向来看，社会主义制度优越性可以在社会主义制度内部进行比较，如中国的社会主义制度与苏联社会主义制度、民主社会主义制度进行比较；从横向来看，我们谈社会主义制度优越性，主要是把社会主义制度与资本主义制度进行比较。本书主要是侧重从与资本主义制度的比较中来印证、彰显社会主义制度优越性。

（一）马克思主义的生产力标准

在马克思主义的视域中，制度是在一定的社会生产方式下产生的，同时是一定生产方式发展到一定阶段的产物。制度具有规范社会关系的作用，同时具有相对的稳定性。可以说，制度是构成制度优越性的关键核心要素。生产力强弱则成为社会制度优越与否的关键因素。

生产力与生产关系、经济基础与上层建筑的矛盾运动，推动了人类社会的发展和社会制度的更替，这是马克思主义唯物史观的观点。旧的社会形态之所以会被新的社会形态所代替，是因为旧的生产关系已经难以适应乃至阻碍了生产力的发展；而新的社会形态之所以能代替旧的社会形态，也是因为新的生产关系能够促进生产力的发展。在马克思、恩格斯看来，资本主义制度代替封建制度是历史的必然。因为封建的生产关系难以继续推动生产力的发展了。同理，资本主义之所以会被社会主义所代替，是因为资本主义生产关系最终将成为生产力发展的桎梏。当然，新社会形态代替旧社会形态的过程也并非一帆风顺的，必须要看生产力与生产关系、经济基础与上层建筑矛盾运动的情况。

马克思就历史阶段的划分，提出了"三个阶段""四种社会形态"的理论。马克思把人的依赖关系作为第一个阶段，把建立在物的依赖性基础之上的人的独立性作为第二个阶段，把建立在人的全面发展和以共同的、社会的生产能力创造属于自己的社会财富基础之上的自由个性作为第三个阶段。这三个阶段的划分依据是人的存在状态或者说是人的本质的实现程度。从原始社会到奴隶社会，再到封建社会，都未能摆脱"人的依赖关系"。资本主义社会则处于第二阶段。而共产主义社会的自由个性要成为可能，必须"以建立在交换价值基础上的生产为前提"①。由此可见，马克思关于历史三个阶段的划分，"是从生产力的角度来观察和理解历史"②。人的本性在历史发展过程中所经历的三种不同状态，构成历史发展的三个阶段。

马克思在《〈政治经济学批判〉序言》中，把包括亚细亚、古希腊罗马、资产阶级等在内的生产方式称作人类社会史前时期经济社会形态演进的几个时代。其中，资产阶级的生产方式是史前时期的最后一个形态。这种生产方式的替代也正是生产力与生产关系的矛盾使然。一旦社会的物质生产力发展到一定的阶段，与生产关系的矛盾将不断凸显，生产关系最终将成为生产力发展的桎梏，

---

① 《马克思恩格斯文集》(第8卷)，人民出版社2009年版，第56页。

② 刘昱、陈海丰：《马克思主义文本视域下的社会主义(政治经济学卷)》，中央编译出版社2019年版，第106页。

随后必然要发生社会的变革。因此，马克思关于“四种社会形态”的理论，实质上仍是一定社会的生产力及其所决定的生产关系的表现形态。所以，手推磨只能产生封建社会，蒸汽磨才能创造资本主义工业社会。

列宁则继承了马克思主义唯物史观，把重视提高劳动生产率作为苏维埃俄国取得胜利的重要条件，充分肯定了资本主义所创造的农奴制度下不可能创造的劳动生产率，指出“劳动生产率，归根到底是使新社会制度取得胜利的最重要最主要的东西”①。共产主义之所以能战胜资本主义，就在于共产主义能够更充分地调动广大工人用先进的技术创造较之于资本主义更高的劳动生产率。在提高劳动生产率的过程中，对生产关系也相应有了变革的需求。在资本主义发展的晚期，由于资本主义私有制导致的两极矛盾激化、资本主义生产方式导致的周期性经济危机，劳动生产率难以进一步提高。破除资本主义生产关系就成为了劳动生产率提高的必然要求。

总之，无论是马克思关于历史阶段划分的“三个阶段”“四种社会形态”理论，还是列宁对劳动生产率的强调，都充分表明生产力是社会制度生命力的根本内核，能否促进生产力发展成为衡量社会制度是否优越的关键因素。正因为如此，马克思在《共产党宣言》中强调，无产阶级上升为统治阶级后的首要任务就是要快速地增加生产力的总量。然而，一些反马克思主义者批评马克思将世间万物都归结于经济因素和物质生产决定文明性质的观点。对于这种荒唐且片面的说法，英国学者伊格尔顿驳斥了马克思主义还原论，认为他们误解了马克思的生产概念。

（二）西方“制度优越论”及其困境

长期以来，西方以“文明高地”自居，以资本主义的扩张为物质基础、以资本主宰的强权逻辑为生存法则、以西式民主自由为“普世价值”，兜售具有浓厚资本主义意识形态色彩的西方“制度优越论”，意图为世界提供一个放之四海皆准的制度优劣评判标准。美国学者福山的“历史终结论”就是其中的代表。福山妄断西方现代自由民主制度代表了“人类意识形态演化的终点”和“人类政体的最后形式”，断定人类社会的发展和历史进步必将止步于资本主义制度。他将

---

① 《列宁选集》（第4卷），人民出版社2012年版，第16页。

资本主义制度看作是通向发达国家的“独木桥”，把社会主义与僵化、集权画等号，认为社会主义阻碍了财富的创造和现代技术文明的发展①。在他看来，评判政治制度优劣有三个关键标准：国家能力、法治和负责任政府。然而，这些标准却是西方“按照自己的面貌”为自己“量身打造”的。而中国虽然取得了举世瞩目的发展成就，有较为强大的国家和越来越完善的法治，但却未能进入他们的“法眼”。显然，“历史终结论”以“文明优越”的自大自负，无限放大西方社会制度的特殊性，忽视了世界文化、文明的多样性与差异性，难以在历史中找到现实的合理性。

西方“制度优越论”是建立在资本主义近几百年来建立的相对优越性的基础上。随着近代以来欧洲启蒙运动的发展、工业革命的兴起和资产阶级革命的爆发，西方国家在经济上取得先发优势，并利用其优势在世界范围内掠夺资源、开拓市场，大肆进行殖民扩张和意识形态的渗透。在历史向世界历史转变的过程中，东方被迫从属于西方，广大的后发国家被动卷入“文明化”的历史进程，“其他社会制度都被无情地拖进了它的轨道”②。在广大发展中国家获得民族独立和人民解放后，西方的“繁荣”图景诱使他们向西看。特别是东欧剧变、苏联解体之后，西方自由民主制度被视为世界上唯一、最好的制度，历史的终结似乎就貌似可以盖棺定论了。然而，东欧剧变、苏联解体虽然使世界社会主义事业遭受了严重挫折，但也不可能是西方弹冠相庆的“共产主义大失败”。中国在总结自身发展经验和吸取世界社会主义运动历史教训的基础上，坚持走中国特色社会主义发展道路，以无可辩驳的事实彰显了科学社会主义的强大生机与活力。

我们不可否认，西方国家在几百年的发展历程中创造了巨大的文明成果，在一定阶段内具有相对优越性，并积累了自视优越的“资本”。从现实来看，西方“制度优越论”已经失去了自视优越的“资本”。近年来，美国等西方国家在全球各地输出颜色革命，野蛮插手、干预他国内政，动辄以武力威胁或实施经济

---

① ［美］弗朗西斯·福山：《历史的终结与最后的人》，陈高华译，广西师范大学出版社 2014 年版，第 117 页。

② ［英］特里·伊格尔顿：《马克思为什么是对的》，李杨、任文科、郑义译，重庆出版社 2017 年版，第 115-116 页。

诱惑。然而,事实证明,西方"最好制度"的输出,非但未给当地带来经济的发展、民生的改善、政治的稳定等正向效应,反而使其陷入到民生凋敝、政治混乱、党派斗争、社会撕裂等无穷困境之中。就连福山在《美国处在十字路口》《大断裂》《政治秩序与政治衰败》等著作中也承认美国自由民主制度中存在政治衰败、信任赤字、犯罪频发、政治霸权等弊端。虽然这未必意味着福山本人对"历史终结论"的否定,但西方制度的内在矛盾和种种缺陷给全球造成了系列社会危机和现实困境,致使其无法为人类社会发展的制度形态提供"尺度"与"样板"。这种充满意识形态偏见的理论不可能具有普适性,必将在"东升西降"的世界格局中证伪。

(三)中国共产党人的探索实践

马克思主义认为,社会主义在本质上是优于资本主义的。但是从我国的实际情况来看,新中国的成立及社会主义制度的确立并不是按照马克思设想的,建立在具有高度的工业文明的社会基础上,而是从半殖民地、半封建的落后农业生产社会直接进入社会主义社会的,即实现了资本主义"卡夫丁峡谷"的跨越。可以说,我国从社会主义制度确立的那一刻起,就带着强烈的忧患意识、危机意识。因为作为竞争对手的资本主义制度不但先于社会主义制度存在,而且在生产力上还占有明显优势。因此,社会主义制度的巩固与发展就显得尤为重要,同时必须有着更强烈的使命,这种使命就是在两种意识形态、两种制度较量中彰显社会主义制度优越性。

毛泽东同志坚信马克思主义所揭示的社会主义必然代替资本主义的历史大势,坚信社会主义制度优越性。从纵向来看,社会主义制度优越性要体现在社会主义制度比其他社会制度优胜得多;从横向来看,社会主义制度优越性必须在多方面展示出来,特别是要体现在经济发展的速度上,要比资本主义国家发展得快,不然就面临着被开除球籍的危险。苏联作为社会主义制度的最早实践者,它的发展状况影响到对社会主义制度的评判及其优越性的彰显。毛泽东同志基于苏联所发生的从贫穷落后到走向先进强大的巨变,特别是在征服宇宙空间方面领先于西方的事实,认为社会主义制度具有较之于资本主义制度的无比优越性。早在1945年,他在《论联合政府》中明确提出,判定中国政党贡献大小,要看其对于生产力发展的帮助大小。中国共产党正是遵循着促进生产力发展的原则，推动中国发生了历史上最深刻的变革。新中国成立后，他对我国的人民民主专政制度及其所彰显的优越性给予了高度肯定，认为这种制度有利于调动人民群众无穷无尽的力量。

党的十一届三中全会以来，以邓小平同志为主要代表的中国共产党人把握时代发展潮流，在回答什么是社会主义、怎样建设社会主义这个重大时代课题中，创立了邓小平理论，丰富发展了我们党对社会主义制度优越性的认识。首先，提出了社会主义制度优越性的衡量标准。邓小平同志认为，考量党和国家制度好坏、完善与否有三条检验标准：在经济上赶上、在政治上创造更高更切实的民主、造就更多更优秀的人才，并认为中国必须要达到这三条要求。同时提出，评价一个国家政治体制、政治结构和政策正确与否，要从国家政局、人民生活、生产力发展等方面“三看”[①]。三条检验标准和“三看”虽然在表述上有不同，但经济和政治是其中的两个重要方面。在所有的这些标准中，生产力是最根本的标准。贫穷不是社会主义，它是彰显社会主义制度优越性的最大障碍；发展太慢也不是社会主义，若长时期内比资本主义国家发展慢，那谈什么社会主义制度优越性。因此，社会主义制度优越性的最根本体现，就是经济发展速度要快和效果要好，摘掉“穷帽子”。其次，提出“社会主义最大的优越性就是共同富裕”[②]。共同富裕是社会主义本质的核心要素，是社会主义制度的内在要求，是全体人民的共同期待。只有实现了共同富裕，才能更好、更充分印证社会主义制度优越于资本主义制度。最后，提出了彰显社会主义制度优越性的“时间表”和“路线图”。他预言要用 70 年的时间，通过两代人、三代人甚至四代人的接续奋斗，大力发展生产力和科学技术，坚持社会主义道路，必定能更好地证明社会主义比资本主义优越。

以江泽民同志为主要代表的中国共产党人，进一步深化了对什么是社会主义、怎样建设社会主义的认识，重点围绕建设什么样的党、怎样建设党的重大时代课题，形成了“三个代表”重要思想，进一步论证了社会主义制度优越性。江泽民同志强调要立足中国国情，从中国革命、建设、改革实践的效果来衡量我国

① 《邓小平文选》（第 3 卷），人民出版社 1993 年版，第 213 页。
② 《邓小平文选》（第 3 卷），人民出版社 1993 年版，第 364 页。

的政治制度和政党制度，提出了包括生产力、民主等方面的“四看”①标准。社会主义制度优越性，首要的是体现在生产力的高度发达上。没有发达的生产力，社会主义现代化就难以实现。因而，发展生产力就成为了社会主义的根本任务。只有大力发展生产力，全面提升国家综合国力和人民生活水平，才能更好地体现社会主义优于资本主义。因此，中国共产党要始终代表中国先进生产力的发展要求。但社会主义制度优越性若仅表现在物质建设、物质文明上，显然是不够的。它还必须表现在精神文化建设上，能够创造高度的精神文明，消除以往剥削制度下的贪婪和腐败现象，从物质、精神、文化等多层面全方位地推动社会全面进步。所以，我们党还要始终代表中国先进文化的前进方向。当然，社会主义制度优越性归根结底还是要回答“为了谁”这个根本问题。江泽民同志强调，在任何时候、任何情况，都要实现好、维护好最广大人民的根本利益，这是我们党一切工作、方针政策的最高衡量标准。因此，“三个代表”重要思想集中体现了社会主义制度优越性。

以胡锦涛同志为主要代表的中国共产党人，强调要充分发挥我国社会主义制度能够集中力量办大事的政治优势。在完成首次载人航天、青藏铁路建设、上海世博会等的实践中，充分印证了我国社会主义制度能够集中力量办大事的政治优势。在庆祝中国共产党成立 90 周年大会上的讲话，胡锦涛同志从我们党 90 年奋斗创造积累的历史经验出发，强调中国特色社会主义制度“是当代中国发展进步的根本制度保障，集中体现了中国特色社会主义的特点和优势”，能够实现“五个有利于”②。总之，能够集中力量办大事是社会主义制度优越性的重要体现。

以习近平同志为核心的党中央立足中国特色社会主义进入新时代的新历史方位，胸怀中华民族伟大复兴的战略全局，把握世界百年未有之大变局，从推进国家治理体系和治理能力现代化的战略高度，进一步深化了对社会主义制度优越性的认识。首先，提出了评判制度优劣的标准。习近平同志指出，要从政治上、大的方面来评判和把握制度的好坏、优劣，首要是看“是否符合本国国情，

---

① 《江泽民文选》（第 3 卷），人民出版社 2006 年版，第 144 页。

② 《胡锦涛文选》（第 3 卷），人民出版社 2016 年版，第 527 页。

能否获得人民拥护和支持，能否带来政治稳定、社会进步、民生改善，能否为人类进步事业作出贡献”[①]。中国特色社会主义制度到底好不好、优越不优越，中国人民最清楚，也最有发言权。中国特色社会主义制度是被实践证明行得通、真管用、有效率的制度体系，真正能够保障人民的主体地位。其次，强调要坚定中国特色社会主义制度自信。他指出，中国特色社会主义制度是具有鲜明的中国特色、明显的制度优势、强大的自我完善能力的先进制度。之后，他进一步认为，中国特色社会主义国家制度和法律制度具有坚持党的领导、保证人民当家作主、坚持全面依法治国、实行民主集中制等 4 个方面的优势。党的十九届四中全会通过的决定，系统总结了中国特色社会主义制度和国家治理体系的 13 个方面的显著优势。最后，强调要把制度优势转化为治理效能。他把制度优势视为一个政党、一个国家的最大优势，把制度竞争视为国家间的最根本竞争。因而，要坚持党的领导，不断深化改革创新，从各个领域推进国家治理体系和治理能力现代化，才能更好地把中国特色社会主义制度的优越性充分体现出来，并把这种制度优势更好地转化为治理效能，进而避免陷入空谈社会主义制度优越性的窠臼。

（四）制度优越性评判的历史规律性

通过梳理马克思主义经典作家对制度优越性的论述、剖析西方“制度优越论”的困境和回顾中国共产党人的探索实践可以发现，制度优越性的评判有其历史规律性。

其一，生产力标准是评判的根本标准。生产力标准是马克思主义唯物史观所决定的。生产力与生产关系、经济基础与上层建筑的矛盾运动，推动人类社会不断向前发展。从人类社会发展所经历的社会阶段来看，每一次新社会形态对旧社会形态的代替，都是一次生产力的跃升。新的社会形态之所以能够取代旧的形态，关键是其顺应了历史发展的潮流，蕴含了生产力向前发展的历史必然性，因而体现了较之于旧的形态的优越性。作为产生于特定历史阶段、并反映相应阶段生产生活方式的制度，只有不断地适应“相应的时代的物质生活条件”，才能持续地彰显其优越性。从这个角度来说，无论是马克思、恩格斯从生

---

① 《习近平谈治国理政》(第 4 卷)，外文出版社 2022 年版，第 460 页。

产力来观察历史，还是列宁对劳动生产率的看重，还是中国共产党百年来把发展当作是硬道理或解决中国一切问题的关键，这些都是制度与“相应的时代的物质生活条件”相适应的内在表达，体现了遵循历史规律的历史自觉，更体现了不断增强社会主义制度优越性的历史自信。

其二，人民群众才是最终的评判者。“历史活动是群众的活动”①，深刻揭示了历史主体的人民性本质。人民群众才是历史的真正创造者，并在历史发展中充当了“阅卷人”的角色。从这个角度来说，社会主义制度好不好、优越不优越，生活在社会主义制度下的人民最有发言权，而不是套用西方所谓的经典模式、标准、公式。因此，我国社会主义制度优越性必须旗帜鲜明地回答“为了谁”这个根本问题。换言之，我国社会主义制度优越性与人民群众的生态环境获得感、幸福感和安全感存在正向关系。什么时候人民群众的这三感“爆棚”，我们社会主义制度优越性就自然而然地体现出来了。反之，若没有人民生活的改善和人民对美好生活向往的实现，也就难以彰显社会主义制度优越性。离开人民来谈社会主义制度优越性，也只能是空谈。所以，作为历史创造者的人民群众，同时也必须是历史的评判者。然而，西方的政党却往往自我标榜为“人民党”，声称所在党派能够倾听民声、反映民意、顺应民心，其实质上是代表了资本集团的利益。这种口号式、形式化的所谓“人民性”宣示与“去人民化”的伪人民性实践形成了巨大的反差。

其三，制度优越性具有相对性。西方“制度优越论”以“种族优越”或者“文明优越”自居，断言所谓的“历史的终结”。其实质是将西方民主自由制度的优越性无限夸大，试图将其作为“标准答案”强行输出到世界各地，全然不顾各国的历史文化传统、经济社会发展状况等差异性。结果是自诩为“世界民主灯塔”的美国，其灯塔坍塌了，“制度神话”破灭了。因此，西方国家在目前经济、科技等方面的优势只是暂时性的，切不可将此与西方制度优越直接画等号。从另一个侧面给我们的启示就是，我国必须坚信“两个必然”的世界发展大趋势，坚定中国特色社会主义制度自信，心无旁骛、凝心聚力办好自己的事。

其四，评判标准具有发展性。从应然层面来看，社会制度优越与否的评判

---

① 《马克思恩格斯文集》(第1卷)，人民出版社2009年版，第287页。

应该是有一个全面的评价标准,包括政治、经济、文化、社会等各个层面的要素。从实然层面来看,随着经济社会的发展,社会制度优越与否的评判标准一般会经历一个从不完整逐步走向完整全面的过程。也就是说,在特定的历史时期内,因受到历史条件的束缚,可能某个标准就成为了唯一标准,或成为了所有标准中的核心或者说关键标准。但是,在两种意识形态、两种制度较量日渐"白热化""常态化""激烈化"的当今世界,可以说各个方面、各个领域都是评判社会制度优越与否不可或缺的组成部分。在全球气候变化的深层影响不断凸显、构建人类命运与共的共同体的呼声越来越强烈的大背景下,生态环境显然就是意识形态及制度较量和评判社会制度优越与否的至关重要因素。

二、我国制度优越性的形成发展

彰显社会主义制度优越性是贯穿科学社会主义运动的永恒主题。十月革命后的几十年里,相继成立了不少社会主义国家,不断壮大了社会主义阵营的力量。但在20世纪80年代末90年代初,社会主义运动经历了前所未有的挫折与失败。东欧剧变、苏联解体对社会主义优越性的彰显带来严重挑战。中国在总结自身及社会主义国家发展经验教训的基础上,坚持把马克思主义基本原理同中国实际相结合、同中华优秀传统文化相结合,取得新民主主义革命的胜利,完成了社会主义革命,推进了社会主义建设、改革,推动中国特色社会主义进入新时代,不断彰显了我国制度优越性。

中国共产党成立以来,深刻把握了近代中国社会的主要矛盾,自觉担负起反对帝国主义、封建主义、官僚资本主义的重任,为民族独立、人民解放上下求索、浴血奋战,开启了建立社会主义制度的探索历程。在一大通过的《中国共产党党纲》中,明确提出要"推翻资本家阶级的政权""承认无产阶级专政""消灭资本家私有制"①,这些内容不仅带有俄国革命制度的"印记",而且也彰显了社会主义制度的政治特色。在革命斗争中,正是因为党坚持"两个结合",才找到了中国革命的正确道路,进而取得新民主主义革命的胜利,为彰显我国社会主义制度优越性创造了根本社会条件。

---

① 中共中央文献研究室、中央档案馆:《建党以来重要文献选编(1921—1949)》(第1册),中央文献出版社2011年版,第1页。

社会主义基本制度的确立是彰显社会主义制度优越性的前提。然而,新民主主义革命的胜利,虽然建立了社会主义新中国,但是从社会性质来看,还处于具有过渡性质的新民主主义社会,尚未进入社会主义社会。1956年,随着“三大改造”的完成,标志着社会主义基本制度在中国的确立,为我国一切发展进步奠定了根本政治前提。此后,党领导人民进行了社会主义建设的艰辛探索。党的八大认识到国内主要矛盾的新变化,提出了把我国逐步建设成为一个“四个现代化”的社会主义强国。在这个过程中,毛泽东同志把马克思主义基本原理同中国具体实际进行“第二次结合”,提出、形成了关于社会主义建设的许多重要思想。社会主义革命的完成,实现了中华民族有史以来最为广泛、深刻的社会变革,为开创、发展中国特色社会主义奠定了根本制度基础。

党的十一届三中全会实现党和国家工作中心的转移。党的十三大提出了加快和深化经济体制改革的任务。邓小平同志在南方谈话中,围绕姓资姓社的争论强调,要把计划和市场都看作是经济手段,不能简单地把计划或市场多一点作为评判两种制度的标准,社会主义制度可以实行市场经济,资本主义制度也可以采用计划经济。由此打破了长期以来将社会主义基本经济制度简单化为计划经济的思想束缚。党的十四大明确了我国经济体制改革就是要建立社会主义市场经济体制的目标。经济体制改革带动了政治、文化、社会等各领域体制改革不断深入。随着对外开放基本国策的确立,从兴办经济特区、开发开放浦东到沿海延伸至内陆的全面开放,再到加入世贸组织,改革开放持续、深入推进,打造了充满活力的社会主义市场经济体制,推动我国经济实力、科技实力、综合国力迈上新台阶。2010年,我国GDP首次超过日本,跃居世界第二。2013年中国经济统计年鉴显示,2012年我国GDP达到519470亿元,是1978年的142.3倍;人均国民收入从1978年的世界排名175位升至112位。我国改革开放和社会主义现代化建设取得举世瞩目的伟大成就,人民生活实现从原来的温饱不足到奔向全面小康目标的转变,中华民族实现了从站起来到富起来的伟大飞跃,中国模式引起国内外的广泛关注,为彰显我国社会主义制度优越性提供了良好物质条件。当然,在这个过程中,我们也曾经以为社会主义制度优越性可以天然地规避环境危机,也曾一度否认社会主义制度存在环境污染,直到20世纪70年代初才开始正视环境问题。加之由于环境法律、制度的不尽完善,以及执行过程中的不严格，在追求经济增长的强大惯性面前，我国的环境问题前所未有地凸显出来了，一定程度上影响了社会主义制度优越性的发挥。但是，随后我国及时进行了政策调整，特别是党的十八大以来的生态文明建设力度空前、成绩前所未有。

新中国成立70多年来，特别是改革开放40多年来，党团结带领人民进行了社会主义革命、建设、改革，创造了世所罕见的“两大”奇迹，引领中国特色社会主义进入新时代。中华民族迎来了从站起来、富起来到强起来的伟大飞跃。在习近平新时代中国特色社会主义思想的指引下，中国日益走近世界舞台的中央，全面建成了小康社会、历史性地解决了绝对贫困问题，不断推进人民幸福、民族复兴的伟大事业，创造了中国式现代化新道路，创造了人类文明新形态。党的二十大报告指出，经过长期的探索实践，我们党成功推进和拓展了中国式现代化。

中国的发展不仅造福自身，还造福世界。我国以高质量共建“一带一路”、深度参与全球环境治理等富有成效的实际行动，积极推动构建人类命运共同体，为解决世界性难题贡献了中国智慧、中国方案、中国力量。“一带一路”倡议已成为当今世界深受欢迎的国际公共产品和国际合作平台。生态文明、“两山论”、绿色发展、人类命运共同体……越来越多的中国话语被写入联合国文件或决议，成为全球话语体系中的闪亮“中国红”。中国致力于维护公平公正的国际体系和国际秩序，积极参与全球性事务和全球治理，塑造了负责任大国形象。科学社会主义在21世纪的中国焕发了强大的生机活力，全方位展示了无与伦比、前所未有的巨大优势。中国特色社会主义进入新时代，为彰显我国社会主义制度优越性提供了最好历史机遇。

三、生态文明：我国制度优越性的绿色标识

从人与自然关系来看，自然是人类生存与发展的前提，若没有自然界这个“第一源泉”，人类的生产、生活资料就难以得到保障，从而也就谈不上人类社会的发展进步。随着社会生产力的发展和人类文明程度的提升，人类对自然的依赖程度不是降低了，反而是更高了。人类在物质层面需求得到满足之后，对于精神、生态、审美等层面的需求也越来越强烈。人类对良好生态环境的需要，如

生态产品,不仅是个体追求全面发展的内在要求,而且已成为一个社会文明程度的重要表征。中国特色社会主义进入新时代,我国生态文明建设对于中华民族永续发展的根本大计地位日益凸显。生态文明成为我国制度优越性的绿色标识,不仅具有充分的可能性,而且是一种逻辑必然。

(一)何以提出

探讨生态文明能否成为我国制度优越性的绿色标识,其前置性条件就是是否能从生态环境的维度来审视社会主义制度优越性,也就是说生态环境是否构成研究社会主义制度优越性的一个重要向度。对此,学术界进行了大量的研究,认为不仅可以从生态环境层面来研究社会主义制度优越性,而且生态文明或者生态文明建设充分体现了社会主义制度的优越性。

早在1990年,有学者就总结了社会主义优越性的六个研究视角,其中就包括从生态环境方面来看社会主义的优越性。① 在20世纪90年代,基于当时我国生态环境保护的认识现状及实际成效,虽然可以从生态环境层面来研究社会主义制度优越性,但是社会主义较之于资本主义的制度优越性更多的只是一种应然状态,或者说具有巨大的潜力,但这种潜力尚未挖掘出来。随着改革开放的深入推进,我国生态环境问题也日益凸显,并越来越多地进入党和国家的政治生活、高层决策的视野中。党的十七大报告首次提出了"建设生态文明"理念。党的十八大报告将生态文明建设纳入"五位一体"总体布局,开启了我国生态文明建设的"加速度",具有里程碑式意义。党的十八大以来,随着我国生态文明建设实践的深入推进,学界对生态文明建设与社会主义、社会主义制度优越性之间关联的认识也在不断深化。一些学者明确提出,只有坚持中国特色社会主义,才能真正建设生态文明,"生态文明新时代"必然属于也只能属于社会主义②;认为生态文明或生态文明建设体现了社会主义的优越性③。由此可见,生态文明作为彰显社会主义制度优越性的重要内容,已经具有越来越充分的理论共识和实践基础。

---

① 梁康:《社会主义优越性问题研究综述》,《社会主义研究》1990年第3期。

② 田心铭:《文明、生态文明与中国特色社会主义》,《思想理论教育导刊》2013年第11期。

③ 汪旻艳、管新华:《中国共产党关于社会主义优越性的理论阐述与实践探索——兼论党的制度自信思想》,《探索》2013年第1期;李钰:《新时代我国生态文明建设的作用、创新及特色发展》,《重庆社会科学》2019年第9期。

那么,把生态文明作为彰显社会主义制度优越性的重要内容,是否会影响马克思主义的生产力标准?马克思、恩格斯坚持唯物史观,从生产力与生产关系、经济基础与上层建筑的矛盾运动中找到了新社会形态代替旧社会形态的关键钥匙,这个钥匙就是生产力。因而把生产力标准作为衡量社会主义制度优越性的根本性标准。如果说生态文明也是衡量社会主义制度优越性的标志之一,那么生态文明与生产力之间又是什么样的关系?生态文明的标准是否会动摇生产力标准的根本性地位?

一般而言,我们把人类利用自然、改造自然的能力称作生产力。如此意义上的生产力,可以说把自然当作是一种被动的客体,自然处于一种"任人宰割"状态,充当了"超额利润的源泉"的工具价值作用。如果我们从生态文明的视角来审视生产力,自然不再是处于被动状态,而是"主动"融入、参与生产生活的各环节中。自然已成为生产力的重要部分,在生产力中的价值地位不断凸显。即言之,只有充分认识到并发挥马克思所指出的"自然生产力"的价值作用,才能更好地发展生产力,从而为保护及改善生态环境就是保护及发展生产力提供了充分论据。因此,在生态文明新时代,生产力中的"自然生产力"作用愈发凸显,构成衡量社会主义制度优越性的生产力标准的重要部分。生态文明也越来越鲜明地成为彰显社会主义制度优越性的绿色标识。

(二)何以必然

生态文明成为我国制度优越性的绿色标识,既是新时代生态文明建设的必然要求,同时也是新时代社会主义在两种意识形态、两种社会制度的历史演进及其较量中赢得历史主动的必然要求。具体而言,它蕴含了四重必然:从个体的维度看,它是实现人民对美好生活向往的必然要求;从社会的维度看,是守护好最普惠的民生福祉的必然要求;从国家的维度看,是实现社会主义现代化强国的必然要求;从全球的维度看,是真正构建人类命运共同体的必然要求。

从个体的维度看,实现人民对美好生活的向往是一个社会制度人民性价值导向的重要体现和必然要求。也只有得到人民的肯定和认可,一个社会制度才具有生根、发芽的土壤,才能不断地彰显其制度优越性。而人民就充当了社会制度的"土壤"作用。正是如此,社会主义制度优越性的彰显必须要坚持人民立场,以满足人民对美好生活的向往为根本落脚点和前进动力。中国特色社会主义进入新时代，人民日益增长的美好生活需要和不平衡不充分的发展之间的矛盾不断凸显，已经成为了我国社会的主要矛盾。美好生活需要是人民对美好生活向往的具象化表达。美好生活需要的结构性变化，不仅体现在需求的数量上，还体现在需求的质量和层次上；不仅体现在对物质生产力的供给升级要求上，而且体现在对精神文化、审美等要素的供给覆盖及服务提升上。这种变化促使良好生态环境的价值地位进一步凸显，并成为了满足人民日益增长的美好生活需要的重要牵引。若民生之患、民心之痛没有根本解决，清新空气、清澈水质、清洁环境和蓝天白云、绿水青山、小桥流水等良好生态要素未能呈现在老百姓身边，就没有美好生活需要的满足和人民对美好生活向往的实现。正是在这个意义上，人民对美好生活向往实现得越充分，生态文明成为我国制度优越性的绿色标识就愈发彰显。

从社会的维度看，基于生态环境的公共产品属性，良好生态环境理应成为最公平的公共产品和最普惠的民生福祉。然而在现实中，在不同的社会制度下，不同人群、群体、种族等在环境权利的享有和环境负担的承担上存在差异。这种差异主要表现在资本主义制度和社会主义制度两种社会制度在质上的根本区别，当然，也存在量上的差异。这种在生态权益与环境负担上的不对等所造成“环境不公”问题，必然影响到社会的公平正义。在资本主义制度下，生产资料私有制决定了生态环境只能沦为“超额利润的源泉”，而难以保障社会大众的公共福祉。从西方环境保护运动历史来看，早期环境保护运动蕴含了穷人在面对生态困境时的生态正义诉求。而在社会主义制度下，公有制的主体地位保障了国家对生态环境资源的所有，进而为实现最普惠的民生福祉奠定了最根本基础。生态环境为全体人民所有，为全体人民所共享，让人民群众生活环境美起来、让人民生活更美好，是社会主义生态文明人民性的集中体现。党的十八大以来，无论是生态文明建设“四梁八柱”的系统构建，还是中央环境保护督察的强势推进，良好生态环境成为最普惠民生福祉已经成了生态文明建设的目标性原则和底线性要求。在这个过程中，生态文明作为我国制度优越性的绿色标识愈发亮眼。

从国家的维度看，将“美丽”纳入社会主义现代化强国建设的目标，可以更好地引领新时代生态文明建设。这种引领，既可以是正向的目标性引领，又可以是反向的倒逼性引领。虽然新中国成立之后,我国就开启了社会主义现代化建设,但是,随着经济社会发展的积累和面临的国际国内环境的变化,我国社会主义现代化国家建设的内涵在不断地完善。从刚开始侧重经济层面,因而把富强列为第一位。紧接着开始重视政治文明建设,"民主"被列入强国目标。紧接着是文化建设、社会建设的目标被列入强国目标。党的十八大明确提出,要努力建设美丽中国。党的十九大,则把"美丽"纳入社会主义现代化强国的"五维"目标。如果说党的十八大提出努力建设美丽中国更多是一种政治性宣示的话,党的十九大把美丽纳入强国的"五维"目标则更多转为了一种自觉性行动。因为美丽中国建设已经设定了科学的"时间表""路线图"。党的十八大以来,我们党领导全国人民推动生态文明建设的力度是前所未有的,生态文明建设所发生的变化是历史性的、转折性的、全局性的,美丽成为我国高质量发展的底色,推动了我国社会主义现代化建设的全面绿色转型,美丽中国建设迈出重大步伐,社会主义制度优越性在生态环境上得到进一步的体现。

从全球的维度看,构建人类命运共同体的伟大实践,为我国在生态环境上更好、更充分地彰显社会主义制度优越性提供了更广阔的舞台。在全球环境治理中,"东西南北"国家在相关议题、规则上"讨价还价",围绕话语权、规则制定权等展开争夺,实质上是包括综合国力的软硬实力的较量。近年来,一些西方国家频频抛出"中国环境威胁论",甚至捏造数据和事实抹黑中国。可以说,在全球生态文明建设和全球环境治理中,发达国家凭借在经济金融、绿色技术等方面的比较优势,采取单边主义和逆全球化的行动,造成了严重的"信任赤字""责任真空""治理困境"。中国坚持以真实的共同体理念推动自身的高质量发展和全面绿色转型,推进"双碳"工作和绿色"一带一路"建设,与各国共享发展机遇,推动构建命运与共、利益共享的人类命运共同体,得到联合国环境规划署和众多国家的高度肯定及广泛赞誉。中国引领全球生态文明建设的实践,无疑从生态文明的维度彰显了我国制度的优越性。

(三)何以可能

回望我们党领导人民推进环境保护和生态文明建设走过的探索历程,审视当下我国经济社会发展、生态文明建设所取得的历史性成就和发生的历史性变革,展望未来我国在全球生态文明建设中的更大引领作用,生态文明成为我国制度优越性的绿色标识,不仅具有历史的必然性,而且还具有充分的可能性。这种可能性源自我国环境保护和生态文明建设的历史积淀,源自我国经济社会发展和生态文明建设的现实基础,源自中国引领全球生态文明建设的未来期待。

从我国环境保护和生态文明建设走过的历程来看,如何在生态环境方面彰显社会主义制度优越性,已经融入了环境保护和生态文明建设的实践中。从新中国成立之初到20世纪70年代初,受到国内恢复国民经济和开展经济建设、思想上的禁锢、环境保护知识的缺乏等多重因素限制,我国一直认为社会主义制度是不可能会造成环境污染的。直到20世纪70年代初开始,我国逐渐开始意识到社会主义制度下也会产生环境污染,并逐步正视它。周恩来同志多次强调,决不能走西方发达国家的工业化老路,“资本主义国家解决不了工业污染的公害,是因为他们的私有制,生产无政府主义和追逐最大利润。我们一定能够解决工业污染,因为我们是社会主义计划经济,是为人民服务的”①。在他看来,如果社会主义国家未能消除环境污染问题,就难以体现出社会主义制度的优越性。面对改革开放后日益累积的生态环境问题,我国立足基本国情,牢牢把握社会主义建设的根本目的,强调生产搞上去不能以环境污染为代价,不能一味追求短期的经济增长,最终危害人民的身心健康和人类的可持续生存。党的十八大以来,以习近平同志为核心的党中央,以“国之大者”的胸怀、“历来看得很重”的韧劲、“不能在我们手里变得越来越坏”的担当,推进我国生态文明建设取得历史性成就,并引领全球生态文明建设。从解决群众反映强烈的突出生态环境问题到满足人民对美好生活的向往,从推进生态文明体制改革到筑牢生态文明体系的“四梁八柱”,从建设美丽中国到建设美丽世界,生态文明建设已经成为新时代中国特色社会主义的一个重要特征。党的十八大以来,我国生态文明建设实现“四个重大转变”。“新时代生态文明建设的成就举世瞩目,成为新时代党和国家事业取得历史性成就、发生历史性变革的显著标志。”②“中国绿”为

---

① 中共中央文献研究室:《周恩来年谱(1949—1976)》(下卷),中央文献出版社1997年版,第549页。

② 《习近平在全国生态环境保护大会上强调　全面推进美丽中国建设　加快推进人与自然和谐共生的现代化》,《人民日报》2023年07月19日第01版。

世界“探路”，为地球“美颜”，为人类“护家”。无疑，社会主义生态文明已成为新时代彰显我国制度优越性的重要窗口。

从我国经济社会发展和生态文明建设的现实基础来看，在生态环境方面彰显社会主义制度优越性的“火”候已到。彰显一个制度的优越性，既需要理论上的阐释，以探求其理论必然；同时又需要全面分析其现实基础，以评估其现实可能性。改革开放以来，我国始终坚持以经济建设为中心，全面深化改革开放，同时将环境保护、节约资源列为基本国策，不断提升统筹经济社会发展与环境保护、生态文明建设的能力水平。生态文明建设成为“五位一体”总体布局的重要部分，上升为关系中华民族永续发展根本大计的高度。我国生态文明建设已经到了有条件、有能力解决生态环境突出问题的窗口期。从经济层面看，2022 年我国经济规模突破 120 万亿元，人均 GDP 超 8.5 万元，经济总量及其占世界的份额进一步扩大，经济高质量发展的效应进一步呈现。全面小康社会的建成、绝对贫困的消除，使得人们对更多优质生态产品和优美生态环境的需要出现了喷涌式增长。这些都为生态文明建设提供了良好的发展空间。从我国生态文明建设的成效来看，党的十八大以来的这些年，是我国生态文明建设认识最深、力度最大、措施最硬、追责最严，同时也是进展最快、成效最好、收获最多的时期。制定了 40 多项涉及生态文明建设的改革方案，“中国以年均 3%的能源消费增速支撑了年均 6.6%的经济增长”①，天蓝、水碧、地绿、土净的“生态答卷”为彰显社会主义制度优越性提供了无限的可能。

从中国引领全球生态文明建设的未来期待来看，中国以人类站位推进生态文明建设，不仅具有一种内生的自觉，而且回应了世界的期待。做好生态文明建设，不是别人要我们做，而是我们自己要做。新中国成立 70 多年来，我国从跟随者发展为全球生态文明建设的引领者。我国在 2020 年首次向世界宣示中国的“双碳”目标，之后将其写入《“十四五”规划和 2035 年远景目标纲要》，纳入我国生态文明建设的整体布局。同时，从国家层面对做好“双碳”工作作出顶层设计，并将陆续发布《2030 年前碳达峰行动方案》等“1+N”政策体系。从碳达峰到碳中和的过渡期来看，中国用时将远远短于欧美日发达国家；从现实情

① 中华人民共和国国务院新闻办公室：《新时代的中国绿色发展》，《人民日报》2023 年 1 月 20 日第 07 版。

况来看,我国作为世界上人口最多的最大发展中国家,碳达峰碳中和这场硬战所带来的考验可以说是前所未有的。离开人口、基本国情、历史等因素,比较中国与发达国家的“双碳”工作是一种简单、“粗暴”的比较。因此,推进“双碳”工作,是中国引领全球生态文明建设、构建人类命运共同体的庄严承诺与自信表达,是坚守全人类共同价值和实现全球善治的生动实践与自觉行动。“两山论”“千万工程”等越来越多的中国理念、中国案例走向全球、贡献世界,充分彰显了中国负责任大国的应有担当,反映了世界共同发展、共享发展的普遍期待。

第三章　习近平生态文明思想的形成发展

习近平生态文明思想是马克思主义基本原理同中国生态文明建设实际相结合、同中华优秀传统生态文化相结合的重大理论成果。它无疑是在中国特色社会主义制度下形成的，根源于马克思恩格斯生态文明思想[①]，根植于中华优秀传统生态文化，得益于中国特色社会主义制度支撑，继承了中国共产党人的生态思想，归根于胸怀"国之大者"的强烈担当。它的形成发展是理论优势、文化优势、传承优势、实践优势等多重优势共同作用的结果。

第一节　理论基础：根源于马克思恩格斯生态文明思想

中国特色社会主义制度的建立、完善和发展，唯有在马克思主义理论的指导下才能实现。社会主义制度优越性的彰显同样离不开马克思主义科学理论的指引。马克思恩格斯生态文明思想是习近平生态文明思想的理论来源，为习近平生态文明思想彰显我国制度优越性提供了理论支撑。马克思恩格斯生态文明思想是马克思主义理论或马克思恩格斯思想的重要组成部分，但在以往对马克思、恩格斯著作的研究中没有受到应有的重视。关于马克思恩格斯是否具有生态文明思想，主要有三种观点：第一种观点认为马克思主义是反生态学的，因而是无法解决环境问题的；第二种观点认为，生态文明思想尚未构成马克思

① "马克思恩格斯的生态文明思想"这一提法来自方世南的《马克思恩格斯的生态文明思想——基于〈马克思恩格斯文集〉的研究》，人民出版社 2017 年版。

恩格斯理论的主流思想;第三种观点认为生态文明思想在马克思恩格斯理论中占据主要地位①。日本学者岩佐茂反对从绿与红对立起来的角度来审视马克思主义与环保思想的关系,认为二者之间存在结合处。国内学者方世南认为,马克思恩格斯生态文明思想构成马克思主义的重要组成部分。总而言之,马克思恩格斯生态文明思想在学界具有广泛的共识。

不可否认,今天的严峻形势可能是马克思恩格斯当时难以预计的,尽管他们没有使用过"生态文明"的概念,也没有哪一部著作专门研究生态文明,但是他们的著作中却始终贯穿对人与自然关系的深邃思考,闪耀着生态文明思想的光芒。马克思恩格斯的独到之处在于,没有单纯地就生态问题谈生态问题,而是把生态问题与社会问题、自然的异化与人的异化、自然解放与社会解放、人与自然的和解、人与人的和解等纳入整体性视野当中,在揭示资本主义社会基本矛盾中展现了丰富的生态文明思想。

习近平总书记高度重视继承发展马克思恩格斯的生态文明思想,多次引用马克思恩格斯的相关论述。在纪念马克思诞辰200周年大会上的讲话中,他强调要学习和实践马克思主义关于人与自然关系的思想。这也更加彰显了马克思恩格斯生态文明思想的基础性地位。

如何处理人与自然的关系始终伴随着人类社会的发展过程。对人与自然关系的探究与思考,也贯穿了马克思恩格斯的一生。马克思早期文章《关于林木盗窃法的辩论》和18岁的恩格斯第一篇文章《乌培河谷来信》,就关注了资本主义社会生态矛盾背后的阶级矛盾问题。可以说,马克思恩格斯从生态问题开启了对资本主义社会种种矛盾问题的研究。随后,马克思的《1844年经济学哲学手稿》,恩格斯的《自然辩证法》《反杜林论》等著作较为集中地阐述了人与自然的辩证关系。当然,他们还有很多的著作对生态问题进行了关注。马克思恩格斯的生态文明思想主要包括自然存在论、自然价值论、自然历史论、生态民生论、环境治理论等方面的内容。

---

① [日]岩佐茂:《环境的思想——环境保护与马克思主义的结合处》,韩立新、张桂权、刘荣华译,中央编译出版社1997年版,第5页;刘希刚:《马克思恩格斯生态文明思想及其中国实践研究》,中国社会科学出版社2014年版,第4-5页。

一、自然存在论

根据马克思主义唯物史观的观点，自然界是现实存在的，而它的存在与发展是客观的，是不以人的意志为转移的。而人仅仅是自然界的一个部分，且人与自然构成辩证统一的有机整体。

人生活于其中的外部自然界具有优先地位。马克思和恩格斯在《德意志意识形态》中，对人的感性劳动及创造和生产给予了高度的肯定。他们认为，没有人的连续不断的感性劳动及创造，整个现存的感性世界将失去基础，而且将使自然界、整个人类世界等发生巨大变化，甚至直接导致人面临生存还是毁灭的生死选择。但是，自然界不因这种连续不断的感性劳动及创造和生产的中断而发生改变，“外部自然界的优先地位仍然会保持着”①。因而，自然界是先于人类历史而存在的。恩格斯曾经以大量的例子和事实警示人类，自然界自身固有的发展规律是人类实践活动的底线要求。不然，将遭到自然界的报复。

是否承认外部自然界的优先地位，成为不同自然观的分野。自近代笛卡尔提出主客二元论以来，特别是在资本主义工业革命的进程中，自然界的优先地位被彻底撼动了。曾经“拜倒”在自然面前的人类俨然成为了自然的主人，开始肆无忌惮地榨取自然。马克思在《论犹太人问题》中对金钱至上的自然观进行了批判，认为在金钱拥有最高价值的异化体系中，建立在私有财产和金钱的统治基础上的自然观，必然造成对人的价值和自然价值的遮蔽。因而，在犹太人的宗教观念中，自然界并非现实的存在，而是存在于想象中。

从人与自然的关系来说，不仅自然界具有优先地位、客观存在性，而且人与自然之间的物质变换也是客观存在的。正是因为自然界的第一性，人与自然之间的物质变换是无时不有、无时不在的。离开了自然界，没有自然界的平衡，人与自然的物质变换的自然循环就会断裂。而资本主义的生产恰恰破坏了人与自然之间的物质变换。因为，资本主义生产遵循资本的逻辑，而资本的逻辑就是增殖自身的逻辑，以追求剩余价值最大化为终极目标，因而自然界仅仅是可资利用的工具而已，不再是那个先于人类历史而客观存在的自然界了。结果是

---

① 《马克思恩格斯文集》（第1卷），人民出版社2009年版，第529页。

造成了自然的异化,并影响到了人类的可持续生存与发展。

二、自然价值论

马克思、恩格斯认为,人与自然是辩证统一的有机整体。一方面,人是自然界不断进化的产物,是自然界不可分割的重要组成部分。恩格斯指出:“人本身是自然界的产物,是在自己所处的环境中并且和这个环境一起发展起来的。”① 人直接的是自然存在物,决定了人类对待自然界的根本态度。与动物只能简单地利用外部自然相比,人可以借助资本主义“用法术呼唤出来的魔鬼”,不断地支配自然界。对此,恩格斯列举了美索不达米亚、希腊、小亚细亚以及其他各地的居民破坏自然并遭致报复的例子,警醒人们不要过分陶醉于对自然界的胜利,告诫人类不能像征服“他者”那样去支配自然界。然而,人们似乎忘记了自己从哪里来,忘记了自己永远是“自然之子”。离开了自然界,人类将无安身立命之地。因此,人类应该更好地认识自然,正确运用自然规律。

另一方面,自然界是人类“无机的身体”,人类的生存与发展一刻也离不开自然界给我们提供的生产、生活资料。不仅劳动者维持生存的生活资料来自自然界,人类劳动加工的对象也来自自然界。没有自然界,工人不仅无法生存,同时什么也创造不了。自然界是人类劳动的原料来源,同时也是人类劳动的对象,还为人类能够劳动提供了生存前提。然而,一些人却漠视自然界的多重价值,提出所谓的“劳动是一切财富的源泉”。马克思在《哥达纲领批判》中对此进行了尖锐批判,认为自然界和劳动均构成使用价值的源泉。因为自然界才是“一切劳动资料和劳动对象的第一源泉”②,没有了自然界,劳动是难以创造使用价值,也难以创造财富,因而不可能是一切财富的源泉。恩格斯在《自然辩证法》中也同样认为,劳动和自然界结合在一起构成一切财富的源泉,两者在创造财富中承担了不同的角色。后者为劳动提供原材料,而前者则通过加工原材料转变成财富,两者可以说是缺一不可。

当然,自然界除了具有服务于人的目的和需要的工具价值外,还具有自身的内在价值。人类过度支配自然是对自然价值的“透支”。人与自然具有同一

---

① 《马克思恩格斯文集》(第 9 卷),人民出版社 2009 年版,第 38-39 页。

② 《马克思恩格斯文集》(第 3 卷),人民出版社 2009 年版,第 428 页。

性的关系，是一种对象性存在。这即意味着自然界和人是互为对象，也是互为确证对方的存在、本质及价值。从这个意义上来说，人类如何对待自然、利用自然价值存在一个合理性向度的问题。人类与自然的关系表征了人类自身文化教养和文明程度，不仅人类利用、改造自然的程度反映了人类文明的程度，而且人类敬畏自然、善待自然更是人类文明的重要体现。

三、自然历史论

与黑格尔的唯心主义和费尔巴哈的唯物主义割裂了自然与历史的关系不同，马克思主义的历史唯物主义把自然纳入历史、把历史纳入自然，进而实现自然与历史的实践统一。以往的自然观都是把自然与历史看作毫不相干甚至是对立的关系，因而就不存在自然的历史和历史的自然。事实上，自然界为人类历史的生成奠定了自然基础。因为人类的生存或生活是自身创造历史的前提条件，而人类要生活就必须首先解决吃喝住穿等方面的资料。恰恰满足人类生存需要的这些资料的生产，构成第一个历史活动。因此，人类利用自然界以满足自身生存、发展的活动，就是一种创造历史的历史活动。由此，我们可以看出自然界对于人类历史发展的“决定”作用。不仅如此，马克思、恩格斯还明确指出了人类对自然界的反作用，即不同于动物简单地利用外部自然界，人类还可以再生产自然界。

人类通过劳动实践中在自然界留下了自己的烙印，自然界也逐渐进入人类历史的视野中。因而，不仅自然与历史是相互联系的，自然史与人类史也是相互制约的。先于人类历史而客观存在的自然界有其自身的发展史，“历史本身是自然史的一个现实部分”①。人类在利用和改造自然界的实践中创造了人类史。通过人的劳动实践，自然不再是“原始”的自然，而是成为了整个人类历史中的“自然”。自然界生成为人的过程或者说自然界对人来说的生成过程，开启了人类历史活动的进程。

四、生态民生论

习近平总书记曾经把博大精深的马克思主义提纲挈领式地归结为一句话，

① 《马克思恩格斯文集》(第1卷)，人民出版社2009年版，第194页。

那就是为人类求解放。而在习近平生态文明思想的视域中,生态民生则被纳入到为人类求解放伟大事业的整体性视野和实践性逻辑中。人与自然的和解、人与人的和解,成为实现解放自然和社会两个层面的重要内容和应有之义。马克思、恩格斯一方面通过揭示资本主义社会资本逻辑的内在本质,批判资产阶级对无产阶级的剥削与压迫,充分揭露了资本主义社会尖锐的阶级矛盾。另一方面指出资本主义工业文明造成了严重的环境污染,而无产阶级由于惨遭经济剥削与社会压迫,必然同时遭受恶劣生存环境带来的巨大身心伤害,造成其基本环境权益的丧失。在遭受社会压迫和自然压迫中,无产阶级的包含生态民生的基本民生丧失殆尽。

马克思、恩格斯对资本主义基本矛盾的分析,可以说是从生态问题开启的,表现出对生态问题的高度政治敏感性。马克思在《莱茵报》担任编辑时,就发表了《关于林木盗窃法的辩论》一文,站在劳动者的立场,围绕莱茵省议会关于林木盗窃问题展开了辩论,为贫困者捡拾枯枝行为作无罪辩护。恩格斯在 18 岁时撰写的第一篇文章《伍培河谷来信》(又称《乌培河谷来信》),关注家乡美丽的乌培河谷因纺织工业而受到严重污染,造成工人工作、生活环境的恶化和生态民生的丧失。恩格斯还曾在曼彻斯特考察英国工人阶级的生活环境,撰写了《英国工人阶级状况》。工人们呼吸的是腐烂的肉类和蔬菜所散发的、对健康绝对有害的臭气,垃圾和死水洼所散发的制造疾病的毒气;穿的是坏的、破烂的或不结实的衣服;吃的是劣质的、掺假的和难消化的食物;喝的是被污染的河水;住的是既杂乱无章又狭小潮湿的房屋,这些房屋或者是下面冒水的地下室,或者是上面漏雨的阁楼,周围是废弃物、垃圾、脏水,甚至还有令人作呕的污物和粪便,通风条件差。总之,他们连最必需的生活资料都未能得到基本保障。恩格斯用了大量的篇幅描写了工人阶级处于"非人"的生存环境,痛斥资产阶级对他们生命及健康等环境权益的漠视,发出"这个最贫穷的阶级怎么能够健康和长寿"之问。工人阶级被剥夺了空气、清洁和身体健康等基本的生存条件,遭受"非人"待遇,暴露出资本主义社会赤裸裸的非人性本质。

那么,马克思、恩格斯为何会如此看重生态民生呢?因为,在马克思、恩格斯看来,自然界是真正解放的前提,人与自然的和谐是使现存世界革命化的重要内容。人的解放,首要的是体现在人的基本生存与发展条件的充分保障。而生态条件则是其中不可或缺的条件。没有吃喝住穿在质与量的保障,何谈实现解放。而在资本主义社会,工人阶级无论在吃喝住穿等生活条件的质与量上均遭到无情的极限压缩,他们已经沦落到“非人”境地。因此,变革现存世界,就必须同时改变工人阶级所处的生存险境,进而为实现人的真正解放创造良好的生态条件。

五、环境治理论

马克思、恩格斯不仅揭露了资本主义生产所带来的严重生态问题及其对工人阶级的环境侵害,而且鲜明地提出了破解环境问题的“良方”。这个“良方”就是要变革资本主义的所有制即资本主义制度,建立实现每个人的全面而自由的发展的“联合体”。资本主义生产遵循资本的逻辑,形成了“大量生产—大量消费—大量抛弃”生产生活方式,造成了对工人阶级的剥削压迫及生态迫害,通过实施生态霸权主义廉价地、甚至无成本地转移环境污染,不仅使资本主义社会陷入经济危机和生态危机的双重困境,而且还把后发国家拖入生态困境之中。那资本主义生产为何会陷入双重困境中?因为资本主义生产是建立在资本主义的占有方式即资本主义私有制的基础之上,资本主义私有制不仅造成了人与人的对立,还造成了人与自然的对立,“资本主义生产由于自然过程的必然性,造成了对自身的否定。这是否定的否定”①。因此,在马克思看来,要破解资本主义生产带来的矛盾弊端,就必须废除资本主义的私有制,在充分借助资本主义发展成果的基础上,重新建立个人所有制。恩格斯也赞同马克思的观点,认为要调节我们的生产行为在自然及社会方面的较远的影响,需要对资本主义制度进行完全的、彻底的变革。总之,只有打破资本主义的私有制,实现对人的自我异化的积极扬弃,才能解决人与自然之间、人与人之间的矛盾。可以说,马克思、恩格斯为资本主义制度框架下的环境治理指明了根本变革的路径及方向。

马克思还从人与自然之间的物质变换的视角,高度肯定资源循环利用对于促进可持续发展的重大价值。马克思认为,劳动不仅是通过从自然界中获取原

---

① 《马克思恩格斯文集》(第5卷),人民出版社2009年版,第874页。

料生产使用价值的过程，同时在客观上也在进行着人与自然之间的物质变换。在这个过程中，一方面，人类的生存与发展是建立在人从自然界不断获取了物质要素的基础上；另一方面，人类生产过程中的废料和消费过程中的抛弃物或排泄物又必然以一定的方式回归到自然界。但是资本主义的生产，造成农村人口向城市聚集，破坏了人和土地之间的物质变换，在物质变换上出现了“一个无法弥补的裂缝”，生产及消费排泄物未能实现循环利用。因此，“通过废物的循环再利用能够达到人与自然之间物质变换的不断进行，从而从源头上解决环境污染问题”①。

恩格斯则认为，实现城市与乡村的融合可以更好地化解环境污染问题。城市大工业的发展把干净的水污染成臭气熏天的污水，恩格斯对此进行了批判。为此，必须按照统一的大的计划，因地制宜合理地进行工业的发展，实现生产要素的最优配置。因而，必须从工业生产、农业生产和公共卫生等多层面，充分认识消灭城乡之间对立的重要意义。正如马克思恩格斯在《共产党宣言》中所言，逐步消灭城乡之间的对立是最先进的国家几乎都可以采取的举措。

第二节　文化基础：根植于中华优秀传统生态文化

中华优秀传统文化为彰显我国制度优越性提供了最深沉、最持续的文化动力。中华优秀传统文化是中华民族的根与魂，同时也是中华民族的突出优势。党的十九届六中全会指出，习近平新时代中国特色社会主义思想的创立蕴含着“两个结合”的历史经验。其中的一个结合就是坚持把马克思主义基本原理同中华优秀传统文化相结合。党的二十大报告再次强调，坚持和发展马克思主义，必须同中国具体实际相结合，必须同中华优秀传统文化相结合。报告还特别强调，要注重马克思主义思想精髓同中华优秀传统文化精华的贯通性、同人民群众日用而不觉的共同价值观念的融通性。作为习近平新时代中国特色社会主义思想重要组成部分的习近平生态文明思想，离不开中华优秀传统文化的丰厚滋养。中华民族在5000多年的文明历程中，坚持尊重自然、热爱自然、保

① 方世南：《马克思恩格斯的生态文明思想——基于〈马克思恩格斯文集〉的研究》，人民出版社2017年版，第51页。

护自然，孕育了根植于中华大地、彰显中国特色的生态文化，为中华文明的绵延发展创造良好的生态环境。中华优秀传统生态文化，为习近平生态文明思想的形成提供了重要文化资源，同时也为其彰显我国制度优越性提供了文化引领与支撑。

一、从天人合一到人与自然生命共同体

天地人的关系，是作为从农耕文明走来的中华民族绕不开的命题，自然成为了中华传统文化中的重要课题。天人合一是中华传统文化和合思想的集中体现，也被列为中华优秀传统文化的核心思想理念之一。天，既可以指自然之天，如祭天是古代的重要祭祀活动；也有道德之天的意思，如天生德；还有命运之天的意思，如天意、天命。《周易》中说，“有天地，然后有万物；有万物，然后有男女”，“夫大人者，与天地合其德”。[①] 天地为大，它具有本源意义，先有天地，才有万物，然后才有人，形成了“天地—万物—男女”的生成顺序。位高权重之人或者要成为这样的人，其德性要契合天地之德。道家则认为，天地万物和人都是来自“道”。人效法地，地效法天，天效法道，道效法自然。因而，人最终应效法自然。《庄子·齐物论》中说，“天地与我并生，而万物与我为一”[②]，天地万物与人构成你中有我、我中有你的浑然一体状态。所以，在我国传统文化中，天地人之间是没有绝对的界限，并且反对将天人关系割裂开来，这与西方文化中的人与自然二元对立截然不同。在董仲舒看来，天人之间的关系就是“合二为一”。到了宋代，张载首次明确提出“天人合一”的命题。

党的十八大以来，习近平总书记多次引用《荀子》《易经》《老子》《庄子》等中的关于天人合一的相关论述，充分凸显了天人合一对于破解人与自然矛盾、推动人类文明进步的当代价值。天人合一的思想为人与自然生命共同体的提出提供了文化资源。习近平总书记站在生命共同体的高度，不仅厘清了山、水、林、田、湖、草、沙、冰等生态要素之间的有机联系，而且还科学揭示了人与山、水、林、田、湖、草、沙、冰等生态要素的内在联系，强调要坚持人与自然和谐共生。从山水林田湖是一个生命共同体，到推进山水林田湖草沙冰综合治理和系

---

① （宋）朱熹注，李剑雄标点：《周易》，上海古籍出版社 1995 年版，第 166、30 页。

② 孙通海译注：《庄子》，中华书局 2007 年版（2008.1 重印），第 39 页。

统保护,人与自然的共生关系是构建人与自然生命共同体的内在要求。既要看到自然对于人的存在的前提性意义,又要看到人对于自然的完整的主体性作用,还要看到人与自然之间的高度关联性,彰显了生态辩证法的哲学智慧。

二、从尊天时、量地力、尽物性到尊重自然规律

既然人与天相通、相依,那么人类活动就不可避免会对天造成影响。那么,如何让人类活动对天的影响处于可控范围内,而不至于破坏人与天地之间的生命共同体关系,尊天时为人与天地之间的相处之道提供了一种可行的范式。若人类一意孤行违背天时,必然会遭到大自然的报复。因此,尊天时是人类对自然活动的底线所在。也只有尊天时,才能量地力、尽物性。

中国人讲求天时,无论是二十四节气在农业生产中的运用,还是中医依据四时的养生法,无不体现了中国人的生存、发展智慧。它成为了"中国人的那种几乎是无时不有、无处不在的'讲究'和'说头'"①。天时观为人类处理与自然的关系提供了可以遵循的法则。《孟子·梁惠王上》中警示人们"不违农时,谷不可胜食也;数罟不入洿池,鱼鳖不可胜食也;斧斤以时入山林,材木不可胜用也"②,从正反两面凸显"不违农时"的重要性。不违农时,谷、鱼鳖等都吃不完,林木也用不完。若违农时,则不再可能不可胜食、不可胜用。在《荀子》中,斧斤入山林和罔罟、毒药入泽也要尊天时。习近平总书记曾在多个场合引述这些经典。因此,人类对于自然不能采取竭泽而渔的方式,而是要取之有时、取之有度。否则,自然界将难以为人类提供取之不尽、用之不竭的资源。只有尊天时、顺天时,才可以量地力、尽物性,不仅能用力少而成功多,而且能实现人与自然的和谐共生。

天时代表的是一种自然法则、自然规律。尊天时就是要尊重自然规律。习近平总书记多次强调,要尊重自然规律,不断加深对自然规律的认识,并曾以都江堰水利工程为例,说明正是因为对自然规律的遵循,才能使工程泽被后世。他强调,无论是在自然的开发利用方面,还是在用途管制和生态修复方面,还是在绿化方面,都要尊重自然规律,才不至于走弯路。他在中央财经领导小组第

---

① 张祥龙:《中国古代思想中的天时观》,《社会科学战线》1999年第2期。

② 朱熹集注,金良年导读,胡真集评:《孟子》,上海古籍出版社2007年版,第3页。

五次会议上分析水安全严峻形势的成因时,认为根子上的原因就是对包括自然规律、生态规律在内的规律认识不够深入、把握不够准确,未充分认识水的承载能力和物理极限,进而造成对水资源的无度、无序开发利用,最终严重威胁到水安全。党的十八大以来,我国坚持"共抓大保护、不搞大开发"的导向,推进长江、黄河等大江大河的治理,充分体现了对自然规律的科学把握。更进一步来看,尊重自然规律,是习近平生态文明思想核心内涵之一的"生态兴则文明兴"历史观的具体体现,是人类文明发展正反历史经验的高度凝练。

除了儒家、道家思想中蕴含了丰富生态智慧外,佛教也有着"众生平等"的思想。首先,从人与自然万物的关系来看,因为山川草木等自然万物皆有佛性,因而在佛的面前,人及其他万物等众生都是平等的,人类要平等地对待万物。其次,佛家普度众生的慈悲情怀。既然人与山川草木等自然万物是平等的,所以人不能仅仅关注自身的痛苦,还要关注他人,把别人的痛苦当作自己的痛苦来对待,同时还要关注山川草木等自然万物的福祉。最后,"不杀生"是佛教的道德戒律。主张尊重生命,反对杀生,并将其视为"五戒"之一和功德之首。新冠肺炎疫情暴发以来,人与自然的关系,特别是如何对待野生动物的问题再次受到广泛关注。此戒律为善待自然、善待生命提供了重要的遵循。

总之,中华优秀传统文化中的生态文化,是中华文明五千多年传承发展的思想智慧结晶,是实现中华民族永续发展的重要文化资源,同时也构成习近平生态文明思想的历史基础。立足新时代,要结合新的时代条件,进一步传承、弘扬中华优秀传统生态文化,并推动其创造性转化和创新性发展,以为破解人类面临的生存、发展难题贡献更多的中国智慧。

第三节　实践基础:继承发展了中国共产党人的生态思想

新中国成立以来,以毛泽东、邓小平、江泽民、胡锦涛为主要代表的中国共产党人,坚持把马克思主义基本原理同中国的具体生态实践相结合,同中华优秀传统生态文化相结合,围绕环境保护和生态建设进行了持续的理论创新和实践探索,形成发展了中国化时代化马克思主义的生态思想。习近平生态文明思想着眼于坚持和发展中国特色社会主义制度,精准把握我国所处的社会主义初级阶段和面临的生态环境问题,从政治和战略的高度科学认识生态文明建设的重大理论及实践问题,提出了一系列新理念新思想新战略。习近平生态文明思想继承发展了毛泽东的植树造林及绿化祖国思想、邓小平的人与自然协调发展思想、江泽民的可持续发展思想、胡锦涛的科学发展观,是对新中国成立以来环境保护工作正反经验的总结借鉴。习近平生态文明思想既是对这些生态思想的"守正",又是基于新的历史条件下治国理政实践的"创新",成为当代中国化马克思主义生态思想的标志性理论成果。中国共产党人的生态思想蕴含着对生态文明建设战略地位、发展之道、生态文明制度建设等方面的深邃思考和整体谋划。

一、对生态文明建设战略地位的不断强化

社会主义是中国共产党人的生态思想的鲜明特色,是区别于西方绿色思潮的最本质特征。"社会主义并不是生态文明的一个可有可无的前缀,而是一种'红绿'意义上的旗帜鲜明的政治规定性。"①环境保护或生态文明建设在党和国家事业中处于何种地位,关系到能否实现经济社会发展与环境保护、生态文明建设的双赢,构成了中国共产党人的生态思想的核心问题。那究竟要把环境保护置于经济社会发展中的何种位置,以及如何处理好环境保护与经济发展的关系问题等,这些问题成为摆在党和政府面前的重大课题,党的历届领导人对此进行了不断的思考。

面对新中国成立之初的经济社会发展状况,发展经济无疑是首要的任务。毛泽东同志强调"一定要把淮河修好",开启了新中国初期多项水利工程建设的序幕。同时,他还发出了"绿化祖国"的伟大号召,领导建立了我国第一个自然保护区。这些环境保护建设的探索,对于处于经济社会落后时期的新中国来说,实属不易。

环境保护上升为基本国策、"三北工程"建设的启动等,体现了以邓小平同志为主要代表的中国共产党人对生态文明建设战略地位的统筹思考。1973 年召开的全国第一次环境保护会议,开启了我国环境保护的历史。时隔 10 年之

---

① 郇庆治:《社会主义生态文明的政治哲学基础:方法论视角》,《社会科学辑刊》2017 年第 1 期。

后召开的全国第二次环境保护会议，确立了环境保护的基本国策，改变了以往环境保护所处的软弱境地和面临的被动局面，"使环境保护从经济建设的边缘地位转移到中心位置"①，大大突破了长期以来制约我国环境保护事业发展的环境意识问题，为我国后续环境保护政策的出台和环境保护工作的开展奠定了根本基础，标志着全党、全社会对环境保护在思想认识上达成了高度的统一。保护环境作为一项基本国策，对于促进我国经济持续发展、提升人民生活质量、确保中华民族永续发展等具有现实和长远意义。这项基本国策成为党的十三大以来历次党代会报告的重要内容。无论是从我国环境保护发展走过的历程来看，还是基于我国当前生态文明建设的现实需要来看，环境保护基本国策确立的顶层设计，注定在我国环境保护事业中具有里程碑式的重要历史意义。

20 世纪 90 年代，我国把可持续发展确立为国家战略，提出环境与发展十大对策，在全球率先制定了《中国 21 世纪议程》。江泽民同志指出，"环境保护很重要，是关系我国长远发展的全局性战略问题"②，强调要把实现可持续发展作为一项重要的战略方针，大力实施可持续发展战略。胡锦涛同志面对新形势、新任务、新要求，对实现什么样的发展、怎样发展等重大问题作出了深刻回答。他强调，要坚持以人为本、全面协调可持续的发展观，把生态文明建设放在突出地位，并将其纳入社会主义现代化建设总体布局。由此进一步提升了生态文明建设的战略地位。

党的十八大以来，我们党把生态文明建设作为关系中华民族永续发展的根本大计，进一步明确了生态文明建设在党和国家事业发展全局中的"五个一"地位，强化对生态文明建设的顶层设计，高起点、高标准整体谋划长江、黄河等流域的生态保护和高质量发展，推进绿色"一带一路"建设，推动构建人类命运共同体，建设美丽中国和美丽世界。"五个一"是习近平总书记着眼人类文明发展大势、立足世界发展形势对生态文明建设战略地位的深化认识和科学概括，蕴含着"生态兴则文明兴"的深邃历史观。

从"大计""千年大计"到"根本大计"，从"关系民族未来"到"关系中华民族永续发展"，生态文明建设的时代价值得到了前所未有的彰显，同时也更加凸

① 曲格平：《中国环境保护四十年回顾及思考（回顾篇）》，《环境保护》2013 年第 10 期。
② 《江泽民文选》（第 1 卷），人民出版社 2006 年版，第 532 页。

显了建设生态文明的艰巨性、长期性。党的二十大报告把人与自然和谐共生作为中国式现代化的中国特色和本质要求,并对新时代生态文明建设作出新的战略部署。因此,建设生态文明这个"根本大计"已全面融入党的执政使命,已置于党和国家工作全局的整体谋划中,充分体现了我们的党对生态文明建设战略地位的深化认识,彰显了党在生态文明建设上的思想自觉、政治自觉、行动自觉。

二、对发展之道的不断探索

发展问题是全球共同面对的重大问题。罗马俱乐部的第一个研究报告《增长的极限》,首次系统地阐发了人类所面临的发展困境,强调必须承认"增长的极限",倡导"经济人口零增长的均衡发展"。这些观点产生了广泛的影响。为此,《人类处于转折点上》研究报告提出"有机增长",试图应对人类面临的生态危机。可以说,人类社会不可能不需要增长和发展,其关键是我们需要什么样的增长和发展。作为全心全意为人民服务的党,中国共产党人始终把发展置于党和国家事业的关键位置,并在不同历史时期的环境保护实践中不断探寻发展之道。

回顾新中国成立以来我国环境保护工作走过的历程,从可持续发展,到科学发展,再到绿色发展,见证了中国共产党人对发展之道的不断探索。发展问题是贯穿中国共产党人生态思想的主线。毛泽东同志在面对新中国刚成立的经济社会发展、生态环境状况,既强调通过植树造林、绿化祖国、兴修水利等方式来治理生态环境问题,不断改善生态环境;同时又强调要提高资源使用效益,把空气、森林等自然资源作为社会主义建设的影响因素、社会生产力发展的必备因素和综合国力提升的关键因素,以更好协调经济发展与环境的关系。邓小平同志在绿化祖国,协调经济发展与人口、环境之间的关系等方面提出了许多重要论断。江泽民同志在领导组织实施可持续发展战略的实践基础上,形成了可持续发展的思想。胡锦涛同志提出要以科学发展观为引领,建设生态文明,指明了绿色发展的科学路径。同时,他科学把握了增长与发展的关系,认为不重视质量和效益、人与自然的和谐的发展最终必然制约发展,强调我们要建设的社会主义和谐社会是经济建设、政治建设、文化建设、社会建设"四大"建设协调发展的社会,是包括人与自然整体和谐的社会。

基于对中国共产党历届领导人关于发展之道的探索、实践的总结,党的十八大以来，我们党牢牢把握发展这个党执政兴国的第一要务，科学把握我国发展所处的新阶段，全面贯彻“五大”发展理念，着力构建新发展格局，大大增强了全党、全社会推动绿色发展的自觉性和主动性。“坚持绿色发展是发展观的深刻革命”成为习近平生态文明思想的核心内涵之一。在习近平生态文明思想的指导下，我国直面改革开放以来快速发展积累下来的生态环境问题，科学统筹经济发展同生态环境保护的关系，以绿色发展和经济高质量发展破解增长的极限，走出了一条人与自然和谐共生的绿色发展和中国式现代化之路。

绿色发展理念继承和发展了马克思主义发展观，彰显了我们党在推进生态文明建设过程中的理论创新和实践探索，是在可持续发展理念和科学发展观基础上对人与自然关系的深刻认识和科学把握，为全面推进生态文明建设提供理念指引。党的十八届五中全会把绿色发展理念作为五大发展理念之一，上升为党和国家的执政理念，并成为我国发展必须遵循的重要原则。党的二十大报告进一步对推动绿色发展作出系列新部署。绿色发展理念的核心是以符合生态规律，更有利于生态系统稳定、平衡的方式来改造大自然，而绝非退回到“荒野自然”。绿色发展理念引领我国生态文明建设取得了历史性成就，为中国式现代化写下生动注脚。

从可持续发展到绿色发展、从追求增长和发展到追问什么样的增长和发展，反映了我们党在社会主义建设、改革过程中对发展问题的始终关注，对发展理念的逐渐明晰，对统筹经济社会发展与环境保护关系的精准把握，对社会主义建设规律的深层认识，彰显了谋求中华民族永续发展的思想智慧，为马克思恩格斯的生态文明思想不断注入新的时代特征。

三、对生态文明制度建设规律性认识的不断深化

我国的环境保护制度建设随着经济社会的发展及环境保护工作的实际情况而不断推进，从无到有、从不完善到逐步完善，制度在环境保护工作中的作用越来越突出。生态文明制度建设构成中国共产党人生态思想的重要组成部分。

在环境保护工作的起步期，我国在环境保护制度建设上几乎是一片空白。1973 年第一次全国环境保护会议仅仅是起到了一个思想解放作用，开始意识到我国存在环境污染问题。而 1983 年第二次全国环境保护会议，则是从战略高

度确定了我国环保工作的指导方针。1989年第三次全国环境保护会议把第二次环境保护会议上确立的战略方针具体化,形成了我国环境管理的“八项制度”,开启了制度建设的历史篇章。与此同时,相关的法律制度建设也在不断地加快和完善。1978年通过的宪法第一次明确了环境保护的相关规定。邓小平同志于1978年在中央工作会议闭幕会上指出,要制定森林法、草原法、环境保护法等法律制度。1979年颁布了《中华人民共和国环境保护法(试行)》,标志着环境保护工作正式步入法制化的轨道。随后,陆续颁布实施了《海洋保护法》《水污染防治法》《环境保护法》等法律,包括法制在内的环境保护制度建设的进程也在进一步加快。胡锦涛同志强调,要建立全过程和全面节约的管理制度,特别注重提高资源利用的生态效益。

习近平总书记强调:“只有实行最严格的制度、最严密的法治,才能为生态文明建设提供可靠保障。”[①]党的十八大以来,生态文明体制改革被纳入全面深化改革的“大盘子”,印发了《关于加快推进生态文明建设的意见》《生态文明体制改革总体方案》《关于全面加强生态环境保护 坚决打好污染防治攻坚战的意见》等重大政策文件,生态文明制度建设步伐不断加快。在行政管理制度方面,有序推进省以下环保机构监测监察执法垂直管理制度改革,印发了《按流域设置环境监管和行政执法机构试点方案》《生态环境损害赔偿制度改革方案》等制度,开展按流域设置环境监管和行政执法机构、生态环境损害赔偿制度改革试点;在环保督察制度方面,印发了《中央生态环境保护督察工作规定》,推动全国所有省区市环境保护督察的全覆盖,强化问责追究力度,掀起了环保督察风暴,推动一大批突出的生态环境问题的有效解决;在法律制度方面,陆续修订了环境保护法、大气污染防治法、水污染防治法、环境影响评价法、环境保护税法等一系列法律制度,以最严格的制度、最严密的法治护佑绿水青山。党的二十大报告对深化集体林权制度改革、健全耕地休耕轮作制度、完善生态保护补偿制度等多项制度作出战略部署。

从省域试点到全国试点,从试点、试行到在全国全面实施,从美丽乡村、美丽中国建设到建设美丽世界,从人与自然生命共同体到地球生命共同体、人类

---

① 习近平:《论坚持人与自然和谐共生》,中央文献出版社2022年版,第43页。

命运共同体,党的十八大以来,我国生态文明建设之所以力度最大、举措最实、推进最快、成效最好,离不开生态文明制度的有效保障,同时也充分体现了中国共产党人对生态文明制度建设规律性认识的不断深化。

第四节　政治基础:归根于胸怀"国之大者"的强烈担当

习近平生态文明思想的形成,虽离不开理论支撑、制度保障、文化滋润,但同时也离不开习近平总书记对生态环境的始终高度关注。习近平总书记高度重视生态环境问题,就一些严重损害生态环境的事情作出批示,要求严肃查处、一抓到底。在十八届中央政治局第四十一次集体学习时的讲话中,他强调自己对生态环境保护方面的问题看得很重。在2018年全国生态环境保护大会上的讲话中,他再次强调,自己对生态环境工作历来看得很重。回顾习近平总书记在河北、福建、浙江、上海等地和中央的工作实践,可以看出,他始终把生态环境保护工作作为一项重大工作来抓。正如他在浙江工作期间的身边工作人员回忆:"还从来没有见过哪一位领导同志对环保工作有习近平同志这么高的重视程度,这么深刻的理解,这么有远见,这么态度坚决。"①由此,我们可以更加深刻感受到生态环境保护、生态文明建设在习近平总书记心中所处的位置,更加深刻领悟到他身上所具有的绿色情怀和胸怀"国之大者"的强烈担当。从知青岁月的梁家河,到"高产穷县"正定,再到福建、浙江、上海直至中央;从大队党支部书记、县委书记、市委书记,再到省长、省委书记,再到担任中央领导人,无论在什么地方、在什么岗位,他始终关注生态环境问题、生态环境保护,把生态环境问题、生态环境保护放在心中,摆在工作中的重要位置。

一、从"宁肯不要钱,也不要污染"到"绿水青山就是金山银山"

如何统筹经济社会发展与生态环境保护的关系,始终是生态环境保护的重要主题,也是习近平总书记一直关注、思考的重要问题。陕北植被覆盖严重不足,大部分农民又买不起煤油,但是,为做饭砍伐树木破坏植被,导致水土流失,

---

① 《习近平在浙江(十二):"习近平同志的'两山论'是非常了不起的思想创造"》,《学习时报》2021年3月17日A3版。

既影响农业发展，又将造成生态环境问题。在担任大队党支部书记期间，针对陕北恶劣的自然条件和农民生活的实际困难，他提出建沼气池以解决农村能源问题和农村公共卫生问题的设想，建成了陕西省第一口沼气池。大办沼气的经历，开启了探索经济社会发展与生态环境保护共赢之路的历程。之后，已任福建宁德地委书记的他还用在梁家河搞沼气化科技活动的例子来强调科技为民造福的重要性。任浙江省委书记期间到淳安县视察，他专门参观了当地下姜村的沼气池，要求让群众从办好建沼气这件事中真正受益。针对农村面源污染问题，他强调要以沼气和生物天然气为主要处理方向，解决大规模畜禽养殖的污染问题。正如他在给世界大学气候变化联盟的学生代表回信中所指出："我从那时起就认识到，人与自然是生命共同体，对自然的伤害最终会伤及人类自己。"①可见，知青岁月大办沼气的经历为他在更高的岗位谋划全省、全国的生态文明建设提供了思想启蒙。

正定是习近平总书记从政起步的地方。根据所处区位，他为正定确立走"办城郊型"经济的发展路子，摘了"高产穷县"的帽子，强调"宁肯不要钱，也不要污染，严格防止污染搬家、污染下乡"②。可以说，在经济社会发展状况和生产力水平较低的情况下，能充分意识到保护自然环境、合理利用自然资源的重要性实属不易，而把"不要污染"放在第一位，"宁肯不要钱"，则更为不易。可见，他在思想及内心深处对环境保护的重视程度超出了一般人的想象，体现了他深邃的历史眼光、深远的前瞻性、深厚的人民情怀。此外，他还注重挖掘历史文化，实施旅游兴县，充分发挥正定是历史名城的特色、优势，因地制宜开发旅游资源，修建"荣国府"开启"正定模式"，实现了经济发展同生态环境保护的良性循环。习近平生态文明思想也就此逐步开始孕育。

在福建工作期间，他进一步深化了对经济社会发展与生态环境保护的关系的认识。在领导制定的《1985 年—2000 年厦门经济社会发展战略》中，把环境优美与经济繁荣等并列为厦门发展战略的总目标。他充分肯定发展林业所具有的经济、社会等多种效益，强调闽东的振兴在于"林"。同时，还领导推动莆田

---

① 《习近平给世界大学气候变化联盟的学生代表回信》，新华社 2020 年 1 月 7 日。

② 黄浩涛：《生态兴则文明兴 生态衰则文明衰——系统学习习近平总书记十八大前后关于生态文明建设的重要论述》，《学习时报》2015 年 3 月 30 日 A1 版。

木兰溪治理，为民治水，彻底告别千年水患。此外，还非常关心长汀的水土流失治理工作，在福建工作期间先后五次赴长汀调研，推动长汀水土流失治理取得巨大成效。

"两山论"是习近平生态文明思想的形象表达和集中体现。浙江安吉是"两山论"的发源地。2005 年到安吉余村考察时，他对该村关停矿山、开启生态转型之路给予肯定，并指出绿水青山就是金山银山。而后，他在《浙江日报》发文、在中国人民大学演讲，进一步深刻阐述了"两山论"的辩证关系。之后，他不仅在国内考察讲话中反复强调，而且在多个国际场合进行强势阐释、宣介"两山论"。"两山论"不仅是浙江发展的一把"金钥匙"，而且更是中国绿色发展的一把"金钥匙"。"两山论"开启美丽中国建设新征程，加快了中国绿色发展的步伐，成为世界读懂美丽中国的思想密钥。

从"宁肯不要钱，也不要污染"到"两山论"的提出，见证了习近平总书记在科学统筹经济社会发展与生态环境保护关系上的重大理论及实践创新。"两山论"深刻揭示了发展经济与保护环境的辩证关系，进一步丰富了马克思主义的生产力理论，把生态文明建设在治国理政中的地位及作用的认识提升到了历史性新高度，从生态的视角进一步完善了社会主义民生建设理论，成为我国生态文明话语体系的标志性成果，为全球生态文明建设贡献了中国方案、中国智慧。绿水青山就是金山银山，被写入党的文件、报告，纳入联合国环境规划署的报告。"两山论"的提出及实践，充分体现了他对包括生态文明建设在内的治国理政的战略谋划与顶层设计，充分彰显了他作为人民领袖对满足人民优美生态环境需要的为民情怀与非凡魄力，充分表达了他对实现美丽中国梦的坚定自信与责任担当。

二、从实施"千万工程"到推进乡村生态振兴

在党的十八大后首次召开的中央农村工作会议上，习近平总书记强调："搞新农村建设要注意生态环境保护，注意乡土味道，体现农村特点，保留乡村风貌。"[①]这些论述抓住了农村不同于城市的特点与特色，为走出一条不同于城市

① 习近平：《论坚持人与自然和谐共生》，中央文献出版社 2022 年版，第 58 页。

建设的新农村建设道路确立了指导原则和根本方向。

长期以来，人们一谈论到环境问题，首先想到的是城市环境污染问题，似乎农村与环境问题“无缘”。随着改革开放的深入推进，因“污染下乡”、乡镇企业的快速发展等造成的农村环境问题不断凸显。作为民营经济发展摇篮的浙江，在21世纪初大量乡镇企业得到快速发展，随之带来了环境“脏、乱、差、散”问题，“垃圾围村”现象突出，进而影响到经济社会的进一步发展和群众的正常生产生活，甚至威胁到人民的身心健康。2002年到任浙江省委书记的习近平，在短时间内开展了广泛、深入的调研。农村环境问题受到他的重点关注。解决农村居民反映强烈的环境问题，成为一道现实难题。

“千万工程”是习近平生态文明思想在浙江的生动实践。2003年，他领导推动浙江启动“千村示范、万村整治”工程（简称“千万工程”）。之后又实施了“美丽乡村建设行动计划”。党的十八大后，浙江积极响应美丽中国建设的号召，全力打造美丽乡村升级版。他举旗定向、谋篇布局，因地制宜、久久为功，坚持人民群众关心什么、我们就做什么，真正把“千万工程”打造成了民生工程、民心工程。离开浙江后，他始终关注着“千万工程”。党的十八大以来至2019年，他先后4次作出重要批示。“千万工程”在他的直接关怀下取得一个又一个新成就，走出了一条美丽乡村建设的新路。从“水晶之都”浦江县到“生猪大县”海盐县，一个个美丽蝶变的故事见证了“千万工程”所带来的绿色奇迹。如今的浙江，美丽生态、美丽经济、美好生活的“三美融合”美丽图景正在呈现。

与此同时，农村的人居环境、村容村貌等也同步被纳入了党和国家的重大战略部署。2005年，党的十六届五中全会提出建设社会主义新农村的重大任务，并把村容整洁作为建设社会主义新农村的重要要求。党的十八大以来，以习近平同志为核心的党中央坚持把解决好“三农”问题作为全党工作重中之重，强农惠农富农的政策力度空前，推动了农业农村的快速发展。对照全面建成小康社会的目标要求，2014年国家出台改善农村人居环境的指导文件，把保障农民基本生活条件作为底线要求，把村庄环境整治作为重点任务，着力改善农村人居环境。党的十九大作出实施乡村振兴战略的重大决策部署。2018年中央一号文件，把生态宜居作为乡村振兴的关键，指出“良好生态环境是农村最大优势和宝贵财富"①。可见,从社会主义新农村建设到实施乡村振兴战略,生态宜居在总要求中的位置前移,更加凸显了其在工作布局中的重要地位,更加凸显了其在乡村振兴中的关键作用,更加凸显了农民百姓对生态环境更强烈的诉求。生态振兴既是乡村振兴的重要内容,同时也是乡村振兴的重要目标。

推进乡村生态振兴是应对我国社会主要矛盾变化、实现农民对优美生态环境需要的必然举措。我国社会主要矛盾的变化对农业农村的发展提出了新的更高要求。随着经济社会的发展,不平衡不充分的发展在农村体现得越来越突出。虽然腰包鼓了,路硬化了、变宽了,楼房变漂亮了,但房前屋后的"脏乱差"问题、农村污水的处理等生态短板突出,制约了农业农村的现代化。乡村美不美、环境好不好,不仅关系到农民的身心健康和生活质量,而且是关系到乡村产业发展的基础能否稳固的问题,同时还关系到是否还能保留美丽乡愁。顺应农民百姓对美好生活的向往,就必须打牢乡村生态的自然基础,让他们有更多的生态环境获得感、幸福感、安全感,享受到最普惠的民生福祉。

回望工程的实践探索之路,"千万工程"给浙江带来了全方位的变化,取得了历史性的成就,彰显了巨大的实践价值和时代意义。在习近平生态文明思想指引下,以"千万工程"为新起点,以绿色发展引领、推动乡村生态振兴,良好生态在乡村振兴中的支撑作用越来越明显,人与自然和谐共生的生态宜居美丽乡村正在逐步呈现。作为关系千山万水生态和谐、关系千家万户生活美丽、关系千万群众生态幸福、关系万千乡村生态发展的重大决策,无论是过去的"千万工程",还是当下的乡村振兴战略,都充分彰显了习近平总书记宏大的视野、非凡的魄力、创新的思维、炽热的情怀,充分体现了他对乡村生态环境问题的精准把握和深刻关切、对统筹经济发展同生态环境保护关系的精准谋划和深入思考。

三、从生态省建设到美丽中国建设

生态省建设是习近平总书记立足省域生态环境保护工作提出的战略构想,先后在福建、浙江实施,并取得了巨大成效,产生了广泛的示范带动效应。生态省建设的实践为美丽中国乃至美丽世界建设提供了成功样板。

---

① 《中共中央国务院关于实施乡村振兴战略的意见》,《人民日报》2018 年 02 月 05 日 01 版。

他在福建工作期间，创造性地提出了建设生态省的战略构想。2004 年出台了《福建生态省建设总体规划纲要》。从强调念好“山海经”到福州实施“3820”工程，从木兰溪治理成为新中国水利史上“变害为利、造福人民”的生动实践到水土治理的“长汀经验”成为中国水土流失治理的典范，他提出了一系列关于生态文明建设的战略思想，为习近平生态文明思想提供了实践基础。2014 年，福建生态省建设上升为国家战略。作为全国首个省级生态文明先行示范区、首个国家生态文明试验区，福建按照习近平同志绘就的生态省建设蓝图，不断推进生态文明建设，“清新福建”正在成为一张亮丽名片。

2003 年到任浙江后，他领导制定了《浙江生态省建设规划纲要》，启动浙江生态省建设。他把打造“绿色浙江”作为“八八战略”的重要内容。2005 年，他在安吉县余村考察时提出了“绿水青山就是金山银山”的理念。随后，他发表了一系列关于生态文明建设的重要文章，提出了系列重要论断。他强调，推进生态省建设，不仅促进了经济增长方式的转变，而且推动了思想观念的深刻变革。从“千村示范、万村整治”工程的实施到践行“绿水青山就是金山银山”的理念，他强调，要同时关注经济指标、资源及环境指标，注重增加推动经济增长的投入、促进社会发展的投入和保护资源与环境的投入，深刻指出“破坏生态环境就是破坏生产力，保护生态环境就是保护生产力，改善生态环境就是发展生产力，经济增长是政绩，保护环境也是政绩”①。这些重要论述为习近平治国理政提供了重要的思想指引，成为习近平生态文明思想的重要来源。2020 年，浙江建成全国首个生态省。从率先实行河长制，到开展排污权有偿使用和交易试点，再到建立全国首个跨省生态补偿机制……浙江创造了一系列可复制、可推广的“浙江经验”。浙江的生态文明制度创新和改革深化引领全国的绿色高质量发展之路。

生态省建设是美丽中国建设的重要组成部分。虽然生态省建设与美丽中国建设涉及的地域广度、问题复杂度、实践难度等都有很大不同，但是生态省建设可以说是美丽中国建设的“试验田”，生态省建设为美丽中国建设创造了一系列可复制、可推广的实践经验，同时也为美丽世界建设孕育了中国方案、积累了

---

① 习近平：《干在实处走在前列——推进浙江新发展的思考与实践》，中共中央党校出版社 2016 年版（2018 年 4 月重印），第 186 页。

中国智慧。习近平总书记对福建、浙江生态省建设的顶层设计与战略谋划，蕴含着对统筹经济社会发展与生态环境保护关系、推动经济高质量发展、增进人民群众民生福祉等问题的深邃思考。这些重要内容也是美丽中国建设、美丽世界建设必须关注的重大主题。在生态省建设丰富实践的基础上，党的十八大提出了建设美丽中国的目标。党的十九大把"美丽"作为社会主义现代化强国的重要一维。在 2018 年全国生态环境保护大会上，他进一步明确了建设美丽中国的"时间表"和"路线图"。人民富裕、国家强盛、中国美丽三者的协同推进，对新时代推进美丽中国建设提出了新的更高目标要求。

从浙江率先实行河长制到河长制、林长制全面推行，到各地湖长制、山长制、田长制、湾长制等的实施，带来了生态资源管理保护机制的创新，进一步落实了生态优先、绿色发展的原则。从启动"千万工程"到农村人居环境整治，再到推进乡村生态振兴，对农村生态环境问题的关注始终如一，对农村生态环境质量的要求在不断提高。从厦门筼筜湖治理，再到莆田木兰溪治理、长汀水土流失治理，这些生态环境治理的实践为构建现代环境治理体系积累了大量的经验。从发展生态效益型经济、强调资源开发要实现社会、经济、生态三者效益的统一，到提出加快建立健全绿色低碳循环发展经济体系、明确我国绿色发展的"总蓝图"，新发展理念正在全面贯彻落实。从福建在全国率先推进并持续深化集体林权制度改革，到全面推进生态文明体制改革，生态文明制度体系进一步系统化、完整化，推动生态文明领域国家治理体系和治理能力现代化水平的提升。从"绿水青山就是金山银山"的理念在小山村首提，再到在浙江的实践，再上升为指引中国绿色发展的新发展理念的重要组成部分，"两山论"不断引领中华大地发生"绿色巨变"，引领世界绿色发展的走向。可以说，在生态省建设中孕育并不断深化的对生态文明建设重大理论及实践问题的认识，形成了习近平生态文明思想，推动美丽中国建设不断实现理论创新、实践创新及制度创新。"我对生态环境工作历来看得很重"，充分体现了习近平总书记始终胸怀生态文明建设这个"国之大者"，充分彰显了他念兹在兹为民造福、实现人民对美好生活向往的绿色担当，进一步凸显了他在新时代生态文明建设方面深化理论深度、拓展视野广度、强化实践力度的历史性贡献。

第四章　新时代生态文明建设的核心论题

新时代生态文明建设必须落实“十个坚持”原则。“十个坚持”“深刻回答了新时代生态文明建设的根本保证、历史依据、基本原则、核心理念、宗旨要求、战略路径、系统观念、制度保障、社会力量、全球倡议等一系列重大理论与实践问题”①。这反映了中国共产党人对社会主义生态文明建设规律的思想认识高度和行动落实力度，是社会主义生态文明建设理论及实践重大创新成果的集大成。新时代生态文明建设注重统筹人与自然、保护与发展、环境与民生、国内与国际等多重关系，其核心论题体现在促进人与自然和谐共生、推动绿色发展、坚持人民至上、突出共享导向上。

第一节　人与自然的关系：促进和谐共生

促进人与自然和谐共生是彰显社会主义制度优越性的题中应有之义。马克思主义关于人与自然关系的思想为中国共产党人科学认识、把握人与自然的关系提供了理论指导。习近平总书记深谙中国历史文化传统，坚持把马克思主义基本原理同中国实际相结合，同中华优秀传统文化相结合，并基于新时代生态文明建设的需要，对马克思主义关于人与自然关系的思想进行了不断的传承、创新，形成了“生态兴则文明兴，生态衰则文明衰”“人与自然是生命共同

① 中共中央宣传部、中华人民共和国生态环境部：《习近平生态文明思想学习纲要》，学习出版社、人民出版社2022年版，第3页。

体”“尊重自然、顺应自然、保护自然”等一系列促进人与自然和谐共生的新论断。这些重要论断，充分体现了中国共产党对“三大规律”的深度把握，贯彻了“坚持系统观念”这一习近平新时代中国特色社会主义思想的世界观和方法论。

一、“生态兴则文明兴，生态衰则文明衰”

从历史的维度来看，坚持人与自然的和谐共生首先是基于对人类文明与自然演化关系的认识。人类因自然而生，人类文明的创造离不开自然的恩泽，同时也在不断影响着自然的演化。在原始渔猎文明时期，由于受到人们认识水平和生产力发展水平的限制，自然往往是作为一种完全异己的力量，人类慑服于自然，对自然有着一种天然的敬畏感。人靠天吃饭，自然似乎主宰了人类的命运。因而，谈不上人类对自然有多大的改造能力。随着对自然认识的不断深化，再加上一些技术和工具的使用，人类才真正开启了改造自然的历史。在改造自然的过程中，人类逐渐获得一定的主体意识、自主意识，从而改变了原始渔猎时期在自然面前的完全被动、无能状态，开始主动认识自然、适应环境。近代以来，随着人的主体理性的增强，人类开始以自然主人身份自居，疯狂地征服自然，创造了前所未有的工业文明成果。然而，自然界对人类的一系列“报复”和“惩罚”又使人类陷入文明困境之中。破坏了人与自然共生关系的工业文明，注定只能给人类带来表面的“繁荣”，无法真正承载人类文明可持续发展的历史重任。基于对文明困境的反思和人与自然关系的重新审视，唯有重构人与自然的共生关系才是人类文明的出路所在。

从人类文明史来看，如果把文明比作“舟”，那么自然界犹如水，它既可载舟，也可覆舟。古今中外众多的例子充分印证，生态兴才能文明兴，生态衰必然危及文明的存续、导致文明衰。恩格斯在《自然辩证法》列举了世界各地的文明兴衰教训。早在 2003 年，习近平总书记就鲜明提出了“生态兴则文明兴，生态衰则文明衰”[①]的论断。此后，他多次强调这一重要论断。在 2018 年全国生态环境保护大会上的重要讲话上，他列举了古楼兰文明的湮没和河西走廊的生态破坏，强调要以史为鉴，牢固树立“生态兴则文明兴，生态衰则文明衰”的深邃历

① 习近平：《生态兴则文明兴——推进生态建设　打造“绿色浙江”》，《求是》2003 年第 13 期。

史观。这一论断,科学概括了人类文明与自然演化的关系,充分体现了我们党对“三大规律”的认识达到新高度。

正是基于对文明变迁历史规律的科学认识和深刻把握,习近平总书记无论是在地方主政一方,还是在中央治国理政,都始终“对生态环境工作历来看得很重”,强调各级领导干部要胸怀生态文明建设这个“国之大者”。以习近平同志为核心的党中央,把生态文明建设视为关系中华民族永续发展的根本大计,把生态环境作为重大政治问题、重大社会问题,把促进人与自然和谐共生作为生态文明建设的重要主题。党的十八大以来,中国共产党领导全国人民牢固树立“生态兴则文明兴,生态衰则文明衰”的生态文明观,凝聚了建设生态文明的强大共识,汇聚了生态文明建设的全民行动,一幅人与自然和谐共生的美丽中国画卷正在呈现。

二、“人与自然是生命共同体”

基于对生态系统整体性及各要素之间不可分割关系的认识,习近平总书记首先提出“山水林田湖是一个生命共同体”①。党的十九大进一步扩展了生命共同体的成员,提出山水林田湖草是一个生命共同体,强调“人与自然是生命共同体”。之后,又将沙、冰与山水林田湖草一并纳入一体化保护和系统治理的范畴。既然人与山水等生态系统的各要素是一个生命共同体,那么这些生态要素的存续或消亡,直接关系到人的命脉,影响到人类的可持续生存与发展。“生命共同体”的思想继承了马克思恩格斯生态文明思想,受到中华优秀传统生态文化的滋养,契合了环境伦理学扩大道德共同体的伦理诉求,体现了习近平总书记深厚的生态情怀。他还多次运用拟人化的语言强调保护生态环境的重要性。针对大江大河存在的环境污染问题时,他指出,“长江病了,而且还病得不轻”、黄河“体弱多病”;在强调保护自然和生态环境的重要性时,他强调要像保护眼睛一样保护它们,像对待生命一样对待它们。

坚持人与自然是生命共同体,不能只是从客体或者直观的形式去理解自然,而是当作感性的人的活动去理解,进而科学把握人与自然的共生关系,实现

---

① 《习近平谈治国理政》(第1卷),外文出版社2018年版,第85页。

自然的人化和人的自然化的内在统一。徐崇温先生认为,马克思的哲学世界观具有两个基本点:一是把实践引进本体论,把事物当作人的感性活动、当作实践去理解;二是始终坚持外部自然界的优先地位。而无论是苏联模式的马克思主义哲学,还是“西方马克思主义”人本主义思想,都仅仅强调一个基本点,未能实现两个基本点的统一。苏联模式的马克思主义哲学片面强调外部自然界的优先地位,但未能从主观方面把事物当作实践去理解;而“西方马克思主义”人本主义思想各流派虽把事物当做人的感性活动、当作实践去理解,但却否认外部自然界的优先地位。① 坚持人与自然是生命共同体,实现对苏联模式的马克思主义哲学和“西方马克思主义”人本主义思想各流派的超越,统筹人与自然的一体性和人对自然的依赖性及对象性关系。

在方法论上,坚持人与自然是生命共同体,要求树立系统观念,葆有强烈的生命意识,统筹推进山水林田湖草沙的系统治理,全方位、全地域、全过程开展生态文明建设。种树的不能只管种树、治水的不能只管治水、护田的不能只管护田,要从生态系统的整体性出发作出系统谋划,加强顶层设计。党的十八大以来,我国一体推进净水、净土、净空行动,探索实施河长制、林长制、田长制、山长制等一系列制度,推动我国生态环境得到整体性改善。

三、“尊重自然、顺应自然、保护自然”

党的二十大报告站在全面建设社会主义现代化国家的战略高度,提出了尊重自然、顺应自然、保护自然的内在要求。这一要求不仅体现了对自然规律的自觉遵循,而且体现了对人类社会发展规律的深刻认识。恩格斯在《自然辩证法》中所指出:“我们所接触到的整个自然界构成一个体系,即各种物体相联系的总体……这些物体处于某种联系之中。”②自然界的整体性及系统性构成生态学法则的核心要义。美国学者巴里·康芒纳在《封闭的循环——自然、人和技术》中阐述了生态学的四条法则:每一种事物都与别的事物相关、一切事物都必然要有其去向、自然界所懂得的是最好的、没有免费的午餐。根据生态学法则,生态系统中的各个事物、要素之间是相互联系的一个有机整体,而人类也仅是

① [加]威廉·莱斯:《自然的控制》,岳长龄、李建华译,重庆出版社1993年版,前言第3页。
② 《马克思恩格斯文集》(第9卷),人民出版社2009年版,第514页。

这个有机整体中的普通一员。

在工业文明以前，由于人的主体性及能动性有限，自然的内在价值得以较好保存。工业革命以来，人的主体价值的凸显伴随着对自然的祛魅，生态系统逐步走向失衡。人类对自然的过度“借贷”切断了这种联系，导致日趋严重的生态危机。“我们对自然的操纵越是纯熟和有效，我们就越迫切地需要尊重我们管辖的这个帝国的价值。如果我们亵渎了自然，也就亵渎了我们自己。”[①]而作为现代文明的生态文明，必须理性反思工业文明发展模式，超越传统发展模式自然无界限、生态无成本、增长无极限、发展无底线的“自然”预设，统筹协调人的主体价值和自然的内在价值。同时，坚持保护优先，遵循不搞大开发、共抓大保护的导向，为自然生态休养生息提供充裕的时间及空间。因为，没有自然生态的和谐稳定，也就没有人类社会的可持续发展，更谈不上人与自然的和谐共生。

是否尊重自然、顺应自然、保护自然，直接关系到生态系统的稳定性和完整性，进而影响到人类的福祉。放眼人类文明发展的历史过程，如古巴比伦、古埃及等文明古国之所以最后走向衰败，与失去了生态环境的保障作用密切相关。为此，恩格斯以丰富的事例告诫人们不要陶醉于人类对自然的胜利，警惕自然对人类的报复，控制人类活动对自然的过度影响。可以说，对于人类而言，自然界在本体论意义上具有优先性；而人类在价值论意义上对地球具有终极依赖性，更加凸显人类在本源上尊重自然、顺应自然、保护自然的天然性。失去自然，没有良好的生态环境，没有生态系统的完整、稳定、有序，人类是没有活路可走的。口袋鼓了，人们富了，但没有绿水青山的护佑，人类的生存与发展将失去生态基础与价值意义。因此，生态环境所承载的自然资源的稀缺性及其对人类生存与发展的根本性价值，更加凸显尊重自然、顺应自然、保护自然作为一种自觉行动的重要意义。从终极意义上来说，尊重自然、顺应自然、保护自然就是关爱人类自身、维护自身的福祉。

---

① ［美］霍尔姆斯·罗尔斯顿Ⅲ：《哲学走向荒野》，刘耳、叶平译，吉林人民出版社2000年版，第93页。

第二节　保护与发展的关系:推动绿色发展

推动绿色发展,既是社会主义制度优越性的重要表现,同时也是不断彰显社会主义制度优越性的重要路径。贯彻包括绿色发展在内的新发展理念是新时代我国发展壮大的必由之路。从表层来看,绿色发展是要解决人与自然和谐共生问题,实质上就是要处理好保护与发展的关系问题。社会主义基本经济制度包括了所有制、分配制度、经济体制等方面。在所有制上,我国公有制为主体、多种所有制经济共同发展;在分配制度上,我国坚持按劳分配为主体、多种分配方式并存;我国还坚持社会主义市场经济体制,这些经济制度有利于把社会主义制度的优势与市场经济的优势聚合起来,形成解放和发展生产力的最大显著优势,更加注重经济发展的质量和生态效益。而资本主义的经济制度安排是以疯狂逐利为根本目的的。美国的任性退群、日本执意要将核污水排海以及西方的垃圾出口等,充分暴露了西方经济制度的唯利性。在习近平生态文明思想的指导下,中国坚持绿水青山就是金山银山、坚持用最严格制度最严密法治保护生态环境、绿色发展是发展观的深刻革命,通过践行绿色发展理念、挥好"绿色指挥棒"、推进供给侧结构性改革不断引领新时代生态文明建设,科学统筹了保护与发展的关系。中国成为全球森林资源增长最多和人工造林面积最大、全球大气质量改善速度最快的国家,风电、光伏发电等清洁能源设备生产规模,水电、风电、光伏发电装机,新能源汽车自 2015 年起产销量,高速公路服务区建成充电桩数量等均居世界第一①,一幅天更蓝、地更绿、水更清的美丽中国图景正在呈现。

一、理念指引:践行绿色发展理念

发展是人类社会亘古不变的永恒主题,发展理念则为发展行动提供先导。中国共产党人坚持把马克思主义发展观与中国具体实践相结合,不断推进发展观的创新。从新中国建立后对社会主义建设的探索,到党的十一届三中全会后

① 中华人民共和国国务院新闻办公室:《新时代的中国绿色发展》,《人民日报》2023 年 1 月 20 日第 07 版。

党和国家工作重心的转移，我国牢牢把握发展这个主题，以新发展理念为引领，推动经济高质量发展。

在党的十八届五中全会上，习近平总书记系统论述了创新、协调、绿色、开放、共享五大发展理念。新发展理念被看作是指挥棒、红绿灯，并写入新宪法。它“回答了关于发展的目的、动力、方式、路径等一系列理论和实践问题，阐明了我们党关于发展的政治立场、价值导向、发展模式、发展道路等重大政治问题”①。党的二十大报告进一步将贯彻新发展理念视为推动新时代我国发展壮大的必由之路。正因为新发展理念是管全局、管方向、管长远的和路径的“唯一性”，更加凸显了以新发展理念引领生态文明建设的重要性和必要性。

绿色发展是新发展理念的重要组成部分，更加注重以质量和效益，特别是生态效益为基础的发展速度，实现了经济效益、社会效益、生态效益的统一。绿色发展指明了生态文明建设的基本路径。绿色发展的根本任务是解决人与自然和谐问题。人与自然的关系问题一直伴随着人类社会的发展进步，只不过在工业革命以前，人与自然的关系问题还未成为一个问题。工业革命以来，在工具理性和资本逻辑的驱使下，人类对自然的霸占可以说是无所不用其极，造成资源枯竭、环境恶化、危机四伏，威胁人类的可持续生存与发展。此时，人与自然的关系问题已经成为了一个棘手的问题。生态文明建设顺应了人类文明发展的大势。“双碳”目标对我国经济社会发展也提出了新的更高要求。“十四五”时期，我国进入降碳以及实现生态环境质量改善由量变到质变的关键时期。无论是减污降碳，还是推动绿色转型，最关键的就是要实现发展方式的根本变革，即坚持绿色发展。以绿色发展引领生态文明建设，必须在以下三个方面持续发力：一是树牢绿色发展理念。发展理念的变革必然会触动传统的发展模式，也可能会受到传统思维惯性和传统发展惯性的阻挠。甚至有人提出推动绿色发展会导致 GDP 增长的放缓，进而质疑绿色发展理念的科学性、有效性。因此，首要的是思想认识上的转变，树牢绿色发展理念，并把握其价值本质。二是构建绿色的生产方式。企业是推动社会进步的重要主体。绿色发展理念是否得到贯彻落实，生态文明建设的成效如何，很大程度上是看企业是否贯彻了绿

---

① 《习近平在中共中央政治局第二十七次集体学习时强调完整准确全面贯彻新发展理念确保“十四五”时期我国发展开好局起好步》，《人民日报》2021 年 01 月 30 日第 01 版。

色发展理念。也只有企业坚持把绿色发展理念融入生产的全过程、全要素、全链条,才能凸显绿色发展的显著成效。三是构建绿色的生活方式。生态文明建设没有旁观者,人人都是参与者。社会大众的生态文明意识和素养,不仅体现在对生态文明了解程度的"知"层面,更为重要的是要做到知行合一,把生态文明意识和素养体现到日常的衣食住行之中。

二、考核激励:挥好"绿色指挥棒"

经济社会发展评价体系是推动经济社会发展、干部考核激励的"指挥棒"。挥好"绿色指挥棒",才能促成发展观的深刻变革,才能把"两个最严"落到实处。把生态文明建设融入经济建设的各方面和全过程,就必须改变传统的经济社会发展评价体系,进一步在经济建设中融入生态文明建设的要素、凸显生态文明建设的分量。我国以公有制为主体的所有制结构,有利于在经济建设过程中有效落实生态文明的要求,并且对其他非公经济形成导向示范效应。

党的十八大报告提出,把资源消耗、环境损害、生态效益纳入经济社会发展评价体系,在目标体系、考核办法、奖惩机制上也要体现生态文明要求。习近平总书记指出:"建立体现生态文明要求的目标体系、考核办法、奖惩机制,使之成为推进生态文明建设的重要导向和约束。"①随后,国家出台文件将完善发展成果考核评价体系作为加快转变政府职能的重要内容。完善发展成果考核评价体系,必须在三个方面狠下功夫:一是要纠偏,即必须彻底转变观念,纠正单纯以 GDP 增长率作为干部考核、评价、激励关键指标的偏向;二是要加权,即加大资源消耗、环境损害、生态效益等指标的权重,把它置于经济社会发展评价体系的突出位置;三是要健康,即更加重视人民健康状况,把生态效益的指标和实绩作为经济社会发展评价的关键指标。失去了美好生态,其他的都只是表面成绩,这个成绩再好都难以从根本上确保人民健康。

从全世界范围来看,将 GDP 增长作为经济社会发展的主要目标曾经风靡全球。从国内来看,我国也曾经痴迷于 GDP 增长,也曾经历"唯 GDP"时代。以 GDP 论英雄,也就意味着 GDP 这根指挥棒是政绩考核的最重要甚至是唯一的

---

① 中共中央文献研究室:《习近平关于社会主义生态文明建设论述摘编》,中央文献出版社 2017 年版,第 99 页。

指标。改革开放以来,我国经济社会发展所取得的历史性成就,离不开以GDP为导向的政绩考核所发挥的作用。以GDP为导向的政绩考核,从短期看可能会更好地调动政府履职尽责和干部谋事干事的积极性、主动性、创造性,为加快实现经济社会发展目标提供了可能。但是,如果坚持"唯GDP",也可能适得其反。在经济建设过程,我国也出现了一些地方、领域的眼里只有GDP,不惜破坏生态环境、影响人民生活,甚至采取"注水"造假的方式,盲目追求GDP的数量增长,以这种所谓的"政绩"谋取升迁,以至于陷入了"官出数字、数字出官"的恶性循环,形成了GDP"政绩化"现象。给GDP松绑、告别"唯GDP"时代成为全社会的呼声。

变革长期以来唯GDP增长的经济社会发展评价体系,"绿色指挥棒"的导向作用得到充分发挥,绿色发展的自觉性得到前所未有的激发,生态文明建设的成效得到呈现,有力彰显了我国经济制度的优越性。在一些五年规划建议中,不再设定GDP增长的量化指标。习近平总书记强调:"既看发展又看基础,既看显绩又看潜绩,把民生改善、社会进步、生态效益等指标和实绩作为重要考核内容,再也不能简单以国内生产总值增长率来论英雄了。"[①]在开展党的群众路线教育实践活动中,也把坚决纠正唯GDP任用干部问题作为"四风"突出问题专项整治和加强制度建设的重要内容。全国各地出现弱化或明确取消GDP考核的做法,把资源消耗、环境损害、生态效益、民生幸福等指标纳入经济社会发展评价体系,不断形成更科学、符合生态要求的"绿色指挥棒"。把生态环境指标纳入经济社会发展评价体系,逐步破解了经济社会发展中的生态难题,有效应对了新形势下的生态环境挑战,推动了经济更高质量、更可持续的发展。

三、改革驱动:推进供给侧结构性改革

能否处理好政府与市场的关系,决定了经济制度能否形成优越性的重要因素。供给侧结构性改革是在社会主义市场经济体制下,更好发挥市场在资源配置中的决定性作用和更好发挥政府作用的改革之举。它有利于推动经济高质量发展,调动更多的市场主体提供更加优质的生态产品或服务,不断改善人民

① 《习近平在全国组织工作会议上强调 建设一支宏大高素质干部队伍 确保党始终成为坚强领导核心》,《人民日报》2013年6月30日01版。

生活，促进社会公平正义。2015 年，习近平总书记首次提出“供给侧结构性改革”的概念，强调要在适度扩大总需求的同时，着力加强供给侧结构性改革，提高供给体系质量和效率。供给侧结构性改革，说到底就是要做大有效和中高端供给，减少无效和低端供给。其核心就是要跟进需求的变化，用改革的办法强化有效供给，提高全要素生产率，不断推动绿色发展。而绿色发展正是生态文明建设的重要目标之一。其根本是“使我国供给能力更好满足广大人民日益增长、不断升级和个性化的物质文化和生态环境需要，从而实现社会主义生产目的”[①]。因此，供给侧结构性改革为新时代生态文明建设明确了着力点。

加强供给侧结构性改革，不仅是推动经济高质量发展的必然要求，也是推动生态文明建设的必然要求。随着经济社会的发展，我国部分行业、地区、产业面临的产能过剩问题不断凸显，资源环境的承载压力不断加大，生态产业有待加快发展，供给体系和质量未能有效满足不断提升的需求，国内有效需求对经济增长的拉动作用逐渐降低，等等，这些都已经成为影响经济发展的深层次、结构性矛盾问题。以钢铁行业为代表的“两高”产业消耗了大量的能源资源，而且还造成了严重的大气污染。为此，国家出台了一系列的措施，调整优化产业结构，推动各地压减过剩产能。可以说，不进行供给侧结构性改革，我国的经济建设是难以有出路的，也难以为推进生态文明建设提供良好的保障。

以供给侧结构性改革推动生态文明建设，必须在需求端和供给端同时发力。供给与需求是紧密联系在一起的。供给是为满足需求而来，但是供给是否满足了需求，就得看供给是否精准对接了需求，也就意味着只有准确把握了需求，及时跟踪了需求变化，才有可能创造出能够满足需求的有效供给。以供给侧结构性改革推动生态文明建设，必须准确把握人民需求的新变化，优化生态文明制度供给，提高生态产品供给体系质量和效率。

第一，准确把握人民需求的新变化。人民需求会随着经济社会的发展而不断变化。新中国成立 70 多年来创造的经济社会发展奇迹，为人民物质及精神文化需求的满足打下了坚实的物质基础。中国特色社会主义进入新时代，我国社会主要矛盾发生了变化，人民对生态环境有了更为强烈、更为紧迫的需求。

---

① 中共中央文献研究室：《习近平关于社会主义经济建设论述摘编》，中央文献出版社 2017 年版，第 98 页。

从“求生存”到“求生态”,从“盼温饱”到“盼环保”,充分凸显了良好生态在人民美好生活中的基础性、关键性作用。没有良好生态环境的现代化绝不是人民所期盼的现代化。新时代人民需求的新变化,对于新时代生态文明建设的供给提出了新的更高要求。如何让人民群众常态化享受蓝天白云,吃上绿色、安全的食品,喝上清净、卫生的水,呼吸上新鲜的空气,住上宜居的环境等,成为优化新时代生态文明建设供给的重要课题。

第二,优化生态文明制度供给。李佐军认为,生态文明建设是一项系统工程,具有“五全”特点:生态环境保护需要“全领域”覆盖、“全环节”管理、“全天候”推动、“全手段”实施、“全社会”行动。① 正是基于生态文明建设的“五全”特点,更加凸显生态文明制度供给的重要性。而优化生态文明制度供给,必须通过改革的办法,不断推进生态文明制度建设。从推进生态文明体制改革,到构建完善的生态文明制度体系,生态文明制度建设按下“快进键”、开启加速度,制度协同效应不断形成,制度保障作用不断呈现,制度红利不断释放。这些生态文明制度供给为打赢污染防治攻坚战、建设美丽中国、建设美丽世界都发挥了基础性、关键性作用。

第三,提高生态产品供给体系质量和效率。面对人民日益增长的美好生活需要,无论是从生态产品的供给数量来看,还是从生态产品的供给质量来看,还是从生态产品的供给效率来看,提高生态产品供给体系质量和效率已经成为我国生态文明建设的一项紧迫而长期的重要任务。如何提供更多的优质生态产品,不仅关系到人民的美好生活需要是否有良好生态的保障,而且关系到新时代生态文明建设的成效。首先,要坚持保护优先、节约优先。必须坚持山水林田湖草生命共同体的理念,科学合理布局生产空间、生活空间、生态空间,严守资源环境消耗上限、环境质量底线、生态保护红线,采取最严格的制度和法治保护生态环境,从源头上为生态产品供给提供最根本基础。其次,要加大环境治理和生态系统修复力度。我国改革开放40多年来积累的环境污染问题和遭到破坏的生态系统,如果没有得到及时的治理、修复,必将大大影响生态产品的有效供给。最后,要保障生态产品价值实现。要通过体制机制的改革创新,进一

① 李佐军:《供给侧改革助推生态文明制度建设》,《人民日报》2016年04月05日07版。

步推进生态产业化和产业生态化，不断丰富生态产品价值实现的路径，让更多的绿水青山能够科学、合理、生态地转化为金山银山，打通生态产品供给的“最后一公里”。

第三节　环境与民生的关系：坚持人民至上

人民性是社会主义制度优越性的核心。价值取向说到底就是为了谁、代表谁和实现谁的根本利益的问题，它关系到思想的形成发展和思想所能产生的影响及其最终走向。在马克思、恩格斯看来，无论是“思想”，还是“利益”，都深刻镌刻着人民性，“思想”的形成发展过程与维护、实现人民根本利益的过程具有高度的一致性。“我国国家制度深深植根于人民之中，能够有效体现人民意志、保障人民权益、激发人民创造力。”①党的十九大报告将“坚持以人民为中心”纳入新时代坚持和发展中国特色社会主义的基本方略，党的十九届六中全会通过的决议将“坚持人民至上”作为党的百年奋斗积累的宝贵历史经验之一，党的二十大报告进一步将“必须坚持人民至上”作为习近平新时代中国特色社会主义思想的世界观和方法论之一，并将“坚持以人民为中心的发展思想”作为前进道路上必须牢牢把握的五项重大原则之一，充分彰显了我们党百年来对“江山就是人民，人民就是江山”的始终追求与坚定践行。

习近平总书记深刻指出：“生态文明建设最能给老百姓带来获得感，环境改善了，老百姓体会也最深。”②习近平生态文明思想立足我国的基本国情和生态文明建设的实际，顺应人类文明发展的大趋势，坚持党对生态文明建设的全面领导，坚持良好生态环境是最普惠的民生福祉，准确把握了人民在生态环境上的所忧、所盼、所需，让人民共同参与、共同建设生态文明，并共同享有建设成果，充分体现了社会主义生态文明的人民性。具体而言，主要体现在完善生态共有、坚持生态共建、推动生态共治、实现生态共享上。

---

①　习近平：《坚持、完善和发展中国特色社会主义国家制度与法律制度》，《求是》2019年第23期。

②　《“我们对东北振兴充满信心”——习近平总书记考察辽宁纪实》，《人民日报》2022年08月20日第01版。

一、生态共有是坚持社会主义公有制的必然要求

私有与公有代表了两类对立的经济学理论体系。西方经济学界围绕私有制的辩护,创立“科斯定理”“集体行动的逻辑”“公地悲剧”等一系列的理论主张,实质上构成对公有制理论的强有力的攻势。正因为如此,基于社会主义性质的政治制度和公有制为主体的经济制度,我国在推进生态文明建设过程中更应坚持生态公有,并通过健全自然资源资产产权制度和用途管制制度等,真正做到生态共有的名与实的统一。坚持生态共有,不仅有着充分的法理依据,而且还在我国生态文明建设的实践中得到了有效的检验。

(一)环境问题和私有、公有之争

对私有的主张,可以说与西方文化中的人性本恶有着内在的联系。正是人的自利本性决定了对公共事物的选择性忽视。亚里士多德探讨了进行政治组合时,哪些事物应归社团公有和优良的城邦把一切东西划归公有的合理性,断言:“凡是属于最多数人的公共事物常常是最少受人照顾的事物。”[①]因而,要使公共事物受人照顾的办法,就是把公共事物划归个人所有。而在1740年,休谟提出了“公共的悲剧”,用来说明在一个存在公共物品或服务的经济社会中,“搭便车”现象的必然性。这些理论为西方经济学主张产权私有提供了理论支撑。

主张私有制可以说是西方的一贯传统。在西方经济学中,私有制不仅被认为是理所当然的,而且也是被视为最有效的。1960年,科斯在其《社会成本问题》一文中,提出了解决“外部损害问题”的新思路——“科斯定理”,颠覆了福利经济学的“庇古传统”,认为政府干预未必是解决外部性的唯一有效手段。他基于问题的相互性,认为若按照政府干预的传统办法,制止甲对乙的损害的同时也会对甲造成损害。因此,“必须决定的真正问题是:是允许甲损害乙,还是允许乙损害甲?关键在于避免较严重的损害”[②]。科斯强调产权界定清晰和零交易成本对于实现资源最优配置的重要性。

奥尔森反对从行为的理性和自利性逻辑推导出集团会基于自身利益采取

---

① [古希腊]亚里士多德:《政治学》,吴寿彭译,商务印书馆2009年版,第48-49页。

② [美]R. 科斯,A. 阿尔钦,D. 诺斯等:《财产权利与制度变迁》,刘守英等译,上海人民出版社1994年版,第4页。

集体行动,并认为这种观念是错误的。他同时认为,即使大家都能从实现集团目标中获利,也未必能保证大家会采取一致行动以实现集团目标。虽然他不否认人的理性和寻求自我利益的最大化,但是他认为,把集体行动的逻辑建立在这一假设基础上是错误的,进而揭示了集体行动的困境。

哈丁对公地悲剧的分析是建立在人口"指数"增长的假设基础之上。在他看来,以"指数"增长的人口与他们所生活世界资源要素的有限性之间的矛盾,必然催生人强烈的占有欲。他接着以一个对所有人开放的草场为例,每个牧民都追求利益的最大化,必然想方设法在公有地上养更多的牛。这样一来,公地对所有理性牧民都开放的自由使用权,最终必然造成"公地的悲剧"。既然产权的缺失或不清楚,会导致理性人对公共事物的忽视或漠不关心,并促成"搭便车"现象,最终将使公共事物受到损害。关于如何破解这个难题,哈丁认为,"通过私人产权或其他类似的关系可以避免公地悲剧性地成为一个公共的污染池"①。按此逻辑,将公地私有化,即明确公共事物的私有化产权被视为避免公地悲剧问题的有效之举。

那么,产权私有化为什么能、同时又能在多大程度上解决环境问题呢?在西方大部分学者看来,产权私有化首先意味着产权所有者要对其行为的成本和收益负责,这种"负责"能激励产权所有者采取亲环境行为,最大限度挖掘保护环境的潜能,进而构建了将外部性尽可能内在化的动力机制。因而,自由市场环境主义主张,政府的主要职责在于对产权的界定清晰,并确保产权可以在市场上自由交易,让环境问题在市场化的机制中得到解决,而非对环境问题进行管制。

私有产权果真是解决环境问题的灵丹妙药吗?或者说它是唯一的或最好的答案吗?从产权的分类来看,私有产权仅仅是其中的一类,除此之外,还有国家产权、共有产权等。"私人所有制本身也经常与环境的外部性纠葛在一起。"②从产权制度的产生及发展来看,虽然它源于西方,但产权制度的选择及其

---

① [美]赫尔曼·E.戴利,肯尼思·N.汤森:《珍惜地球:经济学、生态学、伦理学》,马杰、钟斌、朱又红译,商务印书馆2001年版,第154页。

② [美]约瑟夫·E·斯蒂格利茨:《让全球化造福全球》,雷达、朱丹、李有限译,中国人民大学出版社2011年版,第149页。

效用发挥与一定的经济、制度、技术以及生态条件等息息相关。科尔在《污染与财产权:环境保护的所有权制度比较研究》中,对共有财产权、私有财产权等在环境保护中的效用进行了比较,认为没有哪一种财产权体制在任何情况下都具有“最佳”的效应,公有财产权和私有财产权之间不存在非此即彼的关系。他指出:“自然资源的公共/国家所有权并非罕见的或者偏离常规的,而是司空见惯的。”[①]由此可以判定,私有产权未必就是解决环境问题的唯一答案。

马克思、恩格斯对资本主义私有制对自然所造成的环境污染、资源破坏等问题,以及这些环境问题对工人所造成的身心伤害进行了批判,认为只有消灭了私有制,才能实现人与自然的和解,实现人的自由全面发展。“在私有财产和金钱的统治下形成的自然观,是对自然界的真正的蔑视和实际的贬低。”[②]在资本主义制度下,自然界的工具价值被无限放大并被最大化利用,而其内在价值却未得到应有的重视。在经济全球化的推动下,“全球经济正逐渐将自然界中的每一种东西变成可以在市场上买卖的私人商品”[③]。自然资源产权的私有化并未如西方经济学家设想的那样,能够很好地解决环境问题。相反,它不仅未能完全解决环境问题,反而是带来了新的环境问题。自然资源的产权私有化看似把地球上资源的看护权托付给了“负责任”的个人,但未必能确保资源得到生态化利用,不会造成污染。

(二)坚持生态共有的必然性

坚持生态共有,既有生态环境本身特点的原因,同时有坚持社会主义公有制的政治考量。从人与自然界的关系来看,自然界是先于人类的存在而存在的,其存在也不依赖于人的价值判断而发生变化。自然界的这种先在性决定了人类在自然面前永远是一个“后来者”的身份。尽管借助于工具理性、科学技术等手段,人类实现了对其的“霸占”,“后来者”居上了,但这并未为自然界与人类的隶属关系提供充分的论据。从人与人之间的关系来看,作为社会平等一员,每个人都有从自然界获得生存与发展所必备资源的权利,任何人都没有权

① [美]丹尼尔·H.科尔:《污染与财产权:环境保护的所有权制度比较研究》,严厚福、王社坤译,北京大学出版社2009年版,第25页。

② 《马克思恩格斯文集》(第1卷),人民出版社2009年版,第52页。

③ John Bellamy Foster, Dennis Soron. Ecology, Capitalism, and the Socialization of nature: An interview with John Bellamy Foster. Monthly Review, 2004, 56(6).

力天然地将生态环境资源占为己有,剥夺他人享有生态环境资源的权利。生态环境的公共产品属性突出,生态系统的整体性不可分割,人对生态的享有关系社会公平正义等,这些都为坚持生态共有提供了有力论证。

生态共有是坚持社会主义公有制的必然要求。实行社会主义公有制写入了我国宪法,成为指导各领域活动的法则。特别在具有公共产品属性的生态环境领域,更是必须坚持生态共有,并且需要在实践中不断进行完善。长期以来,一些人以所谓的市场经济规则为由,意图否定以公有制为主体的多种经济制度。对此,党的二十大报告中再次强调,要坚持"两个毫不动摇"。党的十九届五中全会把坚持公有制为主体的经济制度作为我国国家制度和国家治理体系的重要显著优势。因而,在生态文明建设的过程,不能改变生态环境资源的公有性质,还需要发挥公有制的制度优势,推动生态文明建设彰显更大的制度优势,更好地满足人民对美好生活的向往。

生态环境具有公共产品属性。从生态环境本身来看,它是一种不同于其他产品的公共产品。生态环境的公共产品属性突出,也就是具有非竞争性、非排他性,即一个人对生态产品或服务的消费,不能对其他人对生态产品或服务的消费构成影响。公共产品因而与私人产品有着根本的区别。私人产品是由特定的个人享有对该产品的占有、使用等处置权力,享受该产品所带来的收益和好处。而其他人在未得到允许的情况下无权使用该产品,更不可能从中获取收益。如果其他人擅自使用该产品,则将严重影响产品所有者的处置权力。与公共产品相反,私人产品具有受益上的排他性和消费上的竞争性。这种排他性也得到了法律、道德等多层面的认同和保障。而随着全球生态环境形势日趋严峻,生态环境的公共产品属性愈发突出,人民对生态产品和服务的期望值则越来越高。如何保障生态环境的公共产品属性,确保个体无障碍地享受到基本的公共产品和服务,自然资源的产权选择就尤为重要。很显然,自然资源私有产权是难以保障生态环境公共产品属性的。

良好生态环境是最公平的公共产品。既然生态环境具有公共产品属性,那么无论是政府,还是企业,公共产品的提供者都应把良好生态环境作为最公平的公共产品提供给社会大众。习近平总书记基于生态与民生的内在联系,深刻阐明了生态环境的公共产品属性及其在保障和改善民生中的重要地位及作用,强调“良好生态环境是最公平的公共产品，是最普惠的民生福祉”①。政府作为生态环境公共产品供给的主要提供者之一，在保障良好生态环境成为最公平的公共产品方面具有不可替代的作用。虽然不同地区、种族或国家之间的个体或群体在获取生态产品和服务的能力存在差异，但这绝不意味着就此可以忽视对弱势群体享有生态产品和服务的保障。因为，能否享有良好的生态环境，不仅关系到每个个体的生存与发展，而且关系到能否保障社会的公平与正义。倘若将自然资源的产权私有化，无异于把弱势群体推向霍布斯所说的“自然状态”。因为弱势群体在经济能力、话语权等方面的不足，很有可能导致他们无法享有最基本的生态产品和服务。

从总体上看，生态环境还具有系统性、整体性、不可分割性等特质。恩格斯在《自然辩证法》中所指出：“我们所接触到的整个自然界构成一个体系，即各种物体相联系的总体……这些物体处于某种联系之中。”②自然界的整体性及系统性构成生态学法则的核心要义。根据每一种事物都与别的事物相关的生态学法则，生态系统中的各个事物、要素之间是相互联系的一个有机整体。如一条河流，我们可以人为地划分为上中下游、干流和支流等，但是整个流域的生态系统是无法分割的，上游的水生态、水污染状况必然会影响到下游的水安全。此外，不同生态环境要素之间也是密切相连的，不可分割的。如森林遭到砍伐，水土流失就难以避免。因此，要统筹山水林田湖草沙冰系统治理，把人与自然作为一个生命共同体来对待，这样才能更好地保护生态环境的系统性、完整性。从这个意义上来说，将自然资源产权私有化在一定程度上与生态环境的系统性、整体性不匹配、不适应，在实践中也存在操作上的困难。因而世界上大部分国家和地区的自然资源都以共有为主。

（三）完善生态共有的政策举措

我国作为世界上人口规模最大的发展中国家，同时也作为社会主义性质的国家，面临着经济高质量发展、建设美丽中国等多方面的任务，必须要不断地完善生态共有的政策举措，也就是说把生态共有转化为全民享有上。

我国相关的法律明确了自然资源的公有产权，国家就是产权的主体。1954

① 习近平：《论坚持人与自然和谐共生》，中央文献出版社2022年版，第26页。

② 《马克思恩格斯文集》（第9卷），人民出版社2009年版，第514页。

年的第一部宪法就把森林、荒地和其他资源等规定为全民所有。《中华人民共和国宪法》第九条规定和《中华人民共和国民法典》第二百四十七条、第二百五十条等多处均对自然资源的国家所有进行了规定。由此,自然资源资产的公有性质已经写入了国家的宪法和相关法律,也成为推进生态文明体制改革必须坚持的重要原则之一。

针对我国经济社会发展过程中出现的破坏自然资源资产、环境污染等问题,有人归结为产权主体不清晰的原因。从根本上看,这些环境问题与体制不健全有关,造成"全民所有自然资源资产的所有权人不到位,所有权人权益不落实"[①]。对此,党的十八届三中全会首次提出,要健全自然资源资产产权制度和用途管制制度,其目标就是要做到归属清晰、权责明确、监管有效。健全或完善自然资源资产产权制度被纳入《生态文明体制改革总体方案》,写入党的十九大报告。随后,中央出台了《关于统筹推进自然资源资产产权制度改革的指导意见》《全民所有自然资源资产所有权委托代理机制试点方案》。同时,国家组建自然资源部,授权其履行全民所有各类自然资源资产所有者职责,实行所有者和管理者分开。

自然资源的全民所有确保了在政府的统一管理下,可以实现对自然资源的公平配置、人民对自然资源及其收益的平等享有,促进了人与自然、人与人的和谐,与我国社会主义性质相匹配。在实践中如何更好地实现所有者权益的最大化、推动自然资源保护和合理利用,解决全民所有自然资源资产的合理、有偿使用的问题,必须推进全民所有自然资源资产有偿使用制度改革。为此,国家出台了全民所有自然资源资产有偿使用制度改革的政策文件,对完善国有土地资源、水资源、矿产资源等有偿使用制度作出具体安排。其目的就是要通过改革,推动所有权和使用权分离,创新所有权的实现形式,完善使用权体系。

通过自然资源资产产权制度的健全和全民所有自然资源资产有偿使用制度改革的深入推进,保障了自然资源资产所有者和管理者的分开、所有权和使用权的分离,解决了所有者不到位、有偿使用制度不完善等问题,进一步完善了生态共有,为人民更多、更好、更公平地享受生态产品及服务提供了制度保障。

---

① 中共中央文献研究室:《习近平关于社会主义生态文明建设论述摘编》,中央文献出版社 2017 年版,第 102 页。

生态公有将更普遍地支持构建人与自然生命共同体、地球生命共同体。西方学者也不得不承认:“自然资源和生产手段的公共所有形式、计划形式、配给形式等,对于和平地、有秩序地转向生态经济是必需的。”①

二、生态共建是保障人民主体地位的必然要求

社会主义制度是人民当家作主的制度,它必须在各个领域切实保障人民的主体地位。自然资源资产的全民性,一方面确保了人民群众的主体地位,为人民群众参与共建创造了条件;另一方面增强了人民群众的责任感,大大激发人民群众的主动性和创造性。长期以来,我们在注重发挥政府在生态文明建设中的主导作用的同时,也注重发挥人民群众在参与生态共建中的积极性、主动性。每个人都是生态环境的建设者,全社会都是生态文明建设的推动者。

(一)参与生态共建的必要性

参与生态共建是人民主体地位确证的重要形式。人民是历史的创造者,是推动社会发展进步的决定性力量。百年来,广大人民群众在党的领导下,积极投身社会主义革命、建设和改革的伟大历程中,创造了“四个伟大成就”。人民群众正是在参与中国革命、建设和改革的实践中,彰显着人民的主体地位。在我国的社会主义制度中,人民当家作主已经落实到经济、政治等各方面的制度安排中,有效凸显和保障了人民的主体地位。

人所具有的双重属性,决定了人不仅仅是一种社会性存在,需要处理好人与人、人与社会的关系;同时决定了人还是一种自然性存在,也就是要处理好人与自然的关系。因此,人民主体地位的确证,不仅靠外在的社会政治制度安排,而且需要内在的自我确证,即在处理人与人、人与社会、人与自然的多重关系中,凸显人的价值和地位。马克思认为,作为现实的人及其活动,必须依靠自然界才能生存、生活。离开了自然界,人们什么也不能创造。他指出:“一个存在物如果在自身之外没有自己的自然界,就不是自然存在物,就不能参加自然界的生活。”②参加自然界的生活是人作为自然存在物的重要标志之一。因而,每

---

① [印]萨拉·萨卡:《生态社会主义还是生态资本主义》,张淑兰译,山东大学出版社 2008 年版,第 5 页。

② 《马克思恩格斯文集》(第 1 卷),人民出版社 2009 年版,第 210 页。

个个体都必须积极协调人与自然的关系，参与生态共建，并在共建中展示、提升人的文明程度，确证人的主体地位。人们协调好自身与自然的关系，不再是人对自然的单向的主体对客体的关系，而且还是自然作为人的客体反作用于主体的关系。即意味着，人与自然的关系是双向互动关系，人通过尊重自然、保护自然、敬畏自然维护了自然的原真性和完整性；反过来，地球生态的平衡和良好的生态环境，为满足人民对美好生活的向往创造了更为坚实的生态基础，从而更好地确认了人的主体地位。

参与生态共建还是新时代生态文明建设的必然要求。生态环境问题的复杂性及其影响均前所未有。参与生态共建与人们对生态环境问题的认识密切相关。在过去，生态环境问题仅仅被视为一般的经济问题，在治理方式和手段上也往往靠政府自上而下的环境管制和相关的经济政策。而随着我国改革开放的深入推进，生态环境问题不断暴露出来，并越来越深入地影响到经济社会的高质量发展和人民的身心健康，因此受到全社会的高度关注。就生成逻辑、后续影响、治理路径而言，生态环境问题已完全超出了经济问题的范畴，已经上升为关系党的宗旨的重大政治问题和关系民生的重大社会问题。生态环境问题可以说是一个问题的复合体。单靠政府一个主体，是难以及时、全面地履行生态环境保护的重任。因而，每一个人都应成为生态环境的保护者、建设者，同时也是生态环境的受益者，而不能成为旁观者、局外人、批评家、清谈家。

塞罕坝从茫茫荒原变成百万林海，见证了一代代塞罕坝人接续奋斗、共建美丽家园的生动实践。塞罕坝原来是水草丰美、森林覆盖率高的地方。自清朝末年到 20 世纪 50 年代，塞罕坝的原始森林消失殆尽，从美丽高岭退变为茫茫荒原。1962 年塞罕坝林场正式组建，来自全国 18 个省(区、市)的 369 名第一代创业者，在荒漠沙地开启了顶风战沙斗地的艰难过程。从创业初期开始，每年数以千计的当地百姓上坝植树。塞罕坝人一代接着一代干、撸起袖子加油干，建成了世界上面积最大的一片人工林，为保障京津冀生态安全和国家生态文明建设作出了贡献。习近平总书记曾用塞罕坝沦为荒山秃岭的历史教训告诉人们[①]，要尊重自然、顺应自然、保护自然。他对塞罕坝林场建设者事迹作出重要

① 习近平著作选读(第 1 卷)，人民出版社 2023 年版，第 433 页。

批示,充分肯定塞罕坝人创造荒原变林海的人间奇迹。正是一个个参与生态环境保护的实际行动,汇聚成了建设美丽中国的全民自觉行动。塞罕坝林场从塞上荒原到百万亩林海的人间奇迹,见证了几代塞罕坝人用生命和激情"改天换地"的奋斗历程,是习近平生态文明思想"以人民为中心"根本价值取向的生动实践。

(二)义务植树:坚持生态共建的样板

坚持生态共建,不仅需要发挥人民群众的积极性、主动性,同时还必须搭建参与生态共建的平台。近年来,生态文明制度的意见征求、生态文明建设的信息公开、环境违法的群众举报等等,政府在积极地为人民群众参与生态文明建设创造良好条件。而义务植树可以说是坚持生态共建的样板,也是解决缺林少绿的重要方式,同时也是通过为民植树增绿落实人民主体地位的重要体现。

植树造林是以人民为中心的发展思想在绿化领域的具体实践。新中国成立后,面对因战争、经济发展等造成的植被覆盖率不高、水土流失等问题,毛泽东同志高度重视造林绿化事业,发出了"绿化祖国"的号召,开启了"12 年绿化运动"。1979 年我国确定每年 3 月 12 日为全国的植树节,之后还通过了开展全民义务植树运动的决议。随着国家自上而下的引导、推动力度的加大,同时还有公众对环境问题不断凸显所带来的潜在风险的认知提升以及从环境事件当中所受到的环境教育,公众对义务植树的热情持续上升,常态化、制度化植树成为开展环境教育、参与生态共建、加强生态文明建设的重要抓手。党的十八大以来,党中央高度重视绿化工作,每年党和国家领导人都带头参与并带动全民义务植树活动。党的十八大以来,习近平总书记连续多年参加首都义务植树。截至 2021 年,全民义务植树开展 40 周年,全国适龄公民累计 175 亿人次参加义务植树,累计植树 781 亿株(含折算)①。我国已成为人工造林面积最大的国家。义务植树行动已成为参加人数、持续时长、取得成效等方面均创造了世界之最的群众性绿化活动,有效激发了大众参与生态共建的持久动力,为人民创造了良好的生产生活环境。

---

① 《175 亿人次累计义务植树 781 亿株 40 年凝聚义务植树的全民力量》,《人民日报》2021 年 12 月 14 日第 13 版。

（三）生态共建的优化：以垃圾分类为例

垃圾分类在一定意义上反映了一个城市环境治理水平，检验着一个社会的生态文明程度，同时也彰显着人的主体性地位。因而，垃圾分类看似仅仅是日常生活中的一件小事，实质上它已经成为回应群众关切、提升民生福祉的一项利国利民的大事。

随着我国经济社会的发展和城乡一体化的推进，特别是随着生态文明建设进程的加快，作为前端处理的垃圾分类越来越受到政府和全社会的广泛关注。垃圾分类作为人民参与生态共建的常态化的亲环境行为，是破解“垃圾围城”“垃圾围村”问题的重要举措，同时也是生态文明建设的重要要求和重要内容之一。它既关系到人民对良好生态环境需要的实现，又关系到美丽乡村、美丽中国甚至是美丽世界建设目标的实现。党的十八大以来，习近平总书记高度重视垃圾分类工作，非常关心垃圾分类工作的开展情况，并作出重要指示。2013 年，他在湖北考察时指出，垃圾是放错位置的资源，提出要把垃圾资源化。2016 年，他主持召开中央财经领导小组会议研究普遍推行垃圾分类制度。2018 年，他在上海考察时强调，垃圾分类工作就是新时尚。2019 年，他对垃圾分类工作作出重要指示，充分肯定垃圾分类对推动绿色发展、可持续发展的重要意义，对推行垃圾分类提出具体要求。

一般意义上的垃圾分类工作主要包括了分类投放、分类收集、分类运输和分类处置四个环节。这里探讨的垃圾分类主要是在分类投放环节。就目前垃圾分类的现状而言，普遍认为存在知行不合一的问题，即存在“高认知、低行动”矛盾或意愿与行为的悖离[①]。这种知行不合一或者说意愿与行为的悖离，主要体现在对垃圾分类的认知水平或者说分类意愿还是比较高，但是这种高认知、高意愿并未正向地带来高的分类行为。随着垃圾分类的宣传和环境教育的普及与深入，越来越多的人民群众认识到垃圾分类的重要性和紧迫性，但是当自身需要为垃圾分类付出时间、不便等成本时，其分类的行为会受到影响。因为垃圾分类意愿和行为的影响因素及其重要程度存在较大的差异性。垃圾分类意愿主要受到对环境保护的认知和态度、个体特征等因素的影响，而垃圾分类

---

① 杨雪锋：《垃圾分类：行动困境、治理逻辑与政策路径》，《治理研究》2019 年第 6 期；陈绍军、李如春：《意愿与行为的悖离：城市居民生活垃圾分类机制研究》，《中国人口、资源和环境》2015 年第 9 期。

行为则更多地受到外在环境、具体情境、便利性等因素的影响。总体而言，这种“高认知、低行动”矛盾或意愿与行为的悖离，尽管受到政府环境管制水平、宣传教育力度，以及垃圾是否在从投放到收集、运输、处理等全环节均实现分类等因素的影响，但更为重要的是还要激发人民群众参与垃圾分类的亲环境行为。

从我国垃圾分类试点的经验来看，无论是单靠政府，还是市场主导，还是技术介入，都难以完全达到垃圾分类的预期目标。因为政府或市场均存在失灵的可能。必须有多方的协同，才能更好地形成垃圾分类的合力。因而，国家在制定相关政策中，需要明确政府、市场、社会、公民等所发挥的不同作用。就政府来说，要发挥主导和引导的作用，完善相应的政策和制度安排，鼓励和推动更多的创新技术运用到垃圾分类中。作为公民，也要积极支持、参与垃圾分类，主动承担垃圾分类的社会责任、环境责任。以往那种靠经济刺激来激励、引导垃圾分类行为的做法，会受到政府财力有限、激励效果难以持久等因素的限制，而难以取得预期的目的。垃圾分类关系千家万户，需要建立政府与公民等多主体的责任共担，提升居民对垃圾分类的重要性和必要性的认识，强化他们的社会责任感和习惯养成，建立正向激励和反向惩罚相结合的机制，形成全民参与的垃圾分类制度，这个过程就是不断彰显人的主体性地位的过程。这样才能使垃圾分类达到源头减量化、资源化和无害化的效果，真正使垃圾分类成为生态惠民、生态利民、生态为民的共同事业，成为唤醒、落实人民主体地位的重要形式。

三、生态共治是推进国家治理现代化的必然要求

生态环境领域的治理是国家治理的重要内容。没有生态环境领域治理的现代化就难以有国家治理的现代化。生态共建是生态共治的基础。如果说生态共建是通过政策顶层设计、重大项目落地、大众化的生态参与等，以做加法的形式不断推进生态文明建设的话，则生态共治是通过对人民群众反映强烈的突出生态环境问题的有效整治，以做减法的形式不断推进生态文明建设。从这个意义上，生态共治的复杂性、系统性一点也不亚于生态共建，更加凸显了推进生态环境治理体系和治理能力现代化的重要性和紧迫性。因此，生态共治是推进国家治理现代化的必然要求。

(一)我国生态环境治理的历史演进

我国对生态环境治理及其内在规律的认识是随着对生态环境问题认识的不断深入而逐步深化的。新中国成立初期,面对饱受战争洗礼的“烂摊子”,逐步恢复经济社会生活秩序和发展国民经济是当时的首要课题。可以说,根本无暇顾及生态环境问题,在思想认识上也是不足的。随着全球环境运动的兴起,特别是受到参加1972年联合国人类环境会议的触动,到1973年我国才开始逐渐认识到在社会主义制度下也存在生态环境问题,并逐步将它置于国家政策层面。第一次全国环境保护会议开启了我国的环境保护行动,提出了32字方针①。这个方针明确了环境保护的顶层设计、现实路径、参与主体、根本宗旨。造福人民就此成为生态环境治理的根本出发点和落脚点。

改革开放后,我国生态环境治理的进程不断加快。1978年,全国人大专门在《宪法》中新增了环境保护的相关条款。同年,中共中央批转了国务院环境保护领导小组的《环境保护工作汇报要点》,这在我们党的历史是属于首次。1979年颁布了《中华人民共和国环境保护法(试行)》,明确了“预防为主、防治结合、综合治理”“谁污染、谁治理”等原则,为生态环境治理提供了法制化支撑。之后,一系列的法律及制度相继出台。

党的十八大以来,生态环境治理在生态文明建设和党和国家政策框架体系中的重要作用和地位更加凸显。无论是《关于全面深化改革若干重大问题的决定》《关于全面加强生态环境保护 坚决打好污染防治攻坚战》等关于生态文明建设的总体性文件,还是《关于培育环境治理和生态保护市场主体的意见》《关于构建现代环境治理体系的指导意见》等关于环境治理的专门文件,对加强环境治理制度、环境治理体系、参与全球气候治理等作出了系统部署,充分体现了党中央对环境治理的高度重视与统筹谋划。

梳理我国生态环境治理的历史演进可以发现:党的十八大以前的生态环境治理更多的是一种生态环境问题的事后被动应对,而党的十八大以来的生态环境治理则是极具前瞻性的顶层设计,并包括事前预防、事中跟踪、事后处置整套体系的综合治理。从参与治理的主体来看,从原来的政府主导逐渐扩展到多元

---

① 32字方针是指全面规划,布局合理,综合利用,化害为利,依靠群众,大家动手,保护环境,造福人民。

主体的共治，特别是通过生态环境治理的实践，更加意识到党的集中统一领导在生态环境治理中的统领作用。也从一个侧面反映，党对生态环境治理重要性的认识经历了一个不断提升的过程。从生态环境治理的制度化、体系化来看，党的十八大以前，甚至到党的十九大以前，对生态环境治理体系的构建从认识到实践上都是不够充分的。直到党的十九大才明确提出了构建环境治理体系的任务要求。2020 年印发《关于构建现代环境治理体系的指导意见》，为构建环境治理体系提供了全面的政策指引。

（二）推进生态环境治理体系和治理能力现代化

生态环境治理可以说是生态环境保护中的共性难题。如何破解生态环境治理的困境，无论是市场派还是政府派，都难以达到预期的效果。虽然通过市场化的手段来治理生态环境，似乎能提高资源配置和利用效率，但是由于受到生态环境的公共产品属性，往往无法规避负外部性的问题，最终导致市场失灵。基于市场失灵的修正，有人主张通过政府加强环境管制的方式来强化生态环境治理。然而，市场机制未能解决的问题未必政府就一定能完全解决。虽然环境保护是政府的一项基本职能，特别是在环境问题不断暴发并引发一系列连锁反应时，政府也许是被迫被推到了生态环境治理的主角位置上。当然，我们不可否认政府在生态环境治理中所发挥的重要作用，但同时我们也要看到，政府的生态环境治理能力受到“政府职权划分与环境政策执行问题、官员考核机制与政治激励结构问题、财政分税制与经济激励结构、地方政府与企业间的‘利益同盟’、环保机构政策执行能力及其异化”①等机制的制约。因而，政府也未必是万能的。不仅政府在生态环境治理中存在自身的局限性，还有企业、社会组织、公民等同样也存在自身的局限性。企业可能由于把追求经济效益放在首位，存在漠视生态环境的情况；社会组织和公民可能存在“看客”形态和“旁观者”心理，在行动上表现得不积极。因而，在生态环境治理中，没有形成整体性的合作治理机制。鉴于政府层面的角色错位和配套措施滞后、社会层面的力量薄弱和资源有限以及市场层面的企业自利性侵害环境公益性等方面的问题，有学者主张通过构建“政府—社会—市场”的合作治理模式来实现生态环境善治的价值

① 任丙强：《生态文明建设视角下的环境治理：问题、挑战与对策》，《政治学研究》2013 年第 5 期。

目标①。无论是合作治理,还是互动治理,抑或是参与式治理,都是对生态环境治理传统模式的反思,意图重构生态环境治理的机制,提升治理能力,更好地回应人民群众的关切。

习近平总书记强调:"我们要更好发挥中国特色社会主义制度的优越性,必须从各个领域推进国家治理体系和治理能力现代化。"②推进生态环境治理体系和治理能力现代化是破解生态环境治理困境的有效途径。我们党从十九大开始意识到环境治理体系的重要性,并着力构建政府、企业、社会组织和公众担负不同角色的环境治理体系。习近平总书记在2018年全国生态环境保护大会上强调,要加快建立健全以治理体系和治理能力现代化为保障的生态文明制度体系,由此提出了生态环境治理体系和治理能力现代化的重大命题。党的十九届四中全会把生态环境治理体系纳入整个国家治理体系。

治理体系和治理能力都是生态环境治理成效的影响因子。没有现代化的生态环境治理体系,就一定难以生成现代化的生态环境治理能力。反过来,有了现代化的生态环境治理体系,也未必能生成现代化的生态环境治理能力。由此可见,生态环境治理体系是基础性的保障,生态环境治理能力则取决于各治理主体能力的发挥及所形成的合力。推进生态环境治理体系和治理能力现代化必须要解决"谁来治理""如何治理""治理为了谁"等问题。其中最核心的问题就是"治理为了谁"。在社会主义制度下,党领导开展的生态环境治理必须坚持以人民为中心,也就是说为满足人民对优美生态环境需要和对美好生活的期待开展治理。

从治理的主体看,主体不仅多元,而且各主体所发挥的作用也是不同的。一是要坚持党的集中统一领导,这个是统领。从我国生态环境治理的历程来看,无论是治理体系的完善,还是各治理主体的参与,都必须在党的集中统一领导下,才能不断推进生态环境治理的各项工作,最终让人民在生态环境治理中提升生态环境获得感、幸福感和安全感。二是要强化政府主导作用。虽然政府在生态环境治理上不是也充当不了"全能王",但还是应该发挥政府的主导作

---

① 沈费伟、刘祖云:《合作治理:实现生态环境善治的路径选择》,《中州学刊》2016年第8期。
② 《习近平谈治国理政》(第1卷),外文出版社2018年版,第92页。

用。这个主要体现在:建立和完善相关的政策法规,优化相关的标准体系,制定相应的总体规划和专项计划并组织实施,提供相关基础设施和公共产品服务,做好相关的宣传教育,在防止自身失灵的同时注意防止市场的失灵等等。政府要实现从环境管制向服务型的政府转变。三是要深化企业主体作用。根据"谁污染,谁治理;谁破坏,谁恢复"原则,作为生态环境问题主要制造者的企业理应在生态环境治理中发挥主体作用。这就需要在政府的主导下,将企业追求利润的目标限定在法律规定和生态允许的范围之内,激励他们根据市场需要,积极开展技术创新,提供受市场欢迎的产品及服务。四是要发挥社会组织和公众共同参与作用。呵护地球这个大家共同的家园,需要公众的广泛参与。社会组织和公众在参与社会事务、环境治理中的作用同样不可替代。生态环境治理体系的完善,关系到各个主体能否发挥应有作用。也只有各个主体都发挥了与自身角色匹配的作用,才能形成生态环境治理的合力。

(三)我国生态环境治理的新实践

在生态环境治理体系和治理能力现代化目标的引领下,我国的生态环境治理取得了显著成效,各参与主体的作用得到较好发挥,形成了生态环境治理的合力。我国生态环境治理的新实践,为全球环境治理提供中国智慧、中国方案、中国力量。

在沙漠治理方面,库布其沙漠治理是全球荒漠化防治的成功实践和中国样板。库布其沙漠位于黄河"几"字弯、阴山山脉南的鄂尔多斯高原,是我国第七大沙漠,也是距离北京最近的沙漠,面积约为1.86万平方公里。这里曾被称为"死亡之海",也是内蒙古乃至全国沙漠化和水土流失较为严重的地区之一。其生态状况,关系到华北、西北甚至是全国的生态安全。在当地群众、政府和企业几十年的治沙努力下,治理面积达6000多平方公里,绿化面积达3200多平方公里,实现了由"沙逼人退"到"人进沙退"的历史性转变,实现了从"黄色沙漠"到"绿洲银行"的蜕变,逐步走出了一条"产业与扶贫""生态与生意"互促共赢的新路子。2014年,库布其沙漠被联合国环境署确定为"全球沙漠生态经济示范区"。

此外,在水土流失治理方面,长汀人民在实践中总结出了"党委领导、政府主导、群众主体、社会参与、多策并举、以人为本、持之以恒”[①]治理经验，使其成为中国水土流失治理的典范；在水患治理方面，习近平总书记当年在福建工作期间领导推动的木兰溪治理，已是“变害为利、造福人民”的生动实践。浙江“千万工程”、三北工程建设等，这些都成为了全球环境治理的成功典范。

在火热的生态环境治理实践中，涌现了一大批先进典型，他们用行动证明了抓生态文明建设不光要靠物质，精神也同样非常重要。焦裕禄生也沙丘，死也沙丘，带领兰考人民治沙；谷文昌把荒漠化的孤岛变成半岛，并建成了海上绿洲；八步沙林场“六老汉”敢把沙漠变绿洲；右玉人民把“不毛之地”变成了“塞上绿洲”；等等，在治理实践中形成了“右玉精神”“塞罕坝精神”等生态文明建设的精神财富，贯彻了党的领导、多方共治、市场导向、依法治理的原则，进一步完善了党委领导、政府主导、企业为主体、社会组织和公众共同参与的环境治理体系。我国以人民为中心的生态环境治理探索及实践，坚持以习近平生态文明思想为指导，是建设美丽中国的生动范本，是建设美丽世界的中国样板。

四、生态共享是实现共享发展的必然要求

虽然生态共享必须建立在生态共有、生态共建、生态共治的基础之上，但生态共有、生态共建、生态共治并不必然产生生态共享。生态共享可以为生态共建、生态共治提供目标引领和动力支撑。它是以人民为中心的发展思想能否贯通到生态文明建设上的“最后一公里”问题，是实现共享发展的必然要求。生态共享是社会主义生态文明充分彰显我国制度优越性的重要途径。

（一）何谓生态共享

共享一般是指共同享有，也就是说与他人一起分享或者共同享有某一物品或服务。在英文中，共享也含有共同分享、承担、分担等意思。从共享的层面来看，共享不限于物质层面，它还包括政治、文化、社会、生态等各个层面。其中生态共享在共享中占据重要位置。从共享的内容来说，虽然共享一般是指向结果的，即共享发展成果，同时还包括了共享发展机遇、共享发展权利、共享发展过程等。

---

① 中共中央组织部：《贯彻落实习近平新时代中国特色社会主义思想在改革发展稳定中攻坚克难案例．生态文明建设》，党建读物出版社 2019 年版，第 278 页。

共享在哲学、政治学、经济学、社会学等层面具有丰富的含义。从哲学的视角来看待共享,首要的是要解决共享中的主体问题,即“谁有资格共享”“与谁共享”的问题。根据马克思主义的人本思想,人民群众是历史的创造者,是推动历史前进的主体。因而,共享必须充分考虑覆盖人群的广泛性,坚持以人为本,努力实现人人享有。从政治学的视角来看待共享,也就是要解决共享的公平性问题,即“共享是否符合公平正义”的问题。从经济学的视角来看待共享,也就是要解决共享的经济条件问题,即“拿什么来共享”“如何实现共享”的问题。共享既不是搞平均主义、大锅饭,也不能搞“杀富济贫”,必须统筹效率与公平的关系。从时间维度来看,因受到主体自身能力、经济发展水平等方面的限制,难以做到整齐划一的同步共享。也就是说,共享必然是一个渐进式的发展过程,不可能一步到位,也不可能一蹴而就。从内容维度来看,在共享的所有领域、环节,也难以保证所有主体享受到同一水平的共享。从实现形式来看,每个人既是共享的享受者,同时也是实现共享的参与者。实现共享需要每个人的积极参与。从社会学的视角来看待共享,也就是要解决共享的民生保障问题,即“共享如何促进民生福祉”的问题。从目标维度来看,共享是实现社会公平正义的引领性要求,它承载了人民的美好期待和社会发展的正向趋势,具有激励、凝聚人心的价值作用。从底线维度来看,共享又是实现社会公平正义的底线性要求,它关系弱势群体基本民生的保障,具有弥合发展鸿沟的兜底性保障作用。因而,要把保障和改善民生摆在突出的位置,统筹发展、稳定和安全的关系,不断增进民生福祉。

马克思通过对资本主义制度下劳动异化现象的分析,深刻揭露了资本家对工人的残酷剥削,批判了资本主义制度的非人性以及资本家和工人在劳与得上的“倒挂”,打破了“共享的神话”。马克思在《1844 年经济学哲学手稿》指出:“劳动为富人生产了奇迹般的东西,但是为工人生产了赤贫。劳动生产了宫殿,但是给工人生产了棚舍。劳动生产了美,但是使工人变成畸形。劳动用机器代替了手工劳动,但是使一部分工人回到野蛮的劳动,并使另一部分工人变成机器。劳动生产了智慧,但是给工人生产了愚钝和痴呆。”①因而,在资本主义制度

---

① 《马克思恩格斯文集》(第 1 卷),人民出版社 2009 年版,第 158-159 页。

下，所有制的形式决定了谁才有资格共享，工人阶级是不可能共享哪怕是自己所创造的劳动产品和社会财富。对于工人来说，这些产品和财富都是“异己的对象”。

在马克思主义的视域中，共享首先是要以生产资料的公有制代替私有制，确保共同劳动成果归全体劳动者享受，而不是被一部分人独享。它既要注重公平性，也要坚持正义性；既要注重普惠性，又要考虑到差异性；既要注重全民性，也要关注全面性；既要注重享有性，也要坚持参与性。

生态共享是共享发展在生态文明建设领域的具体体现。它是基于良好生态环境在人类生存与发展和幸福指数提高中的特殊地位，依据生态权益和生态责任对等原则，把生态环境及其衍生的生态产品、生态服务等更多、更直接、公平地惠及全体人民。从共享区域来说，生态共享要统筹考虑区域间经济发展水平、人民生活水平、资源禀赋状况；从共享对象来说，生态共享要综合考虑不同人群、种群、民族的共享主体在生态环境上的享有程度；从共享目的来说，生态共享意在让全体人民能更多、更直接、公平地享有自然资源和良好生态环境及其带来的服务。

就生态共享与共享发展的关系来说，生态环境既是生态共享的重要内容，同时又是共享发展所依赖的根本前提。从生态环境的工具价值来说，若没有良好生态环境的支撑，不仅生态共享无法实现，共享发展也难以实现。从人的需要的满足来说，人民对良好生态环境需要的满足，可以提升人的生活质量、幸福指数和审美情趣，从而为人的积极性、主动性和创造性的发挥创造更好的条件，进而为推动全社会的共建共享汇聚更磅礴的力量。

（二）为何要生态共享

生态环境对于人的生存与发展的兜底性保障意义和良好生态环境对提升人民生活质量及层次的重要性，凸显了生态共享的必要性。正如法国空想共产主义者格拉克斯·巴贝夫所认为，大自然给予每个人“享受所有财富的同等权利”。[①] 而在我国社会主义制度下，在中国共产党领导的、人口规模巨大的世界上最大发展中国家，还必须从政治层面充分认识实现生态共享的重大意义。

---

① ［美］塞缪尔·弗莱施哈克尔：《分配正义简史》，吴万伟译，译林出版社 2010 年版，第 109 页。

首先,生态共享是社会主义生态文明的内在要求。社会主义生态文明具有突出的政治性和意识形态色彩,其根本特质就是人民性。对于生态文明来说,社会主义绝不是可有可无的修饰,而是决定了生态文明的内在规定性。正因为如此,党的十八大报告提出要走向社会主义生态文明新时代的目标,党的十九大报告进一步提出要牢固树立社会主义生态文明观的要求。党的二十大报告把坚持以人民为中心的发展思想作为前进道路上必须牢牢把握的重大原则。社会主义生态文明内在地要求坚持以人民为中心的发展思想,坚持人民至上,充分发挥社会主义制度对于人民当家作主权利和人民主体及人民主人翁地位的保障作用,从根本上规定了生态文明建设"为了谁"这个首要且重大的问题。因为在社会主义制度下,人民在政治上的平等,一方面可以充分地调动和激发人民参与生态文明建设的积极性、主动性和创造性,把生态文明建设变成人民共同的事业;另一方面,人民在共建中共享生态文明建设的成果,更好地满足他们对美好生活的向往。最终,人民在共建中共享、在共享中共建实现了生态共享,确保了生态文明建设的社会主义属性和社会主义方向。

其次,生态共享是党实现长期执政的内在要求。从人类文明的演进来看,在不同的文明时代,由于受到人的主体性彰显和现实条件的限制,人类对于生态环境的要求会有所不同。如在原始文明时代,人类期望的是能够更好地认识外在于人的神秘自然力量。在农业文明时代,人靠天吃饭,人类期待能在自然中得到基本的生活保障。而到了工业文明时代,人类已经变得利欲熏心了,自以为是地充当自然的"主人",最终导致人与自然关系的失衡。面对严峻的全球生态环境形势和国内生态文明建设所面临的挑战,作为马克思主义政党的中国共产党,对于生态文明建设有着一种政治自觉和历史主动,把生态文明建设作为关系民生福祉和民族永续发展的根本大计,自觉把生态文明写入党章、写入宪法。正是因为我们党意识到人民群众反映强烈的突出生态环境问题能否解决,不仅关系到民生的保障及改善和经济社会的健康、可持续发展,而且关系到党在人民群众中的形象和执政根基的稳固。民心是最大的政治。因而,作为马克思主义执政党,就必须把实现生态共享作为生态文明建设的目标要求,让全体人民在共建中共享,才能更好地解决党长期执政的问题。"如果不抓紧扭转生态环境恶化趋势,必将付出极其沉重的代价。"①这个代价恐怕不仅仅是经济代价、社会代价,应该还包括政治代价。因此,要站在实现党长期执政的政治高度,不断推进生态共享,保障民生福祉。

最后,实现生态共享是维护社会公平正义的内在要求。社会公平正义是促进人类发展进步的助推器,同时也是一个社会获得可持续发展的稳定器。罗尔斯把正义看作是社会制度的首要价值,认为判定法律和制度的好与坏,不能仅仅看它们是否有效率和有条理,还必须看它们是否符合正义要求,"只要它们不正义,就必须加以改造或废除"②。习近平总书记高度重视公平正义,多次强调要让人民群众切身感受到公平正义。在社会主义核心价值观中,平等、公正成为其中的重要内容。在传统的视域中,公平正义习惯性被认为是指经济领域或司法领域的公平正义。随着生态环境问题的凸显及其带来的不确定影响,生态与公平正义已紧密相连。生态环境退化往往可能引发或加剧社会不公问题,而生态环境的改善则有利于保障和增进社会的公平正义。"社会不公与环境退化的不合理源于这一事实,即它们没有为最大多数人带来最大程度的善与满足。"③因此,要给最大多数人带来最大的善,也就是让全体人民从良好生态环境中获得生态福祉,同时共同分担环境退化、环境问题等带来的环境风险和环境成本,就必须推进生态共享,并将之作为维护社会公平正义的重要内容。由此拓展了社会公平正义的生态学视域,提升了生态共享在社会公平正义中的独特价值及地位。

(三)何以实现生态共享

共享是科学社会主义的基本原则,也是社会主义的本质要求和目标引领。我们党历来高度重视让人民群众不断共享改革发展成果。党的十五大报告提出,要让人民共享经济繁荣成果。党的十六大报告提出,要不断提高人民生活水平,保证人民共享发展成果。党的十七大报告在3处提到共享,强调要让发展成果由人民共享,形成人人共享的生动局面。党的十八大报告在6处提到共

---

① 《中共中央关于党的百年奋斗重大成就和历史经验的决议》,人民出版社2021年版,第51页。

② [美]约翰·罗尔斯:《正义论》,何怀宏、何包钢、廖申白译,中国社会科学出版社1988年版(2003.10重印),第3页。

③ [英]戴维·佩珀:《现代环境主义导论》,宋玉波、朱丹琼译,格致出版社、上海人民出版社2011年版,第397页。

享，更加强调共享的机制建设，共享内容已经从发展成果拓展到安全、精神等领域。党的十八届五中全会首次提出共享发展的理念。党的十九大报告进一步把共享理念拓展到社会治理、全球治理等领域。党的二十大报告中再次强调，我们的发展要为了人民、依靠人民，最终让人民共享发展成果。梳理我们党对共享的认识历程可以发现，共享理念在治国理政中的重要性和地位越来越凸显，其内容从最初的经济领域的共享逐步拓展到社会、文化、全球治理等领域。

在生态文明建设的实践中，推进生态共享应坚持以下原则：一是坚持全民共享。习近平总书记强调："国家建设是全体人民共同的事业，国家发展过程也是全体人民共享成果的过程。"①生态文明建设的过程也应该成为全民共享的过程，不因年龄、民族、种族、性别、职业、家庭出身、宗教信仰、教育程度、收入水平等不同而受到区别对待，把生态享有作为保障生存权和发展权等基本人权的重要内容。只有这样，才能充分发挥人民的主体性参与生态文明建设，共享良好生态环境这个共有财富。二是坚持共建共享。良好生态环境是实现生态共享的前提和基础。失去这一基础，生态共享只能沦为空想。实现生态共享，是等不来、也等不到的，必须要党和国家、社会和公众等各方面都积极参与生态文明建设。共建是共享的前提，并为共享创造良好的条件。三是坚持渐进共享。生态共享是一个渐进式的过程，绝非意味着所有人同时、同一、同质、同量的共享，这也是不可能做到的。因此，在推进生态共享的过程，必须坚持因时、因地施策，既坚持宏观的政策指导，又坚持符合实际的操作，切忌脱离实际。

生态共享的实现，不是一个单纯的社会问题或者经济问题，而是涉及政治、经济、社会、文化等方面的复合型问题。它的实现，有赖于合理的社会制度安排、有效的治理能力、科学的共享机制等。有学者认为，共享追求在环境领域内的实现主要面临四大突出困境：生态利益失衡现象频发、基于正义的社会制度保障有待完善、生态共享的协调机制尚未形成、环境法治建设有待深入。② 罗健等认为，我国实现生态共享在思想理念、利益导向、制度保障、力量集聚、经验示

---

① 中共中央文献研究室：《习近平关于全面建成小康社会论述摘编》，中央文献出版社 2016 年版，第 149 页。

② 王英伟、孙新：《生态共享的理论意蕴及其实践指向》，《思想教育研究》2020 年第 11 期。

范等方面尚存在诸多制约因素。[①] 实现生态共享,要在做大增量、做优存量、做好减量上下功夫。

实现生态共享,首先要看生态环境、生态产品、生态服务的供给能力。自然保护地是良好生态环境的主要承载地,在维护国家生态安全中处于首要地位。建立自然保护地体系是实现生态共享的重要制度保障,有利于更好地满足人民群众对优美生态环境、优良生态产品、优质生态服务的需要。国家公园在自然保护地体系中处于主体地位。2021 年,中国宣布正式设立三江源、大熊猫等 5 个第一批国家公园,涉及 10 个省份,保护面积达 23 万平方公里,涵盖近 30%的陆域国家重点保护野生动植物种类。[②] 从 2013 年提出建立国家公园体制,再到 2015 年试点建立国家公园,再到 2021 年正式设立国家公园,我国国家公园建设紧紧围绕生态文明和美丽中国建设,坚持保护优先,通过保持自然生态系统的原真性和完整性,扩大了优美生态环境、优良生态产品、优质生态服务的总量,探索出了一条保护与发展、共建与共享相结合的全民共享路子。

生态保护补偿不仅是完善生态文明制度体系、加强生态文明建设的重要之举,同时也是推进生态共享的内在要求。在推进生态共享中的一个现实问题是如何在生态保护者与受益者之间的生态共享,规避生态保护中的"搭便车"现象。我国生态环境资源的区域分布、经济发展水平的地区差异均不均衡。习近平总书记对青藏高原、祁连山、贺兰山、长江流域、黄河流域等地的生态保护高度重视,强调"如果盲目开发造成破坏,今后花多少钱也补不回来"[③]。因此,必须完善生态保护补偿机制,加大生态补偿力度,在开发资源的同时必须惠及当地,实现生态保护者和受益者良性互动。党的十八大以来,以习近平同志为核心的党中央不断推进生态保护补偿机制完善、深化生态保护补偿制度改革,为实现生态共享打下了扎实的基础。2018 年,国务院机构改革进一步理顺了生态文明建设管理体制,较好地破解了管理多元化、政策碎片化等问题。从《关于健

---

① 罗健、梁德友:《生态共享:习近平共享发展理念的逻辑要求及实现理路》,《广西师范大学学报(哲学社会科学版)》2019 年第 2 期。

② 《首批国家公园正式设立 涉及 10 省份,保护面积达 23 万平方公里》,《人民日报》2021 年 10 月 13 日第 06 版。

③ 习近平:《论坚持人与自然和谐共生》,中央文献出版社 2022 年版,第 83、80 页。

全生态保护补偿机制的意见》，到《关于加快建立流域上下游横向生态保护补偿机制的指导意见》，再到《关于深化生态保护补偿制度改革的意见》，我国生态保护补偿从范围偏小、标准偏低实现了向补偿方式更加多元、补偿资金更有保障、补偿机制更加完善、补偿约束更加硬化的转变，真正实现受益与补偿相对应、享受补偿权利和履行保护义务相匹配，使生态保护者获得收益，形成生态环境保护的良性循环。

实现生态共享，还要聚焦群众反映强烈的突出环境问题，扎实推进生态环境治理。群众反映强烈的突出环境问题如得不到及时治理，不仅影响人民群众生态共享的实现，而且还影响到人民群众基本生态民生的保障。党的十八大以来，以习近平同志为核心的党中央，胸怀“国之大者”，持续深入推进三大污染防治攻坚战，以动真碰硬的精神开展了覆盖 31 个省（区、市）和新疆生产建设兵团的两轮中央生态环境保护督察，改革完善干部考核评价制度，算好领导干部的“生态账”，强化领导干部生态环境损害责任追究，对生态环境治理综合施策，推动美丽中国建设迈出重大步伐，守住了蓝天碧水净土。从“光头山”到“绿满山”，从“黑臭河”到“生态河”，从荒漠到林海，从“沙进人退”到“人进沙退”……我国生态环境质量显著提升，天更蓝、山更绿、水更清、环境更优美，这些都为实现全体人民的生态共享减少了外在的干扰和不利的影响。我国生态环境治理的一次又一次的实践，为实现生态共享创造了良好的生态条件。

第四节　国内与国际的关系：突出共享导向

共享是社会主义的本质要求。新时代生态文明建设坚持把建设美丽中国转化为全体人民自觉行动，坚持共谋全球生态文明建设，在国内和国际关系维度上坚持共享导向，贯彻“坚持胸怀天下”这一习近平新时代中国特色社会主义思想的世界观和方法论。具体表现在：建设美丽乡村推动全域共享，建设美丽中国推动全民共享，建设美丽世界推动全球共享。

一、建设美丽乡村推动全域共享

党的二十大报告把全面推进包括生态振兴在内的乡村振兴作为加快构建

新发展格局、着力推动高质量发展的重要任务。2023 年 1 月发布的《新时代的中国绿色发展》把绿色发展作为助推乡村振兴的新引擎。2023 年中央一号文件又把“建设宜居宜业和美乡村”作为全面建设社会主义现代化国家的内在要求。这些战略部署，更加凸显了建设美丽乡村的战略地位和时代价值。当前，“城乡发展不平衡、乡村发展不充分仍是社会主要矛盾的集中体现”①。

在马克思主义的视域中，资本主义的工业社会造成了城乡之间的分离与对立，这不仅不利于人的自由全面发展，而且也妨碍了共同体的构建。习近平总书记早在浙江工作期间就强调：“发展要城乡协调。”②在社会主义的中国，乡村与城市都是经济社会发展和人口承载的主要空间载体。从历史来看，农村为中国革命、建设和改革事业作出了独特的贡献。如在新民主主义革命时期，红色政权建在农村，农村包围城市的革命道路是被实践证明的唯一正确道路，可以说，没有农村革命根据地的发展和农民的支持，就难以有中国革命的胜利。进入新时代，美丽中国建设不能落下乡村，美丽中国不能缺少美丽乡村。反过来说，没有乡村的美丽，就难以称得上中国美丽、美丽中国。因此，社会主义生态文明必须涵盖广大的农村地区，推动包括农村在内的全域共享，共享生态文明发展成果。

（一）建设美丽乡村的出场逻辑

曾几何时，环境污染只是专属于城市的“病”。因为城市有限的土地、空间超负荷地承载了大规模的人口、繁忙的工业生产，特别是工业生产排放的废水、废气、废渣等对城市的环境空间造成了严重污染。因此，城市的环境问题最先进入政府的重要议事日程。在一定时期，城市环境问题似乎就是环境保护工作的全部。而曾经一段时间内，由于农村环境污染程度相对较低，农村环境问题未得到应有的重视。

中国的城乡结构具有典型的二元特征。城乡之间在环境保护上的差距就是一个例证。改革开放以来，“三农”工作在党和国家全局中的重要地位不断凸显，农业和农村经济获得快速发展，农民收入水平和生活水平也得到进一步提

① 《党的二十大报告辅导读本》编写组：《党的二十大报告辅导读本》，人民出版社 2022 年版，第 104 页。

② 习近平：《之江新语》，浙江人民出版社 2007 年版，第 116 页。

升。与此同时，农村经济社会发展和农业生产中暴露出来的环境问题，已经不仅影响到“三农”工作的推进，而且还对全国的经济社会发展和生态文明建设造成不利影响。

首先，农业面源污染形势严峻。从化肥施用情况来看，我国以占世界16%的粮食产量消耗了占世界31%的化肥用量。过量、低效的化肥施用，不仅影响了土壤的营养平衡，而且还会造成水体污染。从农药施用情况来看，2016年农药施用量比2005年增长了19.2%，但是被植物正常吸收的只有1/3左右，造成农产品有害物质超标、环境污染、有机肥减少等问题，严重威胁“舌尖上的安全”和人民的生命健康。从地膜的使用情况来看，存在使用量大、回收利用率不高的问题。2016年的使用量比2005年增长了47.7%。截至2016年，全国农膜回收利用率不足2/3。地膜残余成为流动的“白色污染”，或留在土壤中，破坏土壤结构，影响作物生长。①

其次，农村生活污染未得到有效治理。农村生活污染也是农村环境问题的主要来源之一。由于农村生活水平的提高，生活垃圾的排放量也在增长，再加上处理率仍然有待提高，对生态环境造成了较大的污染。处理方式多为集中填埋或简单堆放，甚至是简单的露天堆积，容易造成二次污染。特别是难以应对农村消费城市化后生活垃圾的多样化、复杂化状况。在农村生活污水处理方面，仍然存在污染处理设施不足、水体污染等问题，与建设美丽乡村的要求、农民对美好生活的期待相比，仍然存在较大的差距。此外，还有农村传统的厕所粪污、农村居民散煤燃烧等，也带来了环境污染问题。

最后，“散乱污”企业带来的环境污染问题不可小觑。“散乱污”企业大多地处农村与城乡接合部，位置分散而隐蔽，分布不符合产业布局规划，也不在工业聚集区。他们大多都是无证无照、证照不全、违法建设、违规经营。由于所处城乡接合部容易逃脱环保部门的监管或者在监管上容易存在互相推诿的问题，位置分散、不在工业聚集区，难以实现有效治理。2017年京津冀及周边地区发现“散乱污”企业集群398个，一处“散乱污”企业集群聚集企业达600多家。②

---

① 相关数据参见陆浩、李干杰：《中国环境保护：形势与对策》，中国环境出版集团2018年版，第59-60页。

② 陆浩、李干杰：《中国环境保护：形势与对策》，中国环境出版集团2018年版，第46-47页。

这些企业既给农村带来严重的环境污染,同时也影响城市的生态环境。

(二)建设美丽乡村的重大意义

虽然从全国的经济总量来看,农村所占比例不大,但是从现实来看,农村是农业的承载地,是主要粮食及农产品的供应地,还是生态功能的重要涵养区。生态是农村的最大优势、最响品牌、最美风景线。可以说,没有良好生态作基础的农业是难以有市场的,没有良好生态作基础的农村是难以宜居的,没有良好生态相伴的农民是难以幸福的。根据2022年国民经济和社会发展统计公报,我国农村人口49104万,占总人口的比重为34.8%。在"三农"问题成为关系大局的重大问题的背景下,建设美丽乡村具有重大而深远的意义。

其一,建设美丽乡村,有利于实现我国城乡间的融合发展。乡村是社会主义制度优越性的重要承载空间。消灭城乡对立是空想社会主义者关于未来社会的积极的主张,也是马克思、恩格斯关于共产主义社会设想的重要内容。马克思、恩格斯认为,城乡之间的分离与对立贯穿于文明的全部历史一直到资本主义文明时代的"私有制的范围内"。一个民族内部的分工首先是表现在农业劳动与工商业劳动的分离,由此造成了城乡之间的分离与对立。分离后,城市集中了人口、生产工具、资本和需求等要素,而乡村则变得隔绝和分散。随着生产力水平的不断提高,旧的分工将消除,特别是只有废除私有制,才能消除城乡之间的对立,实现城乡的融合发展,进而为全体人的全面发展、构建共产主义联合体创造必要条件。因为,"消灭城乡之间的对立,是共同体的首要条件之一"。[①] 只有消除了城乡之间的对立,才能具备成为最先进国家的条件。总之,在马克思、恩格斯看来,消除城乡之间的对立是建立在消灭私有制的基础之上的。城乡之间融合的过程,不仅是消除旧的分工及其对人的异化、实现全体人的全面发展的过程,同时也应该成为城乡提升生态文明的过程,进而为实现共产主义创造良好的生态条件。

其二,建设美丽乡村,有利于党领导推动新时代农村工作实现新跨越。加强党对农村工作的领导是加强党的全面领导的重要内容及要求。从中央一号文件的主题来看,从农业基础设施建设到农业科技创新,从农村改革到农业农

---

① 《马克思恩格斯文集》(第1卷),人民出版社2009年版,第557页。

村的现代化,“三农”工作的重心也随着经济社会发展和时代发展在不断地拓展。“美丽”是建设美丽乡村区别于以往其他乡村建设计划的重要标志。习近平总书记多次强调,中国要美,农村必美。无论是从前者对后者在空间上的包含关系来看,还是从后者对前者在环境上的承载来看,没有农村的美,就不可能有中国的美。早在2008年,浙江省安吉县就提出“中国美丽乡村”计划。2013年,中央一号文件首次提出建设美丽乡村的奋斗目标,把推进农村生态文明建设作为改进农村公共服务机制和推进城乡公共资源均衡配置的重要举措。2015年发布了以安吉为蓝本的《美丽乡村建设指南》,回答了什么是美丽乡村、如何建美丽乡村等问题,从此确立了美丽乡村建设的“国标”。2022年12月,习近平总书记在中央农村工作会议上的重要讲话中,站在全面建成社会主义现代化强国的高度谋划全面推进乡村振兴,强调建设宜居宜业和美乡村是农业强国的应有之义。在生态文明建设的大背景下,美丽成为新时代推进农村工作的方向指引和关键着力点,是党领导农村工作历史积累基础上实现新跨越的必然要求。

其三,建设美丽乡村,有利于推进美丽中国建设。立足国内,推进美丽中国建设,必须统筹考虑不同地区、不同区域、不同人口的生态环境状况,考虑不同的经济发展水平、生活习惯,特别是要统筹农村的生态文明建设。从现实的角度来看,无论是从夯实实现中华民族伟大复兴的生态基础来看,还是从建设美丽中国的短板弱项来看,农村的生态文明建设都是重点工作。在乡村振兴战略的总要求中,生态宜居处于重要的位置。它比村容整洁有着更高、更全面的生态要求。在实施乡村振兴战略的目标任务中,对生态环境方面也提出了明确的要求。如果说生态宜居是客体即生态环境要素对主体即农民生活的满足程度及层次的状态性表述的话,那么生态振兴则强调客体即生态环境要素对包括农业生产、农村发展、农民生活等全方位、全过程满足程度及层次的价值性表述。从生态宜居到生态振兴,可以说更加看重生态环境要素在农业及乡村发展、农民“三感”提升等方面的关键地位和作用。农村的生态文明建设必须与国家生态文明建设总体部署相配套,不能掉队。因而,只有把建设美丽乡村、推进乡村生态振兴作为国家生态文明建设的重要组成部分,夯实农村生态文明建设的基础,才能确保美丽中国建设取得更加明显的实质性成效。

(三)建设美丽乡村的内在要求

农村是主要农产品的产区,也是城镇居民休闲娱乐的后花园。农村环境关系到米袋子、菜篮子、水缸子和后花园的保障问题。党的十八大以来,党中央对农村生态文明建设给予了更大的支持力度,推动农村生态文明建设取得许多成效。但是与党中央对建设美丽乡村、推进乡村生态振兴的目标相比,与广大农民对于新时代美好生活的需要相比,与推动农业农村高质量发展的要求相比,仍然存在不小的差距。为此,必须坚持党对生态文明建设的全面领导、生态兴则文明兴、人与自然和谐共生等原则要求,以更大力度、更实举措推进农村的生态文明建设。

一是加强顶层设计。科学规划与分类引导是美丽乡村建设浙江探索的首要经验,[①]同时也是中国美丽乡村建设必须遵循的重要原则之一。2023 年中央一号文件把加强村庄规划建设作为推进宜居宜业和美乡村建设的首要任务。习近平总书记多次强调,搞新农村建设必须要立足农村实际,遵循乡村发展规律,“充分体现农村特点,注意乡土味道,保留乡村风貌,留得住青山绿水,记得住乡愁”[②]。如果盲目照搬城市建设那一套,把农村具有乡土味道的房子、乡情、景观等去掉了,农村将既不像城市,又不像农村。可以说,没有乡愁的农村,难以称得上美丽乡村,更难以谈得上乡村振兴。所以,农村生态文明建设必须加强顶层设计,既做到与全国生态文明建设的同步,又结合农村的特点,特别是与巩固脱贫攻坚成果、推进乡村振兴等战略任务结合起来,因时因地因势制定针对性举措,真正让农村生态文明建设更好推动农业农村的高质量发展和农民的幸福宜居。

二是在污染源头上做减法。2022 年,生态环境部等六部门印发了《农业农村污染治理攻坚战行动方案(2021—2025 年)》,对农村人居环境整治、农业面源污染防治作出部署。农村生态环境的改善,必须在污染的源头上做文章,重点抓好农业面源污染、生活污染、工业污染的减量化和无害化处置。习近平总

---

① 沈满洪、谢慧明等:《生态文明建设:浙江的探索与实践》,中国社会科学出版社 2018 年版,第 185 页。

② 中共中央文献研究室:《习近平关于社会主义生态文明建设论述摘编》,中央文献出版社 2017 年版,第 61 页。

书记对控制农业面源污染高度重视,把它看作是一件利国利民利长远的大好事。我国每年养殖猪、牛、羊、家禽所产生的大量粪污,成为农村面源污染的主要来源。如果未得到及时有效的处置,不仅会污染环境,还会影响到居民的正常生活。推进畜禽养殖废弃物的资源化,坚持绿色发展,通过市场激励、政策倾斜等措施,引导企业、居民等积极将其作为农村能源和有机肥料的重要资源加以利用。同时,做好农村改水改厕,加强农村黑臭水体整治,推进农村垃圾、生活污水的集中处理、综合治理。特别是要防止发达地区或发达城市的一些淘汰落后产能,借产业转移实施污染下乡。

三是转变农村传统的生产生活方式。传统的农村生产生活方式延续了几千年,形成了独特的农耕文化。但是改革开放的深入推进,一些城市的消费方式也开始辐射到农村,出现了农村消费的城市化现象。在农业生产上,乡村自然环境的改变和整个大的生态系统的变化,给农业生产增加了更多的自然风险性,在通过施用农药保护作物的同时,造成农药残留超标,带来农产品安全问题。从生态维度来看,农村户厕问题整改有待深入推进,农村人居环境整治仍有提升空间。随着生态文明建设的深入推进和社会主要矛盾的转变,原生态的绿色产品越来越受到市场热捧,秀丽的生态乡村也越来越受到游客的青睐,为转变农村传统的生产生活方式提供了有效激励。具有乡村特色的农家民宿越来越成为城里人的网红打卡地。乡村游、红色研学、劳动教育实践等旅游新业态,在带动农村脱贫走向致富的同时,也加速了传统生产生活方式的转变。

二、建设美丽中国推动全民共享

从概念的提出来看,美丽中国的提出早于美丽乡村。如果美丽乡村是美丽中国的缩小版的话,那么对于美丽中国建设来说,将在时空维度上更具挑战性、复杂性。美丽中国命题的提出,从侧面反映了我国生态环境形势的严峻性、加强生态文明建设的紧迫性。从历史的维度来看,华夏大地是中华民族繁衍生息的沃土。在这片土地上创造了辉煌、灿烂的中华文明,为人类社会的文明进步作出了重要贡献。新中国成立以来,特别是改革开放以来,我国在经济社会快速发展的同时,也遭遇了资源环境的极限和环境问题的“烦恼”,既大大影响到我国经济社会的高质量发展和人民生活的幸福指数,同时也影响了我国在国际上的形象。从两种意识形态和两种制度的较量来看，一些西方学者总是戴着有色眼镜，不断唱衰社会主义中国，宣称无论是资本主义还是社会主义，其背后都受到工业主义的驱使。

基于此，党的十八大提出建设美丽中国的目标。习近平总书记在2023年全国生态环境保护大会上强调："把建设美丽中国摆在强国建设、民族复兴的突出位置。"①党的二十届三中全会通过的《中共中央关于进一步全面深化改革 推进中国式现代化的决定》强调："聚焦建设美丽中国，加快经济社会发展全面绿色转型，健全生态环境治理体系，推进生态优先、节约集约、绿色低碳发展，促进人与自然和谐共生。"②美丽中国是生态文明的诗情画意式表达，蕴含深厚的生态文明底蕴，承载着全民共享生态文明成果的良好期待。

（一）建设美丽中国的出场逻辑

中国延续了数千年的自给自足的小农经济，创造了灿烂的农耕文明。虽然当时的农业生产率较低，但是在人与自然的关系上保持了良好的生态可持续性。虽然也可能存在对自然生态的破坏，但是这种破坏都是在可控的限度之内，文明与自然生态之间保持了合理的张力。但是，随着经济社会的发展和人口的繁殖，这种文明必然会被生产力水平更高的新文明所替代。虽然在新中国成立后，在经济发展的过程中也暴露出一些环境问题，但是环境问题的严重程度、影响范围等都无法与改革开放以来，特别是21世纪的第一个十年相比。

党的十八大把生态文明建设摆上了更加突出的位置，开启了从发展优先向发展和保护并重的转向。特别是在面对国内外高度关注中国雾霾问题的挑战与压力面前，我国政府以更大力度、更严举措、更快行动治霾、治污，充分展示了推进生态文明建设的决心与意志。

首先，建设美丽中国是严峻环境形势倒逼的必然要求。我国在生态环境方面的大量欠账，如不及时补齐，将会付出更大的代价，显然以消耗资源、污染环境为代价的老路是走不通的。根据《2012年中国环境状况公报》：从淡水环境

① 《习近平在全国生态环境保护大会上强调 全面推进美丽中国建设 加快推进人与自然和谐共生的现代化》，《人民日报》2023年07月19日第01版。

② 《中共中央关于进一步全面深化改革 推进中国式现代化的决定》，《人民日报》2024年07月22日第01版。

来看，长江、黄河等十大流域的国控断面中，Ⅳ～Ⅴ类和劣Ⅴ类水质断面比例分别为20.9%和10.2%；62个国控重点湖泊（水库）中，Ⅳ～Ⅴ类和劣Ⅴ类水质的湖泊（水库）比例分别为27.4%和11.3%；在全国198个地市级行政区开展的地下水水质监测中，综合评价结果为水质呈极差级的监测点826个，占16.8%。这些突出的环境问题如不及时整治，将进一步危及人民正常的生产生活，影响经济社会的可持续发展。

其次，建设美丽中国是让人民共享最普惠民生福祉的必然要求。能否保住良好的生态环境，关系到生态环境这一最公平公共产品的供给，关系到生态环境这一最普惠民生福祉的实现。生态环境问题不仅是关系经济社会能否绿色、可持续发展的经济问题，而且还是关系到人民群众能否实现幸福生活的民生问题；它不仅影响着党领导人民治国理政的成效，而且影响到党实现长期执政的群众基础。中国共产党始终为人民而生、因人民而兴，必须重视并不断解决人民群众反映强烈的突出生态环境问题，满足他们对良好生态和美好生活的新期待。我国经济社会发展过程中在生态环境上的“欠账”，越来越成为人民群众反映强烈的突出问题，成为民生之患、民心之痛。中国共产党人必须要有“还账”的博大胸怀和坚定意志，顺应人民群众对享受良好生态、实现美好生活的期待，真正把环境就是民生落到实处。

最后，建设美丽中国是构建良好国际形象的必然要求。改革开放以来，中国在日益走向世界的同时，越来越成为国际社会关注的焦点。中国超大规模的人口、超大的国内市场、中国共产党的领导、坚持走社会主义道路等因素融合在一起，使得中国模式受到越来越广泛的关注。在环境保护和生态文明建设上也是如此。在经济快速发展、经济起飞的过程中，由于受到经济发展水平、技术创新、东中西部发展不平衡等因素的影响，我国消耗了比世界平均值更高的能源资源，造成了不可忽视的环境问题。“2012年以占世界11.6%的GDP，消耗了世界45%的钢铁、21.3%的能源和60%的水泥。”①特别是2012年起中国部分省市陆续暴发了雾霾问题，西方发达国家据此纷纷指责中国为“污染大户”，无视中国的基本国情，大肆渲染“中国环境威胁论”，对我国大打“环境牌”，夸大中

---

① 王毅、苏利阳等：《绿色发展改变中国：如何看中国生态文明建设》，外文出版社2019年版，第13页。

国经济发展对全球生态环境造成的破坏性影响，在应对全球环境危机上甩锅中国，严重损害了中国的国际形象。为此，党的十八大以来，我们党提出并不断推进美丽中国建设，承载了扭转“污染大户”帽子、构建良好国际形象的历史使命。

（二）建设美丽中国的重大意义

建设美丽中国既是回应人民群众对良好生态环境重大关切的顺势而为，又是我国经济社会发展到新阶段的借势而进，还是顺应人类文明发展大势的造势而起，还是以中国式现代化全面推进中华民族伟大复兴的乘势而上。建设美丽中国，对于中国共产党实现长期执政、坚持和发展中国特色社会主义等都具有重大意义。

第一，建设美丽中国成为中国共产党不断夯实执政根基、实现长期执政、巩固执政优势的重要举措。回顾我们党自 1921 年走过的百年辉煌历程，我们党肩负起实现中华民族伟大复兴的历史使命，将统筹人与自然的关系纳入党领导的伟大社会革命中，履行推进环境保护和生态文明建设的政治责任。在推进环境保护和生态文明建设的过程中，我们党的执政理念得到“绿化”，执政内容进一步优化，执政基础得到强化。在执政理念方面，从原来仅仅把环境保护问题单纯看作是经济问题，再到将其看作是涉及经济、社会、文化等各层面的复合性问题。在新时代，我们党把生态环境视为关系党的使命宗旨的重大政治问题，把生态文明建设视为关乎民族永续发展的根本大计，实现了执政理念的“绿化”。在执政内容方面，从原来单纯注重经济发展问题，再到把生态文明建设融入经济社会发展各方面和全过程，推动涵盖了生态文明建设要素及要求的高质量发展成为党执政的重要内容。在执政基础方面，从原来打江山，让老百姓吃饱饭、穿暖衣，过上安居的稳定生活；到坐江山，让老百姓不仅吃饱，而且吃好，享受绿水青山的生态之美和金山银山的发展之美，过上宜居的幸福生活。建设美丽中国顺应了人民群众从“求生存”到“求生态”的转变，使党的执政基础得到进一步稳固。

第二，建设美丽中国为坚持和发展中国特色社会主义，更全面、持久地展示社会主义制度优越性提供了方法路径。党的十八大以来，我国大力推进美丽中国建设。党的十九大立足新时代谋划美丽中国建设，确立了美丽中国建设的“时间表”“路线图”，推动美丽中国建设进入新的战略高度。党的二十大报告对美丽中国建设作出新部署。习近平总书记在庆祝中国共产党成立100周年大会上强调，要把中国美丽与人民富裕、国家强盛并列为协同推进的三大目标，把美丽中国建设的重要性提升到了前所未有的高度。这三大目标都是中国特色社会主义制度优越性的重要表征。没有人民富裕、国家强盛，就难以展示社会主义制度的巨大优越性。但是，没有中国美丽作基础的人民富裕、国家强盛是难以持久的，也难以全面、持久地展示社会主义制度的巨大优越性。

第三，建设美丽中国为发展中国家统筹经济社会发展与生态文明建设、走出经济社会发展与环境保护的"双重"困境、实现人与自然和谐共生的现代化提供了"样本"参考。我国作为世界上人口最多的最大发展中国家，以新发展理念引领经济高质量发展、推进生态文明建设的实践，无疑具有世界性影响和历史性意义。中国在探索社会主义现代化的过程中，既没有像西方发达国家那样以掠夺他国资源、污染产业转移、垃圾出口等方式来转嫁环境灾难，也没有膜拜西方现代化的"神话"，走先污染后治理的老路，而是立足中国国情和具体实际，坚持走人与自然和谐共生的中国式现代化道路，以人类命运共同体理念推动全球的共享发展。可以说，中国的生态文明建设之路是人与自然、经济社会与生态系统的共赢之路，同时也是中国与世界的共赢之路。当前，发展中国家普遍面临着推动经济发展的转型升级、实现人民对美好生活的迫切期待等现实任务，希望在加快发展的同时又能够保持生态系统的完整与平衡。然而现实是，他们要么是发展了经济却污染了环境，要么守着生态过穷苦日子。中国的实践，为发展中国家走出"双重"困境、实现"双赢"提供了借鉴与启示。绿水青山就是金山银山、构建人类命运共同体等中国理念，浙江安吉的美丽乡村建设、塞罕坝从荒漠到林海的华丽转变等中国案例，完全可以为发展中国家乃至全球的生态文明建设提供中国智慧和中国方案。

（三）建设美丽中国的内在要求

建设美丽中国，既是我国生态文明建设的目标引领，又是我国生态文明建设的成果展示。2012年在广东考察工作时，习近平总书记就加强生态文明建设强调，要"给子孙后代留下一个天蓝、地绿、水净的美好家园"。[①] 此后在多个场

① 习近平：《论坚持人与自然和谐共生》，中央文献出版社2022年版，第24页。

合,他强调要建设天蓝、地绿、水清的美丽中国。在对河北塞罕坝林场建设者事迹作出的指示中,进一步提出“天更蓝、山更绿、水更清”的要求。党的十八大以来,在习近平生态文明思想的指引下,我国按照天蓝、地绿、水清目标要求,坚决对污染宣战,不断推进美丽中国建设,“我们的祖国天更蓝、山更绿、水更清”①。建设美丽中国,必须坚持党对生态文明建设的全面领导,以绿色发展为引领,坚持绿水青山就是金山银山,以生态兴则文明兴的历史眼光,以人与自然是生命共同体的系统思维,以更高标准打好蓝天、碧水、净土保卫战,为实现全民共享良好生态环境创造条件。

第一,以更高标准打好蓝天保卫战,建设天更蓝的美丽中国。清新空气是人生存与发展的基本生态要素,也是判定生态环境好坏的重要依据之一。随着经济社会的快速发展,我国的大气污染防治形势也在逐步凸显。特别是随着中国对外开放和国际交流的深入,我国自 2008 年起先后承办了北京冬奥会、上海世博会、AEPC 会议等一系列的重要国际会议或活动,空气质量问题受到国际社会的广泛关注。特别是 2012 年以来连续多发、席卷大半个中国的雾霾,更是关乎国人健康、国家发展以及国际形象。铁腕治霾、保卫蓝天,势在必行、民心所盼。一是加强大气环境保护的制度及法治建设。2012 年,我国将 PM2. 5 浓度限值纳入最新颁发的环境空气质量标准。同年,发布了第一个大气污染综合防治规划。出台了《大气污染防治行动计划》《大气污染防治行动计划实施情况考核办法(试行)》《大气污染防治法》等一系列制度,为打赢蓝天保卫战提供了坚实的制度和法治保障。二是强化环境监测数据监管。环境监测数据的真实与否,不仅关系到环境政策制定的科学性和环境治理的精准性,而且还关系到政府的公信力和权威性。在实现所有地级市监测全覆盖并实时公开监测数据的基础上,制定了《环境监测数据弄虚作假行为判定及处理方法》《环境监测质量管理规定》,严肃处理了环境监测数据造假案件,对故意篡改、伪造或指使篡改、伪造等行为实施惩戒,形成强大震慑作用。三是强化大气污染督察行动。环境督察是推动环境政策落实落地的有效方式。正是外在的强有力的干预,才能有力督促地方政府切实扛起治霾的责任,让蓝天重新回来。

---

① 《党的二十大报告辅导读本》编写组:《党的二十大报告辅导读本》,人民出版社 2022 年版,第 10 页。

第二，以更高标准打好碧水保卫战，建设水更清的美丽中国。水是生命之源，是工农业生产的重要原料，是生态系统不可或缺的组成部分。长期以来，水被认为是取之不尽、用之不竭的。水在经济社会发展和人们日常生活中的应有价值未得到足够的重视。突发的环境事件、工业生产废水排放、农业面源污染等影响了水环境质量和水生态安全，影响并将损害群众的生命健康，制约经济社会的发展，进而也影响整个国家的国家安全。习近平总书记高度关注大江大河的流域保护问题，特别是格外关注“病得不轻”的长江和“体弱多病，水患频繁”的黄河，提出要“共抓大保护、不搞大开发”，推动长江经济带发展、黄河流域生态保护和高质量发展上升为重大国家战略，推动长江、黄河的生态修复与综合治理，实现流域的绿色转型与高质量发展。河长制、湖长制等在全国推开，推动河湖面貌发生历史性改变。此外，坚持统筹上下游、左右岸、干支流、城市和乡村的关系，系统推进城乡黑臭水体治理。

第三，以更高标准打好净土保卫战，建设地更绿的美丽中国。习近平总书记针对所看到的材料，“全国有约百分之十九点四的耕地受到污染，其中中度和重度污染的占百分之二点九”，强调“土地是农产品生长的载体和母体”[①]，要重视耕地污染、重金属污染的问题，重视土壤安全问题。根据全国首次土壤污染状况调查结果显示：全国土壤总的超标率为16.1%。[②] 为此，我国印发了《土壤污染防治行动计划》。如果说治理土壤污染、提升土壤环境质量是做“减法”的话，那加强自然保护地建设、植被修复和植树造林则是为增绿做“加法”。植树造林是实现地绿的重要途径之一。森林充当了水库、钱库、粮库、碳库的作用，它对于国家生态安全和人类经济社会的可持续发展具有基础性、战略性和长远性的地位和作用。从1981年开展义务植树以来，参与义务植树已经成为践行“两山论”、建设美丽中国的重要体现。我国已经成为全球森林资源增长最多和人工造林面积最大的国家，中国的“绿色奇迹”“绿色接力”见证美丽中国建设的成效，改写了世界“绿色版图”。同时设立国家公园，不断夯实美丽中国的生态基础。地更绿的美丽中国正在逐步呈现。

---

① 中共中央文献研究室：《习近平关于社会主义生态文明建设论述摘编》，中央文献出版社2017年版，第50页。

② 陆浩、李干杰：《中国环境保护：形势与对策》，中国环境出版集团2018年版，第142页。

三、建设美丽世界推动全球共享

共享是推动全球生态文明建设的基本原则之一。如果说建设美丽中国是我们的"主业主责"的话,那为何建设美丽世界也成了我们的"主业主责"?为何作为世界上最大发展中国家的社会主义中国要高举建设美丽世界的旗帜?建设美丽中国是建设美丽世界的重要组成部分,同时又为建设美丽世界提供实践样板。建设美丽中国关乎美丽世界建设,建设美丽世界也关乎美丽中国建设。从建设的范围来看,显然建设美丽世界的范围要大于建设美丽中国的范围;从建设的主体来看,建设美丽中国是中国共产党领导全国人民推进生态文明建设的实践,建设美丽世界则需要世界各国政府和人民的协同;从建设的难度来看,建设美丽中国取决于中国共产党推进生态文明建设的意志、决心和担当,全社会推动绿色发展的自觉性和主动性;而建设美丽世界则需要每一个"地球村"村民的意识觉醒、思想认同和集体行动。中国以共建美丽世界的务实行动,充分展现了大党大国的应有样子和社会主义的担当,突出了全球共享的价值导向。

(一)建设美丽世界的出场逻辑

基于当前全球生态环境的严峻形势,更加凸显了建设美丽世界的重要性、紧迫性。虽然建设美丽世界是中国倡议并积极推动构建的中国方案,但它不应该只是中国的"独白"。因为建设美丽世界基于人类只有一个地球的事实,回应了生态文明时代追求绿色发展、生态宜居的美好诉求,它理应成为世界各国憧憬人类未来美好世界的共同选择、共同呼声、共同期待。因此,建设美丽世界的出场,有着历史的必然性与现实的紧迫性。

建设美丽世界是顺应人类文明发展大势的必然选择。人类社会走过的发展历程充分印证,生态兴衰在一定意义上决定了文明兴衰。生态兴承载着文明兴,只有生态兴,人类文明才能不断地演进发展。反之,生态衰在某种意义上是文明衰的重要表征。失去生态基础的支撑,人类文明必然难以向前发展,甚至会逃脱不了文明湮灭的悲剧,这在古今中外有很多的例子。而生态文明则代表了人类文明发展的大势所趋、反映了人与自然和谐发展的新要求。"生态文明是人类社会进步的重大成果。”①从发展与生态的关系来看，较之工业文明的有发展无生态，生态文明则对发展和生态提出了新的更高要求，即既要实现较之于工业文明更高质量的绿色发展，同时又要维护生态系统的稳定性和完整性，不断满足人类对良好生态环境的新需要。建设美丽世界则是立足生态文明时代，打破传统的地区、国家、人群之间的限制，站在人类和合与共的高度，从整体上谋划人类未来的不二选择。

建设美丽世界是破解当前全球生态危机的必然要求。联合国环境规划署2021年密集发布的报告显示，当前人类所面临生态环境形势不容乐观，人类应对全球生态危机的行动不尽理想。从《与自然和平相处》报告关注人类面临的气候、生物多样性和污染危机等三大环境危机，到《从污染到解决方案：对海洋垃圾和塑料污染的全球评估》报告关注塑料污染渗透水生生态系统造成的后果；从《2021年排放差距报告：热火朝天》报告关注各国履行气候承诺的滞后，再到《2021年适应差距报告：风暴前夕》报告警示世界面临“不可逆转”的气候风险，尽管这些报告关注的主题和具体内容不同，但都从不同视域、不同主题阐述了人类所面临的“不可逆转”的环境风险。可以说，这种风险越是未知、越是紧迫、越是严重，建设美丽世界的必然性就愈发凸显，人类保护共同家园的集体行动就愈发需要加速。只有全球各国都拿出建设美丽世界的勇气与担当，才有可能破解当前全球所面临的生态危机，避免“公地的悲剧”重演，为人类文明发展赢得一个有未来的未来。

（二）建设美丽世界的重大意义

建设美丽世界可以说是建设美丽中国的延伸和拓展，它不仅是中国共产党治国理政的重要话语，而且是习近平生态文明思想“美丽系列”的重要概念之一。它对于中国共产党践行初心使命、扩大习近平生态文明思想的国际影响、丰富新时代中国特色社会主义的国际意蕴等都具有重大意义。

首先，建设美丽世界是中国共产党为人类谋进步、为世界谋大同在生态环境上的生动体现。党的十九大报告把我们党的初心和使命界定为“为中国人民谋幸福，为中华民族谋复兴”，指明了党为人民、为民族奋斗的根本方向。2017

① 中共中央文献研究室：《习近平关于社会主义生态文明建设论述摘编》，中央文献出版社2017年版，第6页。

年，习近平总书记把中国共产党所做的一切概括总结为“三为”[①]，由此丰富、扩展了中国共产党在新的历史条件下的新使命。在2018年会见联合国秘书长古特雷斯时，他把我们所做的一切总结概括为“为人民谋幸福，为民族谋复兴，为世界谋大同”。党的十九届六中全会通过的第三个决议，充分肯定党为中国人民谋幸福、为中华民族谋复兴和为人类谋进步、为世界谋大同的百年奋斗及其对世界发展趋势和格局的深刻改变。由此标志着我们党在对所肩负历史使命的认识和行动上达到了新的高度，也是我们党更加主动、自信、成熟的重要体现。正是基于“为人类谋进步、为世界谋大同”的使命担当，党的十八大以来，以习近平同志为核心的党中央提出了“共同建设清洁美丽的世界”的重要倡议。他在党的报告、各类论坛、贺信、回信等重要场合，高频次向全球宣介建设美丽世界的重要倡议，并得到了越来越多、越来越广泛的认可。无论是人类的进步，还是世界的大同，都必须建立在人与自然和谐共生、经济社会与环境保护的统筹协调之上。建设美丽世界，是中国共产党为夯实人类进步、世界大同的生态基础的时代性表达。

其次，建设美丽世界是习近平生态文明思想影响辐射全球并展示其实践伟力的重要实践。习近平生态文明思想的形成虽然是源于中国的实践，但是其影响却不局限于中国，它具有影响辐射全球并引领全球绿色发展的真理力量和实践伟力。在习近平生态文明思想的科学指引下，我国生态文明建设取得了一系列的重大成就，美丽中国建设迈出重大步伐，中国从“落伍者”跃升为全球生态文明建设的引领者。这些实践充分印证了习近平生态文明思想所具有的实践伟力。与此同时，中国也积极参与、推动全球环境治理体系变革和气候变化谈判，提出并推动构建人类命运共同体、推进绿色“一带一路”建设，并在实践中创造了安吉、塞罕坝、库布其等一批具有世界影响的中国案例，为全球生态文明建设贡献了中国方案、中国智慧、中国力量。国际社会纷纷探究在生态文明建设上中国为什么“能”、中国为什么美，为什么“生态文明的希望在中国”，充分展示了习近平生态文明思想影响、辐射全球的真理力量和实践伟力。

最后，建设美丽世界是新时代中国特色社会主义国际意蕴的重要内容。党

---

① “三为”是指为中国人民谋幸福、为中华民族谋复兴、为人类谋和平与发展。

的十九大报告用“五个时代”诠释了中国特色社会主义进入新时代的深刻内涵。其中第五个时代就是“我国日益走近世界舞台中央、不断为人类作出更大贡献的时代”。这一论断深刻阐明了新时代中国特色社会主义的国际意蕴,科学指明了坚持和发展中国特色社会主义的着力点。新时代的中国,不仅是中国之中国,而且是世界之中国。新时代中国特色社会主义,既从世界历史中走来,吸取了人类社会发展的文明成果,又走向世界历史,为解决人类重大问题发出中国声音、贡献中国智慧。中国不仅是世界上人口规模最大的发展中大国,而且是负责任的社会主义大国。中国推进生态文明建设,确立“双碳”目标,推动构建人类命运共同体,完全是基于中国自身国情和时代特征作出的负责任、自主行动。习近平总书记强调:“不是别人让我们做,而是我们自己必须要做。”①新时代中国特色社会主义,不仅瞄准中国特色社会主义发展过程中的重大理论和实践问题,而且还自觉地跳出中国看世界,以全球视野、人类情怀推动建设美丽世界,充分展示了中国的负责任担当和共同体意识。

(三)建设美丽世界的内在要求

美丽世界给人类预设了一个人与自然和谐共生的美好家园。但是建设美丽世界却面临着不同经济发展水平、民族文化习惯、国家利益倾向、群体立场等现实的种种差异性。发达国家占据经济、政治、技术等优势,以国际规则的裁判者自居,一方面对发展中国家实施绿色壁垒、绿色技术封锁,另一方面又要求发展中国家履行同等的减排降碳目标,导致全球环境治理陷入困境。如何在建设美丽世界的过程,既照顾发展中国家经济社会发展和民生改善的关切,同时又能唤起发达国家主动担负起应有的责任,实现“东西南北”间的平衡就显得至关重要。新时代生态文明建设将共谋全球生态文明建设作为必须坚持的重要原则。

一是坚持凝聚共识的共商原则。建设美丽世界,是关乎全球各国人民生存与发展的国际大事,需要发挥各国政府和人民的智慧和力量。习近平总书记在金砖国家领导人会晤、世界经济论坛“达沃斯议程”对话会、同有关国家领导人视频峰会等多边场合强调,“国际上的事大家商量着办”。② 只有这样,才能照

① 《习近平谈治国理政》(第 4 卷),外文出版社 2022 年版,第 371 页。

② 《习近平谈治国理政》(第 4 卷),外文出版社 2022 年版,第 428 页。

顾彼此关切,凝聚共识。回顾人类环境保护的发展历程,正是本着以凝聚共识为目标的共商原则,才能在每一个重要的历史关头凝聚一个个关乎人类生存发展的重大共识,为推动全球环境保护事业和经济社会的可持续发展指引了前行的方向。然而,一些西方大国大搞单边主义,任性退群毁约,给全球环境治理和气候合作带来更多的不确定性。面对全球加速变暖、生物多样性丧失、气候变化更加无常等造成的越来越广泛、深入的影响,迫切需要各国以更大的决心和务实的行动,建立多边有效的国际机制,共同遵守基本国际规则,维护和追求国际正义。

二是坚持共同但有区别责任的共建原则。"面对生态环境挑战,人类是一荣俱荣、一损俱损的命运共同体,没有哪个国家能独善其身。"①建设美丽世界,各国都应该是参与者、贡献者和受益者。但这并非意味着置发达国家和发展中国家在经济水平、国家政策、责任承担能力等方面的巨大差异不顾,漠视发展中国家在消除贫困、改善民生等方面的合理需求,一刀切地要求发展中国家与发达国家承担对等的目标任务。如此一来,必将给原本就面临繁重经济发展任务的发展中国家背上难以承受的环境保护"包袱",导致全球环境治理丧失公平正义基础,难以形成共建的团结力量。从历史的维度看,发达国家在工业化工程中造成的环境问题构成全球环境危机的主要部分,他们应该是全球环境治理的主要贡献者和积极行动者。而广大发展中国家仍处于工业化的过程中,可以说在生态环境问题的历史欠账中"贡献"相对较小。从现实的维度看,目前发达国家在绿色技术、绿色经济政策等方面占据了绝对的优势,可以并应该为美丽世界建设作出更大的贡献。当然,坚持共同但有区别的责任原则,"不是说发展中国家就不要为全球应对气候变化作出贡献了,而是说要符合发展中国家能力和要求"。② 发展中国家要结合自身国情、经济发展水平、人民生活水平等状况,逐步将相关的目标要求分步纳入国家阶段性目标和规划中,履行与自身国情、发展阶段和现实能力相匹配的国际责任。共同但有区别的责任原则已被写入了《联合国气候变化框架公约》《京都议定书》等文件,为各国参与共建美丽世界提供了重要指导。

---

① 《习近平谈治国理政》(第3卷),外文出版社2020年版,第375页。

② 习近平:《论坚持人与自然和谐共生》,中央文献出版社2022年版,第99页。

三是坚持共同发展的共享原则。建设美丽世界应该为世界各国人民提供共同发展的公平机遇。它既不能以牺牲自然生态为代价,也不能以牺牲一部分国家的发展为代价。不能出现一个国家发展、其他国家不能发展的现象,也不能出现一部分国家发展、另一部分国家不发展的现象,更不能出现一部分国家以发展之名损害其他国家发展权利的现象。如美国则以所谓的损害经济发展为由,根本不顾地球家园的“安危冷暖”和世界各国的共同期待,任性退出《巴黎气候协定》,破坏全球环境治理的合作,最终必将反噬自身。因而,在单边主义、贸易保护主义等逆全球化思潮不断抬头的背景下,发展中国家要积极参与全球环境治理体系的变革,特别是要提高发展中国家在全球环境事务中的代表性、发言权和话语权。中国作为世界上有重要影响力的发展中大国,随着自身综合国力的增强和影响力的不断扩大,以负责和务实的态度参与全球环境治理合作和气候变化谈判,强调要“坚持共同但有区别的责任原则、公平原则、各自能力原则”“增强发展中国家应对气候变化能力”①,有力发出了发展中国家的呼声,切实维护了发展中国家的权利,为建设美丽世界贡献了中国方案、中国智慧、中国力量。

---

① 中共中央文献研究室:《习近平关于社会主义生态文明建设论述摘编》,中央文献出版社 2017 年版,第 141 页。

第五章 新时代生态文明建设的探索实践

新时代生态文明建设的探索实践,既是以习近平同志为核心的党中央领导人民推进生态文明建设的生动实践,又是生态文明建设在新时代中国理论创新、实践创新、制度创新的实践历程。新时代生态文明建设的探索实践,必须精准把握中国特色社会主义进入新时代这个历史方位、"三期叠加"的重要关口和面临多重挑战的国际背景,瞄准加快构建生态文明体系、深度参与全球环境治理这两大任务,充分利用好坚持党的领导这个中国特色社会主义的最大优势、集中力量办大事的制度优势和构建人类命运共同体的道义优势。

第一节 新时代生态文明建设的实践背景

中国特色社会主义进入新时代,我国社会主要矛盾发生了变化,人民对良好生态环境的期待和优美生态环境需要前所未有地凸显等等,这些使新时代生态文明建设面临着不同的背景。

一、历史方位:中国特色社会主义进入新时代

党的十九大确立了习近平新时代中国特色社会主义思想的历史地位,成为这次会议的最大成果。党的十九大作出了新的历史方位的重大判断,这一重大判断构成整个报告的逻辑起点。党的十九大报告分别从三个维度、五个层面对新时代的意义、目标进行了阐释。推进生态文明建设,必须全面把握中国特色社会主义进入新时代这一新的历史方位。这个新的历史方位,既是我国制度优

越性得到较为充分彰显的有力印证，同时也对彰显我国制度优越性提出了更高的要求，并构成把握习近平生态文明思想实践的关键背景。党的二十大报告将中国特色社会主义进入新时代作为十年来我们经历的对党和人民事业具有重大现实意义和深远历史意义的大事，进一步凸显其在中华民族发展史上的历史性意义。

特别值得说明的是，中国特色社会主义进入新时代并未改变马克思主义所指明的历史时代的判断。马克思主义唯物史观的社会历史时代更替，揭示了人类社会发展的一般规律和趋势方向。马克思、恩格斯在《共产党宣言》中作出“我们的时代，资产阶级时代”①的重大判断。列宁同志也曾作出帝国主义和无产阶级革命大的历史时代的判断。从人类社会发展的历史进程和现实来看，当今的人类仍然处于资本主义占统治地位的历史时代中，即意味着马克思主义对于所处历史时代的判断仍然适应于今天，并未过时。但是当今所处的历史时代出现了逐步向社会主义过渡的趋向。因而，中国特色社会主义进入新时代与马克思主义对于所处历史时代的判断并不矛盾。因为马克思主义对于所处历史时代的判断是着眼于整个人类社会发展的历史进程而言的，而中国特色社会主义进入新时代“是从中国特色社会主义历史进程和发展阶段的角度来讲的，阐述的是党和国家事业发展的特定阶段及其历史任务”②。这个新时代是大的历史时代下的新时代，同时又是大的历史时代下经过长期发展而步入的新时代。

（一）新时代的判断依据

如何判断中国特色社会主义进入新时代？其主要依据就是社会主要矛盾的变化。随着改革开放 40 多年来的积累，困扰我们社会发展的主要矛盾已经发生了变化。人民日益增长的不只是物质文化需要，我国的社会生产也不再落后，在量上是完全能够满足人民的需要了，但是在质上仍存在短板。新时代我国社会的主要矛盾的变化，并未改变我国仍处于并将长期处于社会主义初级阶段的基本国情和我国仍是世界最大发展中国家的国际地位。

对比新旧矛盾的变化，供给方从落后的社会生产转变为不平衡不充分的发

---

① 《马克思恩格斯文集》(第 2 卷)，人民出版社 2009 年版，第 32 页。

② 王伟光：《大的历史时代与中国特色社会主义进入新时代》，中国社会科学出版社 2019 年版，第 76 页。

展，需求方从人民日益增长的物质文化需要转变为人民日益增长的美好生活需要。从供给方来看，自新中国成立以来，我国就集中精力在解决落后的社会生产的问题。经过改革开放以来的发展，我国无论是在经济规模上，还是在产业体系上，都具备摘掉落后社会生产“帽子”的条件。我们的供给已经发生了从“有没有”到“好不好”、从量变到质变的转向。面对需求方的变化，不平衡不充分的发展问题已经凸显出来了。“不平衡，是从发展的地域、领域、范围来讲的；不充分，是从发展的质量、效益和层级来讲的。”①对照人民日益增长的美好生活需要，我们的发展已经呈现出不平衡、不充分问题。主要表现在满足人民需要的有效供给总体不足，并且在地区之间分布不均衡。从需求方来看，人民需要的变化是我国经济社会发展历史积累的必然，同时也是推动我国经济社会取得更大发展的必然。经过长期的努力和经济社会发展的积累，党的十八大以来的五年，我国取得了全方位、开创性的历史成就，在经济建设、全面深化改革、民主法治建设等方面的成效显著。特别是脱贫攻坚战取得决定性进展，稳定解决了十几亿人的温饱问题，总体上实现了小康，正朝着全面建成小康社会的目标奋进。人们不仅在物质文化需要上有了更高的要求，而且还有民主、法治、生态等新的需要。由此可见，人民的需要结构由原来的单一性、低端化转向全面性、高端化，需要的内涵呈现出由量变转向质变的要求。同时民生领域及社会保障方面的短板、收入分配差距等，也已经制约了人民日益增长的美好生活需要的满足。

（二）新时代的意义

党的十九大报告用“三个意味着”来概括中国特色社会主义进入新时代的重大意义。第一个“意味着”，围绕中华民族这个主题，从时间的维度对比中华民族的昨天、今天、明天。中华民族的昨天历经磨难；中华民族的今天实现了站起来、富起来的目标，并朝着强起来的目标奋进；中华民族的明天必将迎来伟大复兴的高光时刻。中华民族从昨天到今天的沧桑巨变，就是中国特色社会主义进入新时代的重要标志。而新时代又构成迈向实现中华民族伟大复兴新征程的逻辑起点。第二个“意味着”，围绕中国特色社会主义这个主题，从空间的维

① 韩庆祥：《强国时代》，红旗出版社 2018 年版，第 10-11 页。

度对比社会主义中国在科学社会主义发展史中的地位作用。中国从“十月革命一声炮响”中受到苏维埃革命胜利的鼓励,逐渐认同马克思主义,之后坚定高举马克思主义的旗帜,坚持把马克思主义基本原理同中国实际相结合、同中华优秀传统文化相结合,建立了新中国和确立了社会主义制度。新中国建立后,对社会主义进行了长期探索。邓小平同志开始意识到我们是不合格的社会主义,逐渐搞清楚了什么是社会主义、怎样建设社会主义这个问题。然而,这并不意味着就能轻而易举地解决“如何治理好社会主义社会”的问题。中国特色社会主义道路的开创就是对这个问题的创新性回答。改革开放以来我国所取得的历史性成就、发生的历史性变革,充分印证了科学社会主义在二十一世纪中国的巨大成功,同时顺其自然地在世界上高举起了中国特色社会主义伟大旗帜。第三个“意味着”,围绕中国特色社会主义的世界意义这个主题,从时空维度阐释中国特色社会主义对于发展中国家探求现代化和解决人类问题的历史贡献。中国以自身为模板,成功探索出一条不同于西方现代化的中国式现代化道路,破除了以往发展中国家以主权来换取所谓的“发展”的错误思维,打破了西方国家的现代化话语霸权,彰显了对解决实现现代化这一人类难题的中国贡献和中国担当。

(三)新时代的目标

中国特色社会主义进入新时代,我们要做什么?党的十九大报告用五个“时代”指明中国特色社会主义进入新时代的奋斗目标,回答“向何处去”的问题①。

第一个时代是在新的历史条件下继续夺取中国特色社会主义伟大胜利的时代。也就是我们要在完成社会主义建设“前半程”任务的基础上,瞄准“后半程”的主要历史任务,把握新的历史条件,不断取得中国特色社会主义建设的新胜利。第二个时代是由全面建成小康社会这个2020短期目标和全面建设社会主义现代化强国这个2050长期目标构成。第三个时代把逐步实现共同富裕作为新时代的重点任务之一,反映了我们党在一部分人、地区富起来的基础上,着力推动先富带后富的信心和决心。第四个时代是说明新时代中国力量来自哪

① 韩庆祥:《强国时代》,红旗出版社2018年版,第73页。

里。实现新时代的目标,必须凝聚每一位中华儿女的力量,找到"最大公约数",画出"最大同心圆",为实现中华民族复兴伟大而共同奋斗。第五个时代从世界的维度审视中国已经并将继续为世界作出的贡献。

(四)新时代的生态文明意蕴

社会主要矛盾的变化与我国的生态文明建设及生态文明程度有着密切的关系。我国生态文明建设中的短板,在一定程度上表现在矛盾变化中。而矛盾变化的解决,在一定程度上又有赖于生态文明建设的推进。从供给方来看,破解不平衡、不充分的发展问题,继续依靠以资源、环境要素投入为主的传统发展模式是难以奏效的。先污染、后治理的老路只会进一步使问题严重化。唯有以新发展理念为引领,坚持以习近平生态文明思想为指导,坚持走绿色发展之路,才能找到破解"时空压缩"①问题之道,解决不平衡、不充分的发展问题。推动绿色发展,为发展的质量、效益和层级的提升,为不同地域、领域、范围在发展上的共享提供了可能。从需求方来看,生态环境需要已经成为美好生活需要中的越来越重要且不可或缺的部分。如果说在物质条件匮乏的年代,生态环境不得不"靠边站"的话,那么在已经实现物质产品极大丰富的今天,必然会在生态环境上产生新需要。并且随着经济社会的发展,生态环境需要在美好生活需要中的权重会越来越突出。而满足人民的生态环境需要就必须有良好生态环境的生态支撑,这就对新时代的生态文明建设提出了新的更高要求。解决人民群众反映突出的生态环境问题仅仅是底线要求,如何更好地保持生态系统的原真性和完整性、做大生态公共产品及生态服务的供给则是更高要求。

"三个意味着"也是对我国生态文明建设成效的检验及展示。第一个"意味着",中华民族从站起来、富起来到强起来并要实现中华民族伟大复兴,必须要有与之匹配的生态文明。中华民族的强起来是包括生态文明在内的各方面的强起来,若生态文明建设还有短板弱项,何谈中华民族强起来。同样,中华民族的伟大复兴不仅仅是建立在经济实力上,生态文明程度也是其中的重要衡量指标。没有生态文明的生态保障,也难以谈民族复兴。第二个"意味着",科学社会主义在中国的成功是经济实力、政治优势等各方面的综合体现。生态文明也

① 韩庆祥:《强国时代》,红旗出版社 2018 年版,第 136 页。

是其中不可或缺的部分。科学社会主义在中国的成功,离不开生态文明的贡献。党的十八大以来,在习近平生态文明思想的指引下,我国生态文明建设开启了“加速度”,思想认识程度之深、环境治理力度之大、环境督察之严等方面均前所未有,换来了山更绿、水更清、生态环境更美,换来了人民群众快速提升的生态环境获得感、幸福感和安全感,这些都是科学社会主义在中国成功的重要例证。第三个“意味着”,以中国特色社会主义的“四个自信”为发展中国家走向现代化指明了新路径,为实现加快发展和保持民族独立性双重目标的国家和民族提供新选择,为解决人类问题提供了新方案。从道路自信看,生态文明为社会主义现代化提供绿色支撑。人与自然和谐共生是中国式现代化的中国特色和本质要求。换言之,没有人与自然和谐共生,就没有社会主义的现代化。从理论自信来看,在社会主义生态文明建设过程中形成的生态文明理论,不断丰富、发展了中国特色社会主义理论体系中的绿色思想宝库,更全面地为指导党和人民实现中华民族伟大复兴提供理论指引。习近平生态文明思想指引新时代生态文明建设的实践,丰富了习近平新时代中国特色社会主义思想的实践基础。从制度自信来看,生态文明制度既构成中国特色社会主义制度的重要组成部分,同时对其他制度的完善起着重要作用。社会主义生态文明建设的实践在不断丰富、发展中国特色社会主义制度的同时,进一步夯实了中国特色社会主义制度作为当代中国发展进步根本制度保障的地位。从文化自信来看,作为生态文明体系重要组成部分的生态文化体系,丰富了中国特色社会主义文化的时代内涵。

“五个时代”的目标导向指明了新时代生态文明建设需要破解的理论及实践问题,这些问题也必然成为习近平生态文明思想的新论域。从第一个时代来看,在新的历史条件下继续夺取中国特色社会主义伟大胜利必将面临国际国内更为复杂严峻的形势。在国际层面,生态环境问题与全球政治、经济等问题的关联度更为紧密,围绕生态环境问题的大国博弈也更加激烈,西方企图“规锁”我国;在国内层面,生态环境问题的社会关注度之高前所未有,人民群众对良好生态环境的期望值之高也前所未有,绿色发展也面临着一系列的挑战。如何破解这些难题,为继续夺取中国特色社会主义伟大胜利提供更为坚实的生态保障,成为新时代生态文明建设的实践任务。从第二个时代来看,生态环境质量是衡量小康是否全面的重要指标,美丽也构成社会主义现代化强国的重要一维。就现实来看,生态环境问题制约了全面建成小康社会目标的实现。因而,要有更强的使命感和责任感推进生态文明建设。从第三个时代来看,良好的生态环境是美好生活的绿色标识,也是共同富裕的绿色标识。若人民群众反映的突出生态环境问题都没有解决,没有良好生态环境,美好生活只能是空想。同时,即使物质生活上富裕了,精神生活上也难以实现富裕。这种富裕不是人民群众期待的真正的富裕。从第四个时代来看,生态文明是民族复兴中国梦的重要组成部分和生态基石。正是有了包括生态文明在内的中国梦的引领,才能凝聚起亿万人民的合力。从第五个时代来看,中国要为人类作出更大贡献,必须要解决好实现经济发展与生态环境保护双赢的问题。作为世界上最大的发展中国家,生态环境治理力度之大、环境质量改善速度之快、生态文明建设的全球影响之大,全面凸显了中国样本的世界意义。

二、重要关口:生态文明建设处于“三期叠加”

中国特色社会主义进入新时代是我国经过长期努力而进入的新的历史方位。这个方位可以说是大方位。推进新时代生态文明建设必须在新时代这个大的历史方位中,结合我国生态文明建设所处阶段和面临的国际国内形势,找到生态文明建设的小的方位。这个小的方位就是生态文明建设处于“三期叠加”重要关口。

2018 年召开了全国生态环境保护大会,全会最大的亮点、最大的成果就是正式确立习近平生态文明思想。这次大会还指明了我国生态文明建设所处的“三期叠加”重要关口。“三期叠加”不仅指明了我国生态文明建设所面临的形势,而且明确了人民群众对良好生态环境的新期待,还肯定了我国在解决生态环境突出问题上所具备的能力和条件。精准把握这一判断,有利于推动习近平生态文明思想更好指导新时代生态文明建设的实践,从而更充分地彰显我国制度优越性。

(一)关键期

生态文明建设正处于压力叠加、负重前行的关键期,表明我国生态文明建设犹如逆水行舟,不进则退,必须以时不我待的精神完成这一艰巨任务。那么这个关键期是基于什么背景作出的判断呢？为什么说是压力叠加、负重前行？又是哪方面的压力叠加在一起呢？

从我国制度优越性的角度来看，生态文明建设也是到了压力叠加、负重前行的关键期。虽然增强我国制度优越性的着力点是多领域的，但是每个领域的发展会相互影响到其能否或者在多大程度上彰显我国制度优越性。比较而言，生态文明建设在党和国家事业全局中的重要地位，决定了生态文明因素在彰显我国制度优越性中的特殊角色。从现实而言，当前生态环境保护的任务依然艰巨，特别是与西方国家生态环境的现实"优越"相比，还有较大的差距。因此，在推动经济转型升级、努力实现高质量发展的同时，还必须抓好美丽中国建设，承受住多重压力，通过构建人与自然和谐共生的生态文明，以更好彰显我国制度优越性。

从时间的维度来看，2018 年是全面贯彻党的十九大精神的开局之年，是改革开放 40 周年，是决胜全面建成小康社会、实施"十三五"规划承上启下的关键一年，也即将迎来新中国成立 70 周年、建党百年。这个压力可以说来自落实党的重要报告中生态文明建设的重点任务，来自改革开放 40 周年在经济发展过程中生态环境问题的历史积累，来自决胜全面建成小康社会、实施好"十三五"规划对于生态文明建设的要求，来自即将迎来的新中国成立 70 周年对生态文明建设的全面检验，来自全面建设社会主义现代化国家新征程的新要求。

党的十九大充分肯定了党的十八大以来生态文明建设所取得的成效，并把坚持新发展理念、坚持人与自然和谐共生、坚持推动构建人类命运共同体等三个生态文明建设的重要理念或原则纳入基本方略中，并从推进绿色发展、着力解决突出环境问题等四个方面部署了加快生态文明体制改革、建设美丽中国的任务。党的二十大报告对推动绿色发展、建设美丽中国作出新部署。这些任务要求为新时代生态文明建设指明了方向、确定了突破点。

改革开放 40 多年所积累的大量生态环境问题，成为关系经济社会发展、民生改善、大国形象的明显短板。改革开放是我国经济社会发展中的一个标志性事件，它既开启了我国经济社会发展和综合国力提升的"加速度"，同时在经济社会发展过程中所积累的大量生态环境问题形成了一个集中的"爆发期"。可以说，经济快速发展相伴的环境问题，成为我国改革开放以来似乎是难以规避的“阵痛期”。是继续走传统的粗放型发展的老路，还是挺住压力找到另辟蹊径的新路，成为这个重要时间节点必须要回答的且关系前途命运的重大问题。

从生态文明建设与全面建成小康社会、“十三五”收官、“十四五”开启的关系来看，生态文明建设的任务比较重。“十三五”时期是全面建成小康社会的决胜阶段。生态文明建设的成效关系到全面小康的成色、底色，关系到是否真正建成了人民认可的全面小康社会。“十四五”规划和2035年远景目标纲要建议，充分肯定“十三五”期间生态文明建设所实现的新进步，同时单独一篇专门围绕推进绿色发展、促进人与自然和谐共生进行部署。这些都充分凸显了生态文明建设在全面建成小康社会后、迈上全面建设社会主义现代化国家新征程中所承载的使命任务。

从总体上看，我国处于转向高质量发展的关键期。对照全面建设社会主义现代化国家、建设美丽中国的目标任务，还是必须负重前行，不然的话，累积的生态环境问题将使我国付出更大的代价，造成更加难以预估的后果。

（二）攻坚期

生态文明建设已进入提供更多优质生态产品以满足人民日益增长的优美生态环境需要的攻坚期，充分凸显了优质生态产品在满足人民日益增长的优美生态环境需要中的重要地位，并进一步凸显了优美生态环境需要的满足在构建美好生活中的至关重要地位。那为何说我国生态文明建设到了这样一个攻坚期？

从我国制度优越性的角度来看，是否满足或者在多大程度上满足了人民的合理性需要是衡量制度优越性的重要标准。新时代我国社会主要矛盾的变化，意味着人民对优美生态环境的需要不断凸显。提供更多优质生态产品以满足人民日益增长的优美生态环境需要，是新时代生态文明建设的一个长期性任务，同时也是需要付出艰苦努力才能实现的一个目标。因此，不断满足人民对优美生态环境的需要，已经成为践行社会主义生态文明人民性的重要体现，并成为我国制度优越性在生态文明领域的具体体现。

首先，人民群众对优美生态环境需要已经成为我国社会主要矛盾的重要方面。社会主要矛盾，既是判定一个时代历史方位的重要标志，又是推动社会不断发展进步的重要牵引。人民对优美生活需要的凸显，符合人的需要的多层次性、渐进性等要求。在马克思主义构建的需要体系中，生存需要是第一位的需要。人的吃、喝、穿、住等生存的需要，都是建立在对自然的占有的基础之上。人类首先只有生活下去，才有可能创造历史。这是被马克思、恩格斯称为是人类历史或一切历史的第一个前提。可以说，在物质匮乏时代，生存的需要就是最大的、最主要的需要，甚至往往成了需要的全部。但是随着经济社会的发展，生存需要慢慢得到较好的满足，发展的需要开始凸显。“生活的富足提高了公众对消费性商品的需求，也增加了对景观和休闲地方保护的压力。对于生活质量和技术对人类健康影响的关切上升了。”①发展需要的满足可以视为更高层次的生存需要的满足。人民群众对优美生态环境需要，不是一天就凸显起来的，它是建立在经济社会发展和基本生存的较好保障基础之上。改革开放 40 多年来，我国一直致力于以经济建设为中心，人民的物质生活得到普遍改善，他们在富起来的同时对于生态环境的需求也在不断地增长。人的这种需要的转变也必然推动我国社会主要矛盾的变化，并构成其中的主要内容。

其次，生态产品是人民群众对优美生态环境需要的主要实现形式。人民群众对优美生态环境需要不是停留在概念层面，而是现实的，需要在具体的生态文明建设中得到满足。良好的生态环境是满足人的优美生态环境需要的根本保证。面对历史积累的生态环境突出问题和资源环境承载能力接近上限，人民群众对于满足优美生态环境需要有着越来越迫切的要求，而且这种需要是金钱不能替代的。绿水青山是大自然馈赠给人类的最大自然财富。如果用绿水青山去换金山银山，最终必然会“竹篮打水一场空”，届时用再多的金山银山都无法换回绿水青山。因为良好生态环境承载了清新空气、清澈水质、清洁环境等生态产品。因而，守护良好生态环境，既是保障生态产品供给的生态基础，同时也是满足人民群众对于美好生态环境需要的生态基础。

最后，生态产品供给不足已经制约了人民群众对优美生态环境需要的满足。生态产品供给不足受到多方面因素的影响，主要归结起来有两个方面。一是涵养生态产品的生态环境状况还不够理想。经过长期的努力，我国生态文明建设不断推进，生态环境质量得到持续好转，也出现了稳中向好的趋势，但是这

① ［英］克里斯托弗・卢茨：《西方环境运动：地方、国家和全球向度》，徐凯译，山东大学出版社 2005 年版，第 116 页。

种成效仍不稳固，因而难以为生态产品供给提供足够的保障。二是“难度量、难抵押、难交易、难变现”等“四难”问题，成为影响生态产品价值实现的难题。为此，国家一方面通过优化国土空间布局、严守生态保护红线、建立现代环境治理体制、建立资源环境承载能力监测预警长效机制等为做大环境承载容量、提升生态环境质量，进而为扩大生态产品的供给创造良好条件；另一方面，印发《关于建立健全生态产品价值实现机制的意见》，破解“四难”问题，让生态环境保护者受益、使用者付费、破坏者赔偿，真正让生态产品的价值得到实现，更好满足人民群众对优美生态环境的需要。

（三）窗口期

生态文明建设到了有条件、有能力解决生态环境突出问题的窗口期，是基于关键期和攻坚期作出的重要判断，指明了解决生态环境突出问题的条件能力的客观存在性。那么为什么说是窗口期？我们解决生态环境突出问题的条件及能力又何在呢？

窗口期是从时空维度审视我国生态文明建设基本面貌所作出的判断。从时间维度来看，从 2018 年到 2022 年，我国大事、喜事、要事众多。2018 年，中央出台了关于实施乡村振兴战略的意见、庆祝改革开放 40 周年、纪念马克思主义诞辰 200 周年、召开了全国生态环境保护大会等；2019 年是新中国成立 70 周年、“两个一百年”奋斗目标历史交汇期的关键之年；2020 年是决胜全面建成小康社会之年；2021 年我们党成立一百周年；2022 年召开党的二十大。这些大事、喜事、要事，关系到党的第一个百年奋斗目标的实现，关系到第二个百年奋斗目标的开启，关系到中华民族伟大复兴的中国梦的实现。从空间的维度来看，改革开放以来，随着我国经济实力和综合国力的不断增强，我国日益走近世界舞台的中央，国际影响力也在不断地扩大。全球对中国改革开放给予了高度关注，他们既看到了历史性成就，同时也对存在的一些问题进行了聚焦、甚至是放大化。特别是生态环境突出问题往往容易成为西方攻击我国的“幌子”。在这样的时空大背景下，及时解决突出生态环境问题，对于推动我国高质量发展、提升人民生态福祉、维护良好国际形象等都具有重要意义。若错过了这个窗口期，生态环境突出问题将更加难以解决，并将造成更大的影响。

我国制度优越性为解决生态环境突出问题提供了可靠的保障，也是有条件有能力的最大底气所在。有条件有能力是基于我国生态文明建设现实作出的准确判断。具体而言,有条件有能力主要体现在三个方面:一是中国共产党的坚强领导是有能力有条件的关键所在。中国共产党胸怀"国之大者",在生态文明建设上有着博大的胸襟、坚定的决心、坚强的意志、强烈的担当,能够有效领导并充分调动亿万人民的力量,形成推进生态文明建设的强大合力。我们党把领导生态文明建设写入党章、纳入宪法,使之成为全党全国人民的共同意志。特别是习近平总书记始终对生态环境保护方面的问题看得很重。中央生态环境保护督察全覆盖、零容忍、动真格,一批领导干部受到问责,推动党中央关于生态文明建设和生态环境保护的决策部署在各地得到有效落实。二是全党全国在生态文明建设上的自觉性和主动性空前增强,思想认识和行动共识高度统一。思想认识上的统一和共识的凝聚是我们解决一切问题的最优条件所在。经过改革开放以来我国在生态环境保护上的实践,特别是经过党的十八大以来的生态文明建设,全党全国对生态文明建设重要性、必要性、紧迫性的认识达到前所未有的高度,对生态文明建设正反经验和国际经验的总结也全面到位,特别是充分认识到绿色发展是引领实现高质量发展、搞好生态文明建设是实现民族永续发展、美丽中国是建设社会主义现代化强国的必然要求。三是我国在生态文明建设实践中积累了大量理论创新、实践创新和制度创新成果,为解决生态环境突出问题提供了保障。如在理论创新方面,从植树造林、绿化祖国的思想,到可持续发展战略的推进,到科学发展观的形成,再到习近平生态文明思想的提出,在实践中所形成的理论创新成果,进一步指导了生态文明建设实践。

三、国际背景:全球生态文明建设面临多重挑战

新时代彰显我国制度优越性,面临着包括生态环境领域在内的各种风险挑战。在做好国内生态文明建设的基础上,精准分析全球生态文明建设面临的多重挑战,对于更好地从生态文明维度彰显我国制度优越性至关重要。

生态环境的整体性、系统性特征,决定了生态环境影响的跨国界性。地球作为人类生存与发展的唯一家园,理应得到所有地球人的共同呵护。但是回顾人类生态环境保护的历程,有几个问题值得反思和深思。全球生态环境是否在变好?全球生态环境共识是否得到落实?全球环境治理合作是否加紧了?中

国作为地球家园的一员，在生态文明建设方面必须具备全球视野，把握全球生态文明建设的现状及趋势，充分发挥自身的优势及条件，努力为构建人类命运共同体作出应有贡献。这些构成了作为新时代生态文明建设上层指导思想的习近平生态文明思想的国际背景。

（一）趋于恶化的全球生态环境状况

如果说过去人类在自然面前是渺小的、“无用的”，但是工业革命以来人类就开始以自然界的“主人”自居，陶醉于对自然界的胜利，贪婪地“榨取”自然，无度地用“绿水青山”换取了“金山银山”，根本无视生态系统的承载极限和自然界对人类的一次次“警告”和“报复”。最终，人类也必将在自然的一次次报复中变得“无力”，陷入可能越来越难以脱身的生存与发展危机。当然，这并不是说人类在日益严重的全球生态环境问题面前甘愿“坐以待毙”，否认人类在应对危机所做出的种种努力。但是从相关的研究、发布的各类报告以及全球发生的极端天气事件来看，全球生态环境总体上似乎不是在变好，而是朝着越来越让人类难以承受之重的方向发展。人类活动对全球生态环境的过度干预，是各类极端天气频发、各类疾病层出不穷的重要原因。有专家警告，人类正在逼近环境恶化的“引爆点”①。

从2022年发布的各项报告显示：人类行为对自然生态造成的恶性影响正在以自然灾害、疾病等形式加速呈现，其影响程度也在不断地加深，其造成的后果不断呈现严重化。从2022年减少灾害风险全球评估报告对过去10年间全球灾害造成的年均大量损失，到2022年度全球风险报告生态环境风险频频上榜，生态环境风险成为保障全球生态安全必须予以关注的重大风险。英国《自然·气候变化》期刊发表的一项研究显示，全球人类面临的375种传染病中，218种（即58%）传染病在某种程度上因气候灾害而风险增大。② 2022年全球极端高温事件频发，引发“地球怎么了，我们怎么办”的忧虑。从印度、巴基斯坦等南亚国家自3月就开始的高温，到使欧洲可能遭遇500年以来最严重干旱的高温，到东亚的中国、日本等国经历的高温天气，这场席卷全球的高温，就是全

① 潘家华等：《生态文明建设的理论构建与实践探索》，中国社会科学出版社2019年版，第11页。

② 沈小晓、刘玲玲：《携手应对全球气候灾害风险（国际视点）》，《人民日报》2022年08月12日17版。

球变暖加速的例证。高温同时造成全球冰雪融化加速，森林火灾风险加大，全球多地火灾频发。而中东的沙漠地区却遭遇罕见暴雨事件。有研究显示，共同维护着地球的生态稳定的15个气候临界点中，有9个临界点已经或正在被突破。① 尽管时常有物种失而再现、地球正在“变绿”等相关的报道，似乎印证了全球生态环境的好转，但这仅仅表明局部生态环境的好转，或者某一单向生态要素容量的增加，并非就意味着全球大的生态环境状况的向好。从总体上看，全球极端气候事件频发，生态环境风险不断增加，全球生态安全面临前所未有的挑战。

（二）大打折扣的全球生态环境共识

共识是各行为主体发挥共同智慧、展现共同意志、汇聚共同行动的重要思想基础。然而，共识不能仅仅停留在文本文件或思想认识层面，还必须把这种共识用于指导各主体的实践，使之转化为实际的成效来印证共识的科学性、有效性。共识在生态文明建设中的价值及其运行逻辑也是如此。面对人类活动对自然生活影响范围、程度、强度等的不断扩大，以及由此导致的全球性生态危机，从总体而言，人类没有袖手旁观，而是在一些有识之士和相关学科专家的引领下，推动各国协力达成一些生态环境共识，为全球环境治理提供了较为一致的思想认识基础。

1962年出版的《寂静的春天》，引发了春天为何寂静的警示，成为全球关注生态环境问题的一个重要转折点。1972年第一次联合国人类环境会议上，通过了《人类环境宣言》，创设了“六五”世界环境日，决定成立了联合国环境规划署，达成了一系列共识，是全球范围内环境意识觉醒的标志，被称为环境保护的第一个里程碑。《增长的极限》引发人们对建立在无视自然生态应有价值的无极限增长的担忧。《我们共同的未来》将破解经济发展和环境保护这两大重大问题作为各国政府及人民的共同历史责任。第二次联合国环境与发展大会取得了更为丰硕的成果。1997年制定、2005年强制生效的《京都议定书》，致力于控制全球气候变暖的速度，以规避气候变化对人类造成严重伤害。2015年通过的《巴黎协定》，成为继《京都议定书》后第二份有法律约束力的气候协议，协定

---

① 周兵：《异常高温为气候变暖再敲警钟（科技大观）》，《人民日报》2022年08月02日17版。

为2020年后全球应对气候变化行动作出了安排。可以说，在人类应对生态环境问题的过程中，达成了一系列的共识，为协调世界各国的环境保护行动提供了方向指引。

人们不得不承认，无论是在大的原则方向层面，还是在一些具体应对措施方面，全球各国在保护生态环境方面有着众多共识。但是，当生态环境问题越来越成为全球的重大政治问题时，甚至成为南北国家政治博弈之时，世界各国在落实这些共识时很大程度上出现了“打折”，未能实现预定的目标。就其原因，主要是两个方面：一是相关文本的法律约束力不足。尽管《京都议定书》是第一份有法律约束力的气候协议，但是文本本身就是在“讨价还价”、多方多轮博弈基础之上形成，其法律约束力受到较大的限制。若自上而下的京都机制尚且如此，倡导“自下而上”式的“自主贡献”的《巴黎协定》就更加难以起到约束作用。“胡萝卜”的吸引力不够，“大棒”的约束力也不够。有学者提出《巴黎协定》存在“三难”问题：政治之难、技术之难、伦理之难①。二是集体行动收益的不确定性和“搭便车”现象的存在，造成了集体行动的困境，最终导致共识在不同国家落实的程度不一，甚至有些国家是根本无视这些共识的。总之，从形式上来看，全球各国围绕全球生态环境保护方面达成了“广泛”的共识；从结果来看，落实共识受到政治、经济等各方面因素的影响，这些共识最后都不得不大打折扣，沦为“没有共识的共识”，难以真正发挥共识的约束、引导作用。

（三）迟缓乏力的全球生态环境行动

面对趋于恶化的全球生态环境状况和大打折扣的全球生态环境共识，使得全球生态环境行动表现为迟缓乏力。当前，百年变局和世纪疫情交织叠加，单边主义和贸易保护主义抬头，乌克兰危机及其地缘政治影响的不断扩展，全球经济发展明显放缓，这些都给全球生态环境运动注入了更多的不确定性。

西方发达国家尤其是美国的担当不够。虽然全球生态危机是需要南北国家共同面对的问题，但是从历史积累来说，西方发达国家是其中的主要“贡献者”。西方国家在推进工业革命的过程中，不仅在自身国家、区域范围内造成了严重的生态环境问题，而且还通过“隐性”的国际贸易、产业及“技术”转移和直

---

① 万俊人：《“正义排放”的道德共识》，《读书》2018年第4期。

接的垃圾出口、污染转嫁等生态帝国主义手段，造成生态环境后果的全球化“漂移”。他们以目前发展中国家绿色产业不足、技术落后、排放量大和履行协定会损害经济发展等为借口，宣称发展中国家要承担与他们对等的责任。如欧盟以环保的卫道士自居，反对东非原油管道建设。中国致力于推动《巴黎协定》落实，在应对气候变化上彰显了负责任大国的担当。一个是最大的发达国家，一个是最大的发展中国家，中美两个最大经济体于2016年G20杭州峰会开幕的前一天向联合国交存《巴黎协定》批准文书，为推进全球生态环境行动注入了“强心剂”，也受到了国际社会的普遍欢迎。但是美国政府为了所谓美国的经济发展，奉行任性退群主义，执意退出《巴黎协定》，发布谎言连篇的所谓的“事实清单”，成为全球生态环境共识的破坏者。从不批准《京都议定书》，到上演《巴黎协定》进退“闹剧”，到迄今仍不批准《巴塞尔公约》，再到在各类环境基金中高额的历史欠账，充分暴露了其在全球环境治理合作上的漠视态度和赤裸裸的利己主义。美国的单边行径也引起其盟友的抗议与不满，法国就反对欧盟与退出《巴黎协定》的美国开展贸易谈判。波兰也不服欧盟对其雾霾问题的裁定。此外，西方国家承诺的绿色产业及技术、每年1000亿美元等援助，都沦为“空头支票”。他们的“食言”，危及全球生态环境行动的信任基础。

全球政治的不稳定性，以及受到新冠疫情的持续性影响，给全球经济发展增加了诸多不确定性，进而影响了全球生态环境行动。新冠疫情的全球化蔓延，打乱了原本设计的经济发展计划及支出安排，迫使更多的资金、关切和议程设置投向了疫情防控的领域。而应对气候变化议题被迫“边缘化”，相应的资金投入规模被迫缩减。甚至将生态环境议题与经济增长对立起来，将生态环境保护视为经济发展的沉重包袱。乌克兰危机及其地缘政治影响已经打乱了各国原本在应对气候变化上的自主贡献计划。北溪管道泄漏，对于原本就深陷能源危机的欧洲来说，无疑是雪上加霜。德国重启火力发电、延长使用核电站，其碳中和计划成了一纸空文。虽然2021年艰难达成了《格拉斯哥气候协议》，但这并不意味着“后格拉斯哥时代”全球气候治理将顺利推进。

第二节　新时代生态文明建设的重点任务

党的二十大报告指明了我国生态环境保护任务依然艰巨的形势。新时代生态文明建设面临着内部、外部的挑战。从内部来看,会受到新发展理念的贯彻程度、绿色发展方式转型的速度、传统发展观的桎梏、绿色科技创新动力等因素的影响。从外部来看,西方话语霸权的压制、单边主义盛行,导致全球环境治理面临多重赤字。这些问题,成为推进生态文明建设过程中需要面对和解决的重点任务。为此,必须构建生态文明体系、深度参与全球环境治理。生态文明体系则是新时代生态文明建设的"物化"成果,构建生态文明体系可以有力助推国内生态文明建设,并为深度参与全球环境治理提供重要保障。深度参与全球环境治理,可以更好地凸显在全球环境治理中的中国角色和中国贡献,并推动生态文明体系的进一步完善。

一、加快构建生态文明体系

体系建设是中国特色社会主义行稳致远的基石。因而,我国在坚持和发展中国特色社会主义的过程中,要注重加强政治、经济等各领域的体系建设,不断完善生态文明体系。生态文明体系是习近平生态文明思想在指导生态文明建设的过程中逐步形成并不断完善的重要成果,也是确保生态文明建设战略部署得到落实的制度性保障。社会主义制度下的生态文明体系,是社会主义生态文明区别于资本主义的重要内容。习近平总书记在2018年全国生态环境保护大会的重要讲话中,充分肯定生态文明体系对于推进生态文明建设、建设美丽中国的重要作用,强调要加快建立健全生态文化体系、生态经济体系等五大体系。这五大体系系统构建了生态文明体系的基本框架,明确了生态文明建设的思想保证、物质基础、制度保障以及责任和底线,为新时代生态文明建设提供全局性、根本性、系统性的体系支柱,成为建设美丽中国的行动指南和构建人类命运共同体的生态文明理念及实践的"中国方案"。其中生态文化体系是思想保证,生态经济体系是物质基础,目标责任系统是重要抓手,生态文明制度体系是制度保障,生态安全体系是底线要求。

（一）加快建立健全以生态价值观念为准则的生态文化体系

人的双重属性决定人的生存与发展，既是一种建立在获取自然资源基础之上的物质性存在，它体现的是人的自然属性；同时又是一种建立在协调人际关系之上的社会性存在，它体现的是人的社会属性。而文化血脉、文化传统、文化基因是人的社会性存在的重要文化资源。人的文化属性是社会属性的重要组成部分，成为区别于人与动物的根本性特质之一。无疑，人是一种文化动物。这种文化性，不仅成为延续种群发展的血脉，同时也成为协调人与自然关系的重要资源。

从世界的维度和历史的维度来看，人类面临的全球性生态危机与西方文化密不可分。有学者将国外关于生态危机的根源划分为思想观念根源论、资本主义制度根源论、科学技术及人口增长等根源。① 美国历史学家林·怀特在《我们生态危机的历史根源》中认为，正是因为正统基督教将对自然的傲慢嵌入了现在的科学和技术，导致科学和技术不可能成为解决生态危机的钥匙。这种最为人类中心主义的宗教构成我们的麻烦的根源。② 无论是从思想观念，还是资本主义制度，还是从正统基督教出发来探寻生态环境问题的根源，作为人与自然关系失序的生态环境问题，其背后潜藏着人类对自然的态度的文化因素。正如美国生态思想家唐纳德·沃斯特所指出："我们今天面临的全球性生态危机，起因不在生态系统本身，而在于我们的文化系统。"③生态危机不仅是对生态环境的污染，同时也是对人的精神文化世界的污染。从浅层来看，生态环境问题只是一种生存与发展困境，但是从深层来看，这种生存与发展困境实质就是人类的文化困境，意味着人与自然文化血脉的人为分割。"生态问题准确地反映着生活于自然和传统之后的世界状况。"④这种文化传统的终结，也必然带来自然的终结。

---

① 张丽：《国外学者关于生态危机根源及其消解途径的研究述评》，《世界社会主义研究》2021 年第 1 期。

② 卢风：《生态文明新论》，中国科学技术出版社 2013 年版，第 220-221 页。

③ Donald Worster. The Weath of Nature: Environmental History and the Ecological Imagination. Oxford University Press, 1993, p27.

④ Anthony Giddens, Christopher Pierson. Conversations with Giddens: Making Sense of Modernity. Cambridge, UK; Maden, MA: Polity Press, 1998, p216.

对于文化困境的破解，还必须通过重建生态文化体系来实现，摒弃传统的对待自然的价值观念，以生态价值观念为准则，坚持以整体、系统思维，以自然内在价值为取向，以促进人与自然和谐共生为目标。西方在推进工业化和全球化的过程中，以控制自然为手段，以从自然中获取最近的、最直接的效益为目的，以实现资本增殖为动力，把自身的繁荣图景建立在对自然的最大化榨取和对其他国家、地区、人民的生态剥夺的基础之上。从自然观来看，它秉持机械论世界观；从思维模式来看，它坚持主客二元论，造成了人与自然的对立分离；从对待自然的态度来看，它坚持以人类中心主义的立场，把价值作为人的"专利"，在人类面前，自然根本无价值或者说内在价值可言，充其量只有工具价值而已。因而，必须摒弃西方工业文化，扬弃以人的绝对价值为中心的价值取向，重塑以实现人的主体价值和自然内在价值相融合的价值体系。

为此，党中央高度重视发挥生态文化的独特作用，并将其纳入生态文明建设的顶层设计中，不断建立健全生态文化体系。《关于加快推进生态文明建设的意见》明确"坚持把培育生态文化作为重要支撑"作为五条基本原则之一。生态文化是中华优秀传统文化中的重要治国理政资源。中华优秀传统文化是中华民族决不能丢掉的"根"与"魂"。否则，就割断了精神血脉，中华民族就失去了根基。中华优秀传统文化中蕴含了"道法自然""天人合一"等生态思想，为破解人类面临的文化困境提供了有效的应对之道。同时，坚定文化自信，并结合时代的发展和新的历史条件，不断推进包括生态文化在内的中华优秀传统文化的创造性转化和创新性发展。总之，"道法自然""天人合一"等生态思想，无疑是中华民族几千年文明传承发展的智慧结晶和中华传统文化的宝贵财富，蕴含了破解人类发展难题、走出困境的无穷智慧，是"人类任何时候都不可违背的'铁律'"①。这些因而也成为生态文化体系的重要内容。

坚持以生态价值观念为准则，还必须实现对"资本逻辑"引导与规制。西方社会在经济、社会、生态等领域的种种乱象，让我们看到了其背后的资本逻辑及其负面效应。但是，从我们经济社会发展的实际和需要出发，我们暂未到可以取消资本的阶段，反而是要更好、更高效地用好资本。因此，要在社会主义制度

---

① 江畅：《中国传统价值观及其现代转换》（上卷），社会科学文献出版社2020年版，第198页。

下，根据我国的国情和人民生活需要科学设置“红绿灯”，让资本更好地为生态文明建设服务。就构建生态文化体系而言，要认清资本主义国家资本逻辑过度化、全面化及其所造成的严重后果，坚持生态主义的价值导向，把生态效益与经济社会效益科学统筹起来，甚至有时要把生态效益摆在首要位置，使尊重自然、顺应自然、保护自然的生态价值观念成为生态文化体系的基本准则。因此，以生态价值观念为准则的生态文化体系从文化维度彰显了社会主义制度的优越性。

（二）加快建立健全以产业生态化和生态产业化为主体的生态经济体系

长期以来，西方经济学一直缺乏生态学的视野，将自然资源过度产业化，构建了“掏空”自然的完备产业体系。英国学者 E. F. 舒马赫指出：“忽视人对自然界的依存性是以市场为主要研究对象的现代经济学的方法论所固有的缺陷。”[①]它所主张的指数化的经济增长是建立在资源环境无上限的假设和廉价的资源环境基础之上，最终必然走向自我毁灭。《增长的极限》敲醒了仍做着无限增长的美梦的人们。因为在资本主义发展的进程中，随着其自身及全球资源环境要素消耗的加速，资源环境的有限性和紧缺性就越来越充分地凸显出来。同时，在环境保护的初期，由于受二元模式的影响，人们往往把经济发展同生态环境保护对立起来，认为促进经济发展不可避免会造成生态环境问题，而生态环境保护的推进，必然会使经济发展付出代价。伴随着生态环境问题不断凸显，如何破解经济学与生态学、经济发展与生态环境保护的矛盾就显得尤为重要。

事实上，生态学与经济学绝非是两条“平行线”。两者的融合形成的生态经济学，既创造了经济学领域的新增长点，为经济学的合法性提供了更充分的论证；同时也延展了生态学的研究视域，大大提升了生态学的价值性。赫尔曼・E. 戴利和肯尼思・N. 汤森认为，生物学与经济学的研究对象都是同一的，即生命过程。前者注重研究“体内”生命过程，后者则注重研究“体外”的生命过程。经济学研究的是由商品及其互相关系所决定的体外生命过程，因此是生态学的一部分。[②] 从整体和系统的视野来看，经济学、生态学无论是“体内”还是“体

① ［英］E. F. 舒马赫：《小的是美好的》，虞鸿钧、郑关林译，商务印书馆 1984 年版，第 27 页。

② ［美］赫尔曼・E. 戴利、肯尼思・N. 汤森：《珍惜地球：经济学、生态学、伦理学》，马杰、钟斌、朱又红译，商务印书馆 2001 年版，第 280 页。

外”,都是属于“一体”的,保有完整性、原真性的自然生态系统,是经济学价值创造的源源不断的“宝库”。而忽视生态系统的经济学,这样的经济不仅是难以可持续的,甚至还将走向自我毁灭。正因为如此,莱斯特·R.布朗把生态学家与经济学家的关系看作是建筑师与建造商之间的关系,并认为“理应由生态学家给经济提供蓝图”①。这样,就可以把两者的优势互补。

构建更加优化的生态经济体系,既是持续深入推进生态文明建设的必然要求,同时又是延伸经济产业链、实现产业结构迭代升级的重要之举。而产业生态化和生态产业化是其中的关键主体。产业生态化和生态产业化相互联系、相互作用。产业生态化就是遵循生态规律的要求,促使产业发展走向生态化,进而在具体层面减少产业发展对于生态环境造成的不良影响,在更严格生态环境标准的条件下实现生产效率和利润的最大化;在宏观层面,使产业发展的方向与生态文明建设的导向更加一致,实现经济社会发展与环境保护的双协调、双促进。生态产业化着眼于以更生态、更文明的方式把良好的生态资源的效应发挥到最大化,把生态资源优势转化为绿色经济优势,把自然财富转化为经济财富、社会财富。当然,这种转化不再是工业时代的“野蛮”转化,而是在保护生态资源前提下的合理开发、利用,同时也是一种更具附加值的生态化转化。因此,加快建立健全以产业生态化和生态产业化为主体的生态经济体系,必须坚持绿水青山就是金山银山的理念,同时遵循生态规律和产业规律的要求,从生态和产业双向发力,最终破解经济社会发展与环境保护的矛盾。

从生态文明的视角来看,循环低碳发展可以说是最有前途、最具潜力的发展领域。2021年,国家专门出台政策文件,首次从全局高度对建立健全绿色低碳循环发展的经济体系作出顶层设计和总体部署,为产业生态化和生态产业化提供了科学指导。在产业生态化方向,我国对照经济高质量发展的标准,坚持以绿色发展理念引领推动供给侧结构性改革,严控“三高”产业,努力构建绿色循环低碳发展的产业体系,形成了许多新的经济增长点。在生态产业化方面,印发了《关于全民所有自然资源资产有偿使用制度改革的指导意见》《关于统筹推进自然资源资产产权制度改革的指导意见》《关于建立健全生态产品价值实

① [美]莱斯特·R.布朗:《生态经济:有利于地球的经济构想》,林自新、戢守志等译,东方出版社2002年版,第2页。

现机制的意见》等一系列政策,依托良好生态环境,大力发展生态农业、生态旅游等“生态+”产业,实现生态资源的最优配置和最佳利用。因此,以产业生态化和生态产业化为主体的生态经济体系从经济维度彰显了社会主义制度的优越性。

(三)加快建立健全以改善生态环境质量为核心的目标责任体系

目标责任体系既是落实生态文明建设的重要抓手,又是生态文明建设的重要导向,同时也是社会主义生态文明的特色、优势所在。而生态环境质量则是决定目标责任体系效度的硬指标。只有建立健全以改善生态环境质量为核心的目标责任体系,才能有效避免部门之间“打太极”和上下级之间责任“断链”,以免导致目标责任落空。说到底,没有生态环境质量标准的目标责任体系,最终只能停留在文件中,难以在实际的工作中发挥其约束性、导向性作用。

生态环境质量关系民生福祉,是满足人民美好生活需要和人民幸福生活的生态保障。改革开放以来积累的生态环境问题,越来越成为制约生态环境质量的重要因素。解决人民群众反映强烈的突出生态环境问题,不断提高生态环境质量,已成为广大人民群众的热切期待。也正因为如此,在推进全面建成小康社会的过程中,我们党把生态环境质量作为评价小康全面不全面的关键指标,把补齐生态环境短板作为全面建成小康社会的重点任务,扎实推进蓝天、碧水、净土三大污染防治攻坚战,坚守环境质量安全底线,并将其纳入必须严守的三大红线之一。面对新时代社会主要矛盾的新变化,无论是从美丽中国建设的宏大目标来看,还是从经济高质量发展的中观目标来看,还是从实现人民对于美好生活新期待的微观目标来看,改善生态环境质量的任务要求只会越来越高,生态环境质量容不得下降,只能不断改善。在全面建设社会主义现代化国家的新征程中,人与自然和谐共生成为中国式现代化的重要标志。

回顾我国环境保护走过的历程,我国在生态环境领域的目标责任体系经历了从探索、发展到不断完善的过程。20 世纪 80 年代,我国就开始施行环境目标责任制,制定了相关的文件,要求各地对所在区域的环境质量负责,并纳入政绩考核的范畴,同时也逐步纳入干部考核体系中。《生态文明体制改革总体方案》将构建包括生态文明绩效评价考核和责任追究制度等的生态文明制度体系作为改革的目标。党的十九届四中全会把严明生态环境保护责任制度作为坚持和完善生态文明制度体系的重要内容。我国将环境保护目标责任制和考核评价制度写入最新的环境保护法,印发了《绿色发展指标体系》《生态文明建设考核目标体系》《党政领导干部生态环境损害责任追究办法(试行)》《党政领导干部考核工作条例》《中央生态环境保护督察整改工作办法》《生态环境损害赔偿管理规定》等一系列文件,落实环境保护"党政同责""一岗双责"要求,生态环境质量、生态效益在目标责任考核中的比重不断上升,目标责任体系也更加符合生态文明的要求。从河长制、林长制、湖长制等生态文明制度创新,到驰而不息加强中央生态环境保护督察,我国坚持自上而下和自下而上相结合,既善于总结基层实践所形成的生态文明目标责任体系方面的创新做法,成熟后在全国推广;同时又从宏观上做好生态文明建设目标责任体系的顶层设计,真正使目标责任体系更好地保障生态环境质量的改善,让人民群众切实感受到生态环境质量在不断改善。因此,以改善生态环境质量为核心的目标责任体系从责任维度彰显了社会主义制度的优越性。

(四)加快建立健全以治理体系和治理能力现代化为保障的生态文明制度体系

生态文明制度在生态文明建设中具有根本性、全局性、长远性的作用,并支撑、引导、保障生态文明建设沿着既定的目标方向推进。党的十八大报告中明确提出要加快建立生态文明制度的任务。在2018年全国生态环境保护大会上,制度的约束作用被提升到前所未有的高度。习近平总书记强调:"要用最严格制度最严密法治保护生态环境。"①党的二十大报告在回顾新时代十年的伟大变革时,充分肯定了生态文明制度建设所取得的成效,认为生态文明制度体系更加健全。然而,要充分发挥最严格制度的有效作用,其前提是我们的生态文明制度要比较完善,并形成了一个严密的体系。因而,加强生态环境治理、推进生态文明建设,必须要不断完善生态文明制度体系。

推进国家治理体系和治理能力现代化,是包括生态文明领域在内的全领域的治理体系和治理能力现代化。这些领域构成一个整体,任何一个领域的短板,都会影响到整个国家治理体系和治理能力现代化的推进。就生态文明领域

---

① 《习近平谈治国理政》(第3卷),外文出版社2020年版,第363页。

而言,生态文明制度体系完备与否,关系到能否实现生态文明领域国家治理体系和治理能力现代化。建立健全生态文明制度体系,是推进新时代生态文明建设的必然性要求和基础性保障。

推进国家治理体系和治理能力现代化,为生态文明制度体系建设指明了方向。生态文明制度体系建设是一个总体性、系统性工程。分领域来看,在环境经济制度方面,我国制定和实施了包括绿色金融改革、自然资源资产负债表编制、环境保护税开征、生态保护补偿、自然资源产权、生态环境损害赔偿等制度或改革;在环境治理制度方面,推进了省以下环保机构监测监察执法垂直管理、生态环境监测数据质量管理、排污许可、河湖林长制、禁止洋垃圾入境等制度;在环境管理制度方面,实施了生态文明建设目标评价体系、自然资源资产离任审计、生态环境损害责任追究等制度。习近平总书记特别对中央生态环境保护督察制度给予充分肯定,认为该制度“建得好、用得好、敢于动真格,不怕得罪人,咬住问题不放松”①,推动地方党委和政府及其相关部门更主动、有为地落实生态环境保护责任。这一系列制度的出台、实施和制度改革的推进,有效提升了制度设计的科学性、精准性,较好地发挥了制度体系的协同效应,形成了我国科学化、规范化、结构化的生态文明制度体系,为生态文明领域的国家治理体系和治理能力现代化打下了扎实的基础。因此,以治理体系和治理能力现代化为保障的生态文明制度体系从国家治理维度彰显了社会主义制度的优越性。

(五)加快建立健全以生态系统良性循环和环境风险有效防控为重点的生态安全体系

影响日益广泛、形势渐趋严峻的生态环境问题,已经直接危及世界各国的生态安全。生态安全问题已经成为全球性安全的难点问题,受到各国的普遍关注。能否有效防控不断增加的生态安全风险,已成为生态文明建设的重要课题。

早在 1987 年,《我们共同的未来》主张把传统的安全概念加以扩大,并把不断增加的环境压力的影响纳入安全的范畴。关于生态安全的定义,一般有广义

---

① 习近平:《论坚持人与自然和谐共生》,中央文献出版社 2022 年版,第 5 页。

和狭义生态安全之分[①]。生态安全具有相对性、地域性、可控性等特点。这也就意味着我们在谈生态安全时,首先是指某一区域的生态安全,且这种安全是相对的、动态的,所受到的生态安全风险处于可控的范围内。那么如何来判定生态安全?从正向维度来看,生态安全就意味着生态系统的完整性和原真性未受到大的破坏,生态系统内部各要素之间有着良性循环;从反向维度来看,生态安全就意味着生态环境问题所造成的影响及后果处于可控范围内。因此,构建生态安全体系需要从正、反两个方向同时发力。环境风险的消除,有利于维护生态系统的良性循环,而生态系统的良性循环,反过来有利于环境风险的管控。

习近平生态文明思想有着丰富的关于生态安全的重要论述,为筑牢国家生态安全屏障和构建全球生态安全体系提供了理论指导。2014 年,习近平总书记创造性地提出总体国家安全观,并将生态安全纳入国家安全体系。之后,他多次强调生态安全,形成了许多关于生态安全的重要论述。在关于生态要素对于维护生态安全的重要性方面,他指出,"森林关系国家生态安全","青海湖是阻止西部荒漠向东蔓延的天然屏障,是维系青藏高原东北部生态安全的重要结点"[②]。在实现生态安全的途径上,他强调坚持保护优先、自然恢复为主的原则,通过实施一批生态环境保护和修复工程,不断优化生态安全屏障体系,筑牢国家生态安全屏障。在关于中国在全球生态安全中的地位和作用方面,强调要通过生态文明及美丽中国建设的实践,为保障全球生态安全作出中国贡献。党中央把生态安全纳入国家安全体系,也就"将生态环境问题与国家安全以及人民生态权益紧密联系在一起,将生态问题与政治问题和民生问题紧密联系起来,体现出一种新的安全观、政治观和幸福观"[③],为筑牢生态安全体系提供了坚实的保障。

党的十八大以来,以习近平同志为核心的党中央高度重视并统筹发展与安全,在保障生态安全方面采取了一系列的措施,形成了较为完整、有效的生态安

① 董险峰、丛丽、张嘉伟,等:《环境与生态安全》,中国环境科学出版社 2010 年版,第 10 页;罗永仕:《生态安全的现代性境遇》,人民出版社 2015 年版,第 11 页;张智光等:《生态文明和生态安全——人与自然共生演化理论》,中国环境科学出版社 2019 年版,第 6 页。

② 中共中央党史和文献研究院:《习近平关于总体国家安全观论述摘编》,中央文献出版社 2018 年版,第 188、190 页。

③ 方世南:《生态安全是国家安全体系重要基石》,《中国社会科学报》2018 年 8 月 9 日第 1 版。

全体系，使得我国的生态安全屏障得到进一步筑牢。一是坚持人与自然是生命共同体、绿水青山就是金山银山的理念，努力实现生态系统的良性循环。为保护国家有代表性的自然生态系统，首批正式设立5个国家公园，构建以国家公园为主体的自然保护地体系。同时，推进天然林保护修复，严守生态保护红线。二是围绕人民群众反映强烈的突出生态环境问题，坚持山水林田湖草沙冰系统保护和一体化治理，强化生态文明制度体系建设，加强生态环境监测和预警，构建现代环境治理体系，加强资源环境生态红线管控，强化生态环境损害责任追究，有效防控了环境风险。特别是针对新冠肺炎疫情所暴露出来的生物安全问题，果断采取措施筑牢生物安全屏障，并将其纳入了国家安全体系。三是坚持胸怀天下，以地球家园的生态安全为方向构建人类命运共同体，提出并践行全球发展倡议、全球安全倡议，为构建全球生态安全贡献了中国智慧、中国力量。因此，以生态系统良性循环和环境风险有效防控为重点的生态安全体系从国家安全维度彰显了社会主义制度的优越性。

二、深度参与全球环境治理

党的二十大报告在充分肯定我国积极参与全球治理体系改革和建设的同时，着眼于全面建设社会主义现代化国家，提出要在全球治理中发挥更大作用的任务要求。这为我国深度参与全球环境治理指明了方向。习近平总书记强调，“要深度参与全球环境治理，增强我国在全球环境治理体系中的话语权和影响力”①，充分表达了中国坚定不移共谋全球生态文明建设、推动全球环境治理合作的信心、决心。深度参与全球环境治理是中国表达正义诉求、履行使命责任的主动作为，是坚持和发展中国特色社会主义的必然要求。

参与全球治理的能力及深度，往往是一个国家综合实力强大与否的象征。中国作为发展中大国，无疑必须在全球治理中谋求与我国国际地位、综合实力相匹配的角色，并且在深度参与全球治理中不断地展现中国担当。在当今时代，任何一个国家都无法脱离全球治理圈，即使是美国这样的大国、强国，虽然经常为了选举需要频频上演“退群”“入群”的政治游戏，甚至是任性退群、选择

① 习近平：《论坚持人与自然和谐共生》，中央文献出版社2022年版，第14页。

性“缺席”，但是其仍然无法在圈外安身，并且其对共识的破坏必然伤及自身。全球化带来的全球性问题及其治理成效，都直接或间接地影响到各国的国内治理及其发展。从这个角度来看，参与全球治理既是一种普遍诉求，因为各国都希望在国际舞台上发出声音、照顾自身的关切；同时它也是一种使命责任，全球治理需要各国以“共治”取代“分治”，使得如生态环境等全球性问题得到更好的解决。全球治理应坚持人类整体主义的导向，把握共享性、利他性、公共性等价值导向突破地方性的局限，为全球发展谋共同的福祉。

（一）全球环境治理面临多重赤字

无论是学界关注的全球环境治理的困境，还是全球环境治理模式的困境，还是全球环境治理体系的失灵，等等，这些都反映全球环境治理面临赤字问题。具体而言，表现在理念赤字、参与赤字、责任赤字等方面。从三者的关系来看，理念赤字必然影响到主体的参与程度不均、参与能力失衡，而理念赤字、参与赤字就难以避免责任赤字，导致全球环境治理责任的落空，进而使其陷入困境。

一是理念赤字。长期以来，西方发达国家奉行单边主义、环境民粹主义，坚持“本国至上”“利益优先”的零和思维，采取“大棒+胡萝卜”的手段，以霸权主义谋求全球环境治理的领导者地位。环保演变成了具有浓厚意识形态色彩的环保主义，成为发达国家随心所欲制造贸易壁垒、变更“游戏”规则的“温床”，就此形成了“环保的暴力”。美国、加拿大任性退出《京都议定书》，破坏全球环境治理的共识；澳大利亚取消碳税，冲击全球减排努力；日本退出国际捕鲸委员会，同时置人类利益不顾执意将福岛核污水排入大海，挑战全球生态底线。这些都充分表明，西方主导的全球环境治理，实质上是以全球治理之名行霸权之实，使得全球治理蜕化为治理全球，使全球环境治理走向“碎片化”的“分治”困境，难以聚合“共治”的合力。在美国参与全球环境治理中，霸权主义色彩颇为浓厚。

二是参与赤字。全球环境治理作为全球治理的重要组成部分，治理的复杂程度和难度系数都决定了任何单一的行为体都难以完成如此艰巨的任务，需要国家、社会、市场等多维行为体的介入。不可否认，随着全球治理的兴起，全球治理的行为体呈现多元与增多的趋势，呈现国家力量与非国家力量共治的局面。但是看似多元的众多参与主体，却由于受到参与能力、经济发展程度、文化差异等方面的影响，特别是单边主义、民粹主义泛滥的影响，从而出现了治理结构的失衡与不公正。从参与主体的分类来看，国家层面的参与主体在东西方国家之间出现不平衡，广大发展中国家的声音、诉求、利益得不到应有的重视；还有非国家力量层面公民社会、非政府组织参与全球环境治理的深度仍不够和作用发挥得不显著；最终使全球环境治理难以为各行为体参与全球环境事务提供有效的合作平台。

三是责任赤字。理念赤字和参与赤字注定西方发达国家在全球环境治理中大搞“一言堂”，同时他们却未全面认识到自身在造成历史积累环境问题的责任“欠债”，不仅自身在履行减排责任上大打折扣，而且对发展中国家的援助也往往只是“画饼”。从全球环境治理走过的历程来看，《京都议定书》确定的“共同但有区别的责任”原则，不仅未能成为发达国家和发展中国家携手应对气候变化问题的黄金法则，反而成了发达国家推卸责任的“正当”借口或敦促其他国家承担更大责任的说辞。从全球环境治理的成效来看，无论是“京都模式”推行的自上而下的强制减排，还是《巴黎协定》倡导的自下而上的“自主贡献”，均未实现预期的目标。发达国家根本未兑现资金援助的承诺。这种责任赤字，反映出“传统大国承担国际责任的意愿减弱”①，同时也是大国领导力减弱的重要表征。2020 年，外交部发布的《美国损害环境事实清单》《美国损害全球环境治理报告》，以充足的事实和翔实的数据揭露了作为世界大国、经济强国的美国在全球环境治理上“负债累累”，大开历史“倒车”，严重破坏了全球环境治理的效率与公平。

（二）全球环境治理的中国角色之变

长期以来，受到经济硬实力、文化软实力、政治影响力等因素的限制，我国在包括全球环境治理在内的全球治理中曾经处于“被”全球治理的状态，尤其是表现在经济领域。如为了加入世贸组织，我国经历了长达 15 年的谈判，终于在 2001 年顺利加入。在环境领域，中国派代表团参加了 1972 年的联合国人类环境会议，并逐步开展了环境外交。1992 年参加了联合国环境与发展大会，随后开始参加全球的多边环境会议。会议提出的可持续发展观点在我国逐渐转化

---

① 王帆、凌胜利：《人类命运共同体：全球治理的中国方案》，上海人民出版社 2017 年版，第 247 页。

为指导经济社会发展的可持续发展战略。

进入新世纪以来,中国的环境治理及参与全球环境治理的表现越来越受到国际社会的关注。特别是随着我国经济实力、综合国力、国家影响力的逐步增强,在世界经济体系中的分量也越来越足,对参与全球环境治理有了更迫切的需求,“似乎不再仅仅是‘被’全球治理,而是也要开始去治理世界”[①]。与此同时,国际经济、政治等力量也正在发生深刻演变,新兴市场国家和发展中国家的崛起一定程度上缓解了东西方在全球治理上的不平衡。他们“抱团”对全球治理体系的变革提出了新诉求。正如习近平总书记所指出:“全球治理体系未能反映新格局,代表性和包容性很不够。”[②]因此,在西方大国任性“退群”、频频“甩锅”和全球环境治理面临赤字的背景下,中国参与全球环境治理反映了全球特别是广大发展中国家的共同期待。它既是中国自身发展的内在诉求,也是为广大的发展中国家争取发展空间、凝聚全球共识与合力的必然要求。

面对国内生态文明建设的形势任务和应对全球气候变化的新要求,我国以积极、主动、有为的姿态深度参与全球环境治理。2015 年《联合国气候变化框架公约》生效后,习近平主席作为中国最高国家领导人首次出席世界气候大会。2020 年、2021 年,又出席气候雄心峰会、领导人气候峰会。这些充分体现了习近平总书记和党中央对参与全球环境治理的高度重视与高位引领。2014 年,中美两国元首发表了《中美元首气候变化联合声明》;2015 年与美国、欧盟同年提出国家自主贡献预案;2016 年,中美两国元首向联合国秘书长共同提交了气候变化《巴黎协定》的批准文书;2017 年党的十九大报告,明确提出我国要成为“全球生态文明建设的重要参与者、贡献者和引领者”的清晰定位;2020 年正式提出“双碳”目标;2021 年在昆明举办《生物多样性公约》第十五次缔约方大会。在深度参与全球环境治理的过程中,发出了中国声音、提出了中国方案、贡献了中国智慧,充分彰显了我国的制度优越性。从参与角色看,我国从全球环境治理的“后来者”转变为“活跃者”;从参与能力来看,我国从“跟随者”成长为“引领者”;从参与深度来看,我国从缺少规则制定权、议程设置权等权利的“被动参

---

① 庞中英:《全球治理的转型——从世界治理中国到中国治理世界》,《国外理论动态》2012 年第 10 期。

② 《习近平谈治国理政》(第 2 卷),外文出版社 2017 年版,第 479 页。

与者”发展为参与规则制定、议程设置等的“积极参与者”，充分展现了负责任大国的形象与担当。如积极推动《生物多样性公约》第十五次缔约方大会将主题定位为“生态文明：共建地球生命共同体”，使得“生态文明”首次作为大会主题。中国从过去以环保理念、技术、资金等单向地“引进来”为主，到我国生态文明理念、环保技术等常态化“走出去”，反映了中国在全球环境治理中的角色之变。

（三）全球环境治理的中国贡献

作为世界上最大的发展中国家、全球第二大经济体，中国用几十年的时间完成了西方国家几百年的工业化历程，创造了中国式现代化新道路，创造了人类文明的新形态，成功推进和拓展了中国式现代化。中国自身的环境治理具有世界意义，同时也完全有能力、有条件、有信心为全球环境治理作出更大的中国贡献，进一步强化了我国的制度优势。有学者把全球环境治理的中国贡献划分5个阶段进行总结论述①；还有学者认为中国以生态文明理念的引领者、公共生态产品的提供者、多边环境关系的维护者、国家自主贡献的示范者的角色为全球环境治理作出了中国贡献②；还有国外学者认为，“中国驱动的全球化进程将成为全球化的主要模式和新型多边治理机制的摇篮”③。我们可以从国内、国际两个视角来分析中国在全球环境治理中的贡献。

立足国内，我国以生态文明建设所取得的历史性成就贡献世界。中国的生态文明建设做好了，既是为中国特色社会主义加分，同时也是为全球环境治理作贡献。面对百年未有之大变局，习近平总书记再次强调，“最根本的是要把我们自己的事情做好”④。为何总书记如此强调要把自己的事情做好呢？从基本国情来看，我国是世界上最大的发展中国家，仍处于社会主义初级阶段，但是社会的主要矛盾已经发生了变化，只有办好自己的事才能求得更大的发展。从世

---

① 张云飞、任铃：《新中国生态文明建设的历程和经验研究》，人民出版社2020年版，第237-240页。

② 刘海涛、徐艳玲：《全球环境治理与中国角色和贡献》，《理论视野》2021年第3期。

③ ［英］马丁·雅克：《大国雄心》（2版），孙豫宁、张莉、刘曲译，中信出版社2016年版，新版序XVIII。

④ 《习近平在省部级主要领导干部“学习习近平总书记重要讲话精神，迎接党的二十大”专题研讨班上发表重要讲话强调 高举中国特色社会主义伟大旗帜 奋力谱写全面建设社会主义现代化国家崭新篇章李克强主持 栗战书汪洋王沪宁赵乐际韩正王岐山出席》，《人民日报》2022年07月28日第01版。

界范围来看，面对“两个大局”，全球政治、经济、科技、文化等方面的竞争更为激烈，只有办好自己的事，才能把握历史大势、赢得历史主动。因而，无论是我们实现全面小康、摆脱绝对贫困问题，还是走出中国式现代化新道路、拓展人与自然和谐共生的中国式现代化，这些都是对构建人类命运共同体的贡献、对世界的贡献。正如习近平总书记在会见“元老会”代表团指出：“中国把自己的事情办好了，对世界而言就是贡献。”[①]党的十八大以来，我国构筑了生态文明制度的“四梁八柱”，抓生态文明建设的力度空前，推动生态文明建设发生了历史性、转折性、全局性的变化，形成了习近平生态文明思想。中国已经“翻身”为全球生态文明建设的重要参与者、贡献者和引领者。2021 年，全国地级及以上城市 PM2.5 平均浓度比 2015 年下降了 34.8%，十年间全国单位 GDP 二氧化碳排放下降了 34.4%，2013 年到 2020 年空气质量改善的幅度相当于美国《清洁空气法案》启动实施以来 30 多年的改善幅度[②]。在“时空压缩”的背景下，我国生态文明建设所取得的历史性成就来之不易，为全球生态文明建设作出了中国贡献，为广大发展中国家破解经济社会发展与环境保护“两难”问题提供了中国样本，其意义无疑具有世界性。

放眼全球，我国以负责任大国的历史担当贡献世界。作为一个大党要有大党的样子，作为一个大国也要有大国的样子。中国作为人口大国、经济大国，中国共产党作为世界上最大的政党，大党加大国决定了中国在全球环境治理中不能缺席。无论从中国共产党的执政理念、执政使命来看，还是从中国的国际地位、全球影响来看，中国应有“不能缺席”的自信与担当。在参与、引领全球生态文明建设中，我国始终坚持真正的多边主义，践行共商共建共享的全球治理观，坚持自我加压，推动全球共享。多边主义是国际社会公认的应对共同挑战的唯一出路。然而，西方多边主义理论与实践总是存在某种偏差或者“割裂”，以美国为首的西方国家更是以多边之名行单边霸凌之实，并在实践中蜕化成了“伪多边主义”[③]。多边主义是中国外交的一贯主张和立场，也是中国参与全球环境

---

① 新华网：《习近平会见“元老会”代表团》，2019-04-01 19:52:03，http://www.xinhuanet.com/politics/leaders/2019-04/01/c_1124312963.htm。

② 刘毅：《党的十八大以来——美丽中国建设迈出重大步伐（中国这十年·系列主题新闻发布）》，《人民日报》2022 年 09 月 16 日第 06 版。

③ 许嫣然、曹司彬：《多边主义理论辨析与全球治理实践危机》，《教学与研究》2022 年第 5 期。

治理高举的旗帜。习近平总书记在各种场合强调,维护和践行多边主义是解决问题的出路所在,其要义是“国际上的事由大家共同商量着办,世界前途命运由各国共同掌握”①。无论是在与美国、欧盟等大国及国际组织的环境外交中,还是在“一带一路”、中非合作论坛、东盟、上海合作组织等框架下的环境合作,中国都坚持多边主义的原则,维护国际组织和环境公约的权威。同时创设了生态文明国际论坛、库布齐国际沙漠论坛等多边对话合作机制。自我加压是集中精力做好自己的事情的重要表现。应对全球气候变化,推动碳达峰、碳中和,“不是别人让我们做,而是我们自己必须要做”②。从 2015 年公布《强化应对气候变化行动——中国国家自主贡献》,作出 2030 年左右碳达峰承诺,到 2020 年正式宣布“双碳”目标,再到 2021 年发布《2030 年前碳达峰行动方案》,中国在实现减排降碳上,言必行、行必果,行动迅速、措施有力,彰显了坚定践行对世界承诺的信心和决心。我国承诺实现碳达峰到碳中和的时间远远短于发达国家,其挑战性、艰巨性、紧迫性都不言而喻,其所带来的全方位变革无疑是广泛而深刻的。中国坚持从全球生态文明建设的整体和大局出发,与世界共享环境治理成果,成为《生物多样性公约》及其议定书核心预算的最大捐助国、全球环境基金最大的发展中国家捐资国、全球最大清洁能源生产国及应用国等一系列的“世界之最”,为全球绿色经济复苏注入了新动力,为全球环境治理作出了新贡献。

第三节 新时代生态文明建设的实践保证

党的十八大以来,面对纷繁复杂多变的国际形势和国内改革发展稳定的繁重任务,特别是在“时空压缩”的大背景下,我国生态文明建设和生态环境保护取得了历史性成就,实现“四个重大转变”,“新时代生态文明建设的成就举世瞩目,成为新时代党和国家事业取得历史性成就、发生历史性变革的显著标志”③,这正是由于“充分发挥党的领导和我国社会主义制度能够集中力量办大事的政

① 《习近平谈治国理政》(第 4 卷),外文出版社 2022 年版,第 461 页。

② 《习近平谈治国理政》(第 4 卷),外文出版社 2022 年版,第 371 页。

③ 《习近平在全国生态环境保护大会上强调 全面推进美丽中国建设 加快推进人与自然和谐共生的现代化》,《人民日报》2023 年 07 月 19 日第 01 版。

治优势"[①],并充分发挥构建人类命运共同体的道义优势。这些优势是社会主义制度优越性的集中体现,同时也为新时代生态文明建设提供了有力保障。正是有了党的坚强领导这个最大优势,才能发挥中国特色社会主义集中力量办大事的制度优势,进而才有条件、有能力凸显社会主义所占据的道义优势。

一、最大优势:坚持党的全面领导

在马克思主义看来,无产阶级政党的领导是关键因素。党的十九大明确把党的领导作为中国特色社会主义的本质特征和中国特色社会主义制度的最大优势,并将"坚持党对一切工作的领导"纳入新时代坚持和发展中国特色社会主义的基本方略。党的十九届六中全会通过的决议将"坚持党的领导"作为党的百年奋斗的十条宝贵历史经验之首。党的二十大报告把"坚持和加强党的全面领导"置于前进道路上必须牢牢把握的五个重大原则首位,强调"坚持党的全面领导是坚持和发展中国特色社会主义的必由之路"[②],对新时代党的建设新的伟大工程作出新的战略部署。这些都充分凸显了党的领导对于党和国家事业所发挥的根本和命脉作用。

生态问题与政治问题的高度关联性,决定了任何关于生态问题根源、出路的探究都难以离开政治的视域。也就是说,不管是处于主动还是被动,直接还是间接,生态与政治的联姻都是注定的。在马克思、恩格斯的论述中,虽然没有关于生态政治的直接表述,但是他们通过对资本主义制度下生态问题的批判,强调必须统筹解决生态问题与政治问题,要把自然解放与政治解放、社会解放、人类解放等结合起来,通过政治制度的变革破解生态问题。因此,"坚持党对生态文明建设的全面领导"成为了习近平生态文明思想核心内涵的首要内容,它符合马克思恩格斯的生态政治思想的实践指向,也是推动新时代生态文明建设的内在要求。

(一)坚持党对生态文明建设全面领导的逻辑必然

坚持党对生态文明建设的全面领导,既是基于生态文明建设在党和国家事

① 中共中央宣传部、中华人民共和国生态环境部:《习近平生态文明思想学习纲要》,学习出版社、人民出版社 2022 年版,第 17 页。

② 《党的二十大报告辅导读本》编写组:《党的二十大报告辅导读本》,人民出版社 2022 年版,第 63 页。

业全局中的突出地位及作用的战略考量，又是完善党的全面领导的内在要求。习近平总书记在2018年全国生态环境保护大会上指出，要充分发挥党的领导的政治优势在破解生态环境问题、推进生态文明建设中的关键性、根本性作用。

生态文明建设在党和国家事业全局中的地位及作用更加突出，对加强党的领导提出了新要求。对生态文明建设在全局中的地位和作用的认识，既与生态环境问题的严重程度息息相关，也与执政党的生态自觉意识密切关联。同时，执政党的生态自觉程度也决定了对生态文明建设地位和作用的认识深度。虽然生态环境问题是各国、各执政党共同面对的问题，但是对生态环境问题的破解力度及其成效往往存在较大差异，这就与党的领导的作用发挥有关。中国共产党对生态文明建设的重要性的认识也有一个不断发展的过程。在新中国成立至改革开放前的这段时期，党的工作重心是领导人民恢复国民经济，开展社会主义建设，可以说无暇顾及环境问题，且当时环境问题相对来说未集中涌现。改革开放以来至党的十八大以前的时期，由于经济社会发展过程中的环境问题积累及其造成的各方面代价，引起了党和国家的高度重视。党的十八大以来，我们党站在实现长期执政的政治高度，将生态文明建设要求内化为党的执政理念、融入党的执政使命、转化为党的执政实践，胸怀“国之大者”。特别是新冠肺炎疫情的全球暴发，使得生态环境风险的防范、生态安全体系的构建更加紧迫而凸显。生态文明建设写入党章、写入宪法，上升到关系民族永续发展的根本大计高度，真实反映了全党、全国上下的共同意志。“全面加强党对生态环境保护的领导”也被写入国家政策文件。从我国生态文明建设走过的历程来看，正是有了党对生态文明建设的全面领导，才能创造生态文明建设的历史性成就，并奠定我国在全球生态文明建设中的引领者地位。

坚持党对生态文明建设的全面领导是坚持和完善党的全面领导的内在要求。坚持党的领导，是中国革命、建设和改革取得一个个胜利的关键所在，同时也是我国正反历史经验的科学总结。党的十九届四中全会确立了党的领导制度在国家制度和国家治理体系中的统领性作用，指出“中国共产党领导是中国特色社会主义最本质的特征，是中国特色社会主义制度的最大优势，党是最高政治领导力量”[①]。党的全面领导要求将党的领导贯彻到党和国家所有机构、全部领域和社会的各种组织中，确保党始终发挥领导作用。生态文明建设作为“五位一体”总体布局和“四个全面”战略布局的重要内容，没有理由游离于党的全面领导之外。民心是最大的政治。坚持党对生态文明建设的全面领导，才能切实解决人民群众反映强烈的突出生态环境问题，更好地满足人民群众对良好生态环境的新需要和人民对美好生活的向往，增强他们的生态环境获得感、幸福感和安全感，最终才能“守住人民的心”。反之，若党的领导在生态文明建设领域弱化了，必将制约生态文明建设的推进，影响生态文明建设的成效，最终也将危及党的全面领导的巩固。因此，中国共产党的领导这一最本质特征、最大优势，只能不断地凸显，使其成为中国特色社会主义区别于资本主义的鲜明标识。

（二）党对生态文明建设全面领导的发力点

坚持党的全面领导，不能仅仅停留在文件、制度中，必须切实贯彻到实践中。然而，在实践中能否找到合适的抓手或发力点，又决定了党的全面领导的成效。党的百年奋斗的实践证明，我们党在领导人民推进中国革命、建设、改革的伟大历程中，探索、形成了一整套行之有效的政策制度，确保了党的全面领导贯彻到党和国家生活的各领域、全过程。“党从思想、法律、体制、组织、作风上全面发力”[②]，使党的领导成为推进中国特色社会主义生态文明建设的最大优势和最根本保证。

第一是从思想上发力。在社会主义制度下的中国，生态文明建设必须要回答“为了谁”这个根本问题。强化对生态文明建设的思想领导，可以确保我国生态文明建设沿着社会主义的方向前进。“思想领导是党的全部领导工作的根本，是党的全部领导工作的灵魂与基础。”[③]在习近平生态文明思想的引领下，我国生态文明建设取得历史性成就、发生历史性变革。一是生态文明建设的共识得到空前凝聚。生态文明承载着全党、全国人民的绿色向往，参与生态文明建

---

① 本书编写组：《党的十九届四中全会〈决定〉学习辅导百问》，学习出版社、党建读物出版社 2019 年版，第 5 页。

② 《中共中央关于党的百年奋斗重大成就和历史经验的决议》，人民出版社 2021 年版，第 51 页。

③ 黄建军：《中国共产党思想领导能力建设研究》，人民出版社 2018 年版，第 92 页。

设已经成为了全国人民的集体行动，全党、全国上下对生态文明建设在建设美丽中国、建设社会主义现代化强国中的关键作用具有高度的认同和一致性。二是绿色发展的动力得到空前激发。全党全国形成了追求经济高质量发展的强烈共识，推动绿色发展的自觉性、主动性显著增强。三是美好生活的向往得到空前满足。人民对美好生活的向往必须建立在良好生态环境的基础之上，而推进生态文明建设是创造良好生态环境的必然之举。我国生态环境质量的不断提升，极大满足了人民对美好生活的向往，彰显了社会主义生态文明的人民性特质。

第二是从法律上发力。法治不严密是造成我国生态环境保护中突出问题的重要原因。主要表现在生态环境保护法律制度体系不尽完善，导致违法成本过低、处罚力度不大、执行力度不严，存在该硬的不硬、该严的不严、该重的也不重等问题。因而，唯有用最严密的法治来保护生态环境。党的十八大以来，党中央着眼于把生态文明建设纳入法治化轨道，坚持以法治的理念、法治的方式推动生态文明建设，我国生态环境保护法律制度体系得到进一步完善。2012—2022 的十年间，我国制定、修订了 30 余部生态环境领域相关法律法规；2021 年全国环境行政处罚案件数量是新环保法实施前的 1.6 倍；2013—2021 年，人民法院审理的以污染环境罪定罪的案件年均超过 2000 件。[①] 新修订的环境保护法，成为史上最严的环境保护法，法律法规覆盖了污染防治领域。2020 年，我国开出了环保史上最大罚单 5.2 亿元。目前，我国已有生态环境保护法律 30 余部、行政法规 100 多件、地方性法规 1000 余件，为完善生态文明制度体系打下坚实基础。党领导人民强化生态文明建设的立法、执法、司法、守法，形成了中国特色社会主义生态环境保护法律体系，法律的震慑效应充分释放，法治的理念及精神得到充分彰显，从法治层面加强了对生态文明建设的全面领导。

第三是从体制上发力。体制不健全也是造成我国突出生态环境问题的重要因素。为破解体制不健全的问题，党中央把生态文明领域的体制改革纳入全面深化改革的整体部署，改革生态环境和自然资源的管理体制，推动省以下环保机构监测监察执法垂直管理制度改革，实施了河湖林长制等，为推进生态环

① 刘毅：《党的十八大以来——美丽中国建设迈出重大步伐（中国这十年·系列主题新闻发布）》，《人民日报》2022 年 09 月 16 日第 06 版。

境治理体系和治理能力现代化奠定了基础。2015 年,中央出台方案对生态文明体制改革进行部署。2016 年,中央专门出台文件,着力破解以块为主的地方环保管理体制所存在的突出问题。2018 年,中央又印发了《关于深化党和国家机构改革的决定》,随后组建生态环境部、自然资源部及国家林业和草原局,进一步理顺了管理部门的职责。生态文明体制的健全,强化了党对生态文明建设的全面领导。

第四是从组织上发力。领导干部是推动生态环境保护落实落细的“关键少数”。党的十八大以来,我国强化了“党政同责”和“一岗双责”,建立和实施了中央生态环境保护督察、生态文明目标评价考核、责任追究等制度,开展了自然资源资产离任审计,为加强对生态文明建设的全面领导提供组织保障。一是完善考核评价,树立正确的发展观、政绩观。我国印发了《绿色发展指标体系》《生态文明建设考核目标体系》《党政领导干部考核工作条例》等文件。既要把体现生态文明状况的指标纳入考核评价体系,又要根据不同的主体功能区实施差异化的考核。习近平总书记强调,“对贫困县党政负责同志的考核,要提高减贫、民生、生态方面指标的权重。”①二是强化中央生态环境保护督察。作为习近平总书记亲自谋划、亲自部署、亲自推动的重大创新制度,在生态文明实践中该制度已成为推动落实生态环境保护责任的“利剑”,并得到总书记的高度肯定。两轮督察受理转办的群众生态环境信访举报 28.7 万件②。三是开展了自然资源资产离任审计,强化责任追究。从 2015 年开展试点到 2017 年全面推开,再到 2022 年评价指标体系的完善,开展自然资源资产离任审计,对于强化生态文明制度的执行形成了强有力的约束。对于盲目决策并造成严重后果的领导干部,实行严肃问责、终身追责。如祁连山生态环境破坏案共对 200 多名领导干部进行了问责。

第五是从作风上发力。作风关乎生态文明建设的部署要求能否全面落实。每一起破坏生态环境事件的背后都反映出部分领导干部存在作风问题。习近

---

① 中共中央文献研究室:《习近平关于社会主义经济建设论述摘编》,中央文献出版社 2017 年版,第 226 页。

② 刘毅:《党的十八大以来——美丽中国建设迈出重大步伐(中国这十年·系列主题新闻发布)》,《人民日报》2022 年 09 月 16 日第 06 版。

平总书记指出:“一些重大生态环境事件背后,都有领导干部不负责任、不作为的问题。”①党的十八大以来,他多次就一些严重损害生态环境的事情作出批示。秦岭北麓西安段圈地建别墅事件、甘肃祁连山生态保护区生态环境破坏事件等,暴露出部分地方环保意识不强、监督履职不到位、执法不严格等问题,这种不作为、不担当、不碰硬的“三不”行为背后是作风不严不实的问题。特别是秦岭北麓西安段圈地建别墅事件,习近平总书记作出六次重要批示指示才最终得以解决。② 这既是一场生态环境的“保卫战”,同时也是一场作风建设的“保卫战”。因而,打造一支生态环境保护铁军是保障生态文明制度不折不扣落实到位的关键力量。总之,只有良好的政治生态、优良的作风才能护佑自然生态,坚持党对生态文明建设的全面领导,作风至关重要。

二、政治优势:集中力量办大事

集中力量办大事是社会主义制度优越性的集中体现,它既是马克思、恩格斯领导无产阶级运动的制胜法宝,又从中华优秀传统文化汲取精神滋养,更是中国革命、建设和改革的实践总结。“集中力量”就是要聚合各种人力、物力、财力等资源要素,调动一切直接、间接的力量。“办大事”就是要瞄准关系党和国家发展全局的重大战略问题、关系人民美好生活的重大民生问题,凝聚起亿万人民的历史合力。在生态文明建设的过程中,我国注重发挥集中力量办大事的政治优势。在新时代,要更加充分地发挥这种优势,推进生态文明建设取得更大成效。

(一)集中力量办大事政治优势的生成逻辑

集中力量是马克思、恩格斯、列宁等在领导无产阶级运动的过程中不断总结出来的革命方法,是弱小的无产阶级通过革命的联合战胜强大的资产阶级的制胜法宝。马克思、恩格斯对资本主义生产条件下的协作进行了辩证的分析,认为有计划的协同劳动即协作一方面加剧了资产阶级对工人阶级的剥削压榨,

---

① 中共中央文献研究室:《习近平关于社会主义生态文明建设论述摘编》,中央文献出版社2017年版,第100页。

② 任平:《全面从严治党是党永葆生机活力、走好新的赶考之路的必由之路——奋进新征程创造新伟业⑤》,《人民日报》2023年04月03日第05版。

导致工人阶级在创造更多剩余价值的同时，却使自身愈发陷入非人的境地。另一方面肯定了协作所汇聚的集中力量对于生产力发展的重要作用，“通过协作提高了个人生产力，而且是创造了一种生产力，这种生产力本身必然是集体力”①。随着资本主义的发展，资产阶级在城市汇聚了越来越多的资源、要素，包括工人的劳动力，客观上也使得工人阶级的集聚和力量的集中。资产阶级在通过财富积累实现统治的同时，也“使工人通过结社而达到的革命联合代替了他们由于竞争而造成的分散状态”②。资本主义生产的扩大同时也生产了自己的“掘墓人”，使无产阶级队伍在不断壮大。面对强大的资产阶级和自身所处的绝境以及在组织、训练等方面的劣势，无产阶级必须集中一切能够集中的力量，否则就难以逃脱被消灭的命运。因此，能否集中力量，关系着无产阶级革命的成败。在这方面，既有巴黎公社血的教训，也有俄国十月革命胜利的经验。无产阶级革命胜利之后，继续采取集中力量的办法。因为虽然取得了政权，但是巩固政权的经济、政治等基础仍然薄弱，还必须集中力量恢复被破坏的生产，增加生产力的总量，巩固政权，建设一个新世界。因此，从无产阶级革命正反经验来看，无论是革命前、革命中，还是革命后，都必须采取集中力量的办法。这也为我国集中力量办大事政治优势的生成提供了科学的指引。

中华优秀传统文化是中华民族的“根”和“魂”，也是集中力量办大事政治优势的文化基因所在。中华民族自古以来就有强烈的家国情怀，秉持大道之行、天下为公的理念，有“国家兴亡，匹夫有责”“舍小家、为大家”“人心齐，泰山移”等传统思想，始终追求“大一统”，这些传统优秀文化为民族血脉的赓续、国家的治理提供了丰富的精神滋养和文化根基。无论是开凿京杭大运河、筑造都江堰等大型水利工程，还是修建万里长城等军事防御工程的建设，都充分印证了集中力量作用的发挥。正是在中华优秀传统文化的熏陶下，并结合社会和时代的发展进行“双创”，从干革命到搞建设、再到促改革，中华民族坚持集中力量办大事，以万众一心、众志成城的强大历史合力，战胜一个个前进道路上的艰难险阻，化解了一次次的风险挑战，推动中华民族迎来了从站起来、富起来到强起来的伟大飞跃。

---

① 《马克思恩格斯文集》（第5卷），人民出版社2009年版，第378页。
② 《马克思恩格斯文集》（第2卷），人民出版社2009年版，第43页。

集中力量办大事还源于我国社会主义革命、建设和改革的实践总结。在新民主主义革命时期,面对强大的帝国主义、封建主义势力,新生的中国共产党如何在险境、逆境甚至是绝境中逢生,集中优势兵力、各个击破就是当时军事战略战术的唯一且正确的选择。通过打赢小规模的局部战争,建立革命根据地,星星之火终成燎原之势。在抗日战争中,针对敌我双方在经济、军事等实力上的巨大差距,毛泽东同志强调,要"集中与统一全国的救国力量"①,才能最终战胜日本帝国主义。新中国成立后,面对满目苍夷的"烂摊子",毛泽东同志带领全国人民以"白手起家"的气魄,调动一切可以调动的力量,推进以工业化为导向的经济建设,发展科学技术事业。在党的领导下,全国各族人民克服种种困难,提前完成"一五"计划;依靠自身力量成功研制"两弹一星",创造了科学技术发展史上的奇迹。改革开放以来,我国集中力量谋发展,充分发挥社会主义全国一盘棋、集中力量的优势,推进了如三峡水利枢纽、南水北调等一批重大工程建设,成功抗击 1998 年洪水,抗震救灾,举办北京奥运会等,推动我国改革开放和社会主义现代化建设取得巨大进步。党的十八大以来,习近平总书记多次强调集中力量办大事的重要性,指出"我们最大的优势是我国社会主义制度能够集中力量办大事。这是我们成就事业的重要法宝"②。牢固树立"全国一盘棋"的思想还写入了党的十二大报告中。无论是决战决胜脱贫攻坚,还是突破"卡脖子"问题,还是应对新冠肺炎疫情,还是承办 2022 年北京冬残奥会,正是靠集中力量办大事的政治优势,我国才能创造世界瞩目的众多中国奇迹。

(二)集中力量办大事的生动实践

面对经济社会发展的现状以及对环境保护的日益迫切需求,要破解这对矛盾,唯有充分发挥我国社会主义制度优越性,集中力量加强生态环境治理和推进生态文明建设。在 1998 年印发的《国务院关于印发全国生态环境建设规划的通知》中,明确将充分发挥社会主义制度的优越性纳入生态环境建设的指导思想。江泽民同志针对黄河的治理开发和西北地区历史遗留的恶劣生态环境,强调要充分发挥社会主义制度的优越性,大力开展植树造林和生态治理。党的十八大以来,习近平总书记先后在全国生态环境保护大会、黄河流域生态保护

① 《毛泽东文集》(第 1 卷),人民出版社 1993 年版,第 427 页。

② 《习近平谈治国理政》(第 2 卷),外文出版社 2017 年版,第 273 页。

和高质量发展座谈会上多次强调,要以集中力量办(干)大事的政治优势来推进生态文明建设和解决生态环境问题。南水北调工程就是其中的生动案例。

水是生命之源,是生态系统的重要要素,同时也是经济社会发展的重要命脉。水运关系国运。受到全球气候变化、环境污染等因素的影响,水作为一种生态资源,其供需矛盾日益突出,它不再是无限供给的资源,已成为一种战略性稀缺资源。正因为如此,习近平总书记高度重视水资源的保护利用、水生态的治理,对南水北调工程格外关心、重视。2013 年、2014 年南水北调东、中线一期工程全面建成通水,他分别作出重要指示。2020 年,他视察南水北调东线工程源头江都水利枢纽。2021 年,习近平总书记视察南水北调中线工程并主持召开座谈会。总书记为何对南水北调工程如此重视,将其称作是"国之大事、世纪工程、民心工程"？此项工程又为何需要充分发挥集中力量办大事的政治优势?

从工程的战略定位来看,它关系战略全局。南水北调工程不仅仅是一项水利工程,它承载了更多、更为重要的功能。我国进入新发展阶段,贯彻新发展理念,构建新发展格局,不能没有水这个重要的战略资源的支撑。通过工程,可以解决水资源时空分布不均的问题,促进南北方的协调发展。从工程实施的周期来看,从 1952 年毛泽东主席提出的宏伟构想,到 1979 年写入政府工作报告,再到 1992 年写入党的十四大报告,再到 2002 年国务院正式批复《南水北调总体规划》,再到 2013 年、2014 年东中线一期工程先后通水,历经半个多世纪、50 多种方案。从工程实施的难度来看,东线规划安排城市污水处理、流域综合治理等 5 大类 426 个治污项目;中线沿线关闭污染严重企业 500 多家,叫停和否决 300 多个项目;[①]西线工程问题最复杂,仍处于方案比选论证阶段;涉及 8 省市 150 多个县市 40 多万移民[②],难度可想而知。从工程实施的效益来看,累计调水超过 600 亿立方米、直接受益人口超过 1.5 亿人,[③]对于推动经济社会发展、加强生态环境保护等都发挥了不可替代的作用,其经济效益、社会效益、生态效

---

① 《南水北调东中线——五年累计调水近三百亿立方米(权威发布)》,《人民日报》2019 年 12 月 13 日 02 版。

② 《"中华民族的世纪创举"——记习近平总书记在河南专题调研南水北调并召开座谈会》,《人民日报》2021 年 05 月 16 日第 01 版。

③ 《南水北调东中线累计调水量超 600 亿立方米(新数据 新看点)》,《人民日报》2023 年 02 月 06 日第 01 版。

益充分凸显。从当时工程实施的影响来看,创造了众多的世界之最:规模最大、距离最长、受益人口最多等等。因此,习近平总书记在总结工程实施经验时,把坚持全国一盘棋、集中力量办大事作为其中的第一、二条经验①。集中力量办大事的政治优势体现在党的集中统一领导的政治保证,体现在强大经济、科技实力的关键支撑,体现在全国人民同心同向的大力支持。从工程构想的提出到规划立项,到施工建设,再到后续工程的推进和管理维护,没有这一优势的发挥,就无法创造载入史册的民心工程。

南水北调工程仅仅是集中力量办大事的政治优势生动实践的一个缩影。打赢污染防治攻坚战,实施河湖林长制,建立以国家公园为主体的自然保护地体系,深化生态保护补偿制度改革,开展中央生态环境保护督察等,都是这一优势在生态文明建设领域的集中体现。

（三）新时代进一步发挥集中力量办大事的政治优势

过去我们靠集中力量办大事的政治优势,在生态环境领域破解了一系列的难题,推动生态文明建设取得历史性成就、发生历史性变革。当前,我国生态环境改善进入从量变转向质变的关键期,还面对推进碳达峰碳中和工作所带来的深刻变革,特别是面对西方在全球环境治理中的霸凌行径、在国际话语权上的控制,新时代进一步发挥集中力量办大事的政治优势,有利于更好地为推进我国生态文明建设提供更强劲的动力和更安全的外部环境。

集中力量办大事的政治优势,是由我国社会主义性质、中国特色社会主义制度所决定的。党的十九届四中全会围绕坚持和完善中国特色社会主义制度、推进国家治理体系和治理能力现代化,总结概括了我国国家制度和国家治理体系所具有的13个方面的显著优势。集中力量办大事作为其中的显著优势之一,需要加强与其他制度优势的协同配合,共同做大我国国家制度和国家治理体系的制度优势总量。新时代进一步发挥集中力量办大事的政治优势,首要的就是要坚持党的集中统一领导,发挥党的领导制度作为根本领导制度的统领作用,将党的领导贯彻到国家治理和社会生活的各层面、各领域。就生态文明建设而言,就是要加强党对生态文明制度改革、生态环境治理等全过程、各环节的

---

① 《“中华民族的世界创举”——记习近平总书记在河南专题调研并召开座谈会》,《人民日报》2021年05月16日第01版。

领导。这个既是贯彻落实习近平生态文明思想的必然要求,也构成了习近平生态文明思想的关键内容。没有党对生态文明建设的领导或者党的领导弱化、虚化,生态文明建设共同事业就失去了"主心骨",不仅无法集中力量,更难以办成事。只有坚持和加强党的全面领导,才能把14亿人民的思想与力量、共识与智慧统一起来、凝聚起来,形成建设美丽中国、美丽世界的强大合力。

治理效能是对制度优势的全面检验。制度优势只有转化为治理效能,才能使制度优势得到实践的检验和人民的认可。由此看来,制度优势转化为治理效能,是关系制度优势的"最后一公里"问题。从实践层面来说,没有治理效能的制度优势是缺乏合法性的,并将导致优势不复存在;而具有强大治理效能的制度优势,就能愈发彰显。因此,新时代进一步发挥集中力量办大事的政治优势,必须抓好制度优势到治理效能的"转化关",以"中国之制"成就"中国之治"。在生态文明建设中,要坚持目标导向、结果导向,推动生态环境质量改善由量变转向质变,实现绿水青山和金山银山的双丰收。

人民是历史的创造者,也是生态文明建设的参与者、建设者、享受者,是治理效能的"阅卷人"。生态文明建设离不开亿万人民的参与和支持。生态文明建设是否做好了、生态环境治理是否到位、生态环境质量是否改善,人民感知最真切、最直接。新时代进一步发挥集中力量办大事的政治优势,就是要坚持以人民为中心的导向,把集中力量办大事的政治优势运用到生态文明建设中。习近平总书记多次强调,人民就是江山,江山就是人民。中国共产党不仅懂人民的心,而且守人民的心。"中国共产党带领人民建设我们的国家,创造更加幸福美好的生活,秉持的一个理念就是搞好生态文明。"①作为有着高度生态文明自觉的中国共产党,顺应历史大势、人民所盼,充分发挥集中力量办大事的政治优势,让人民生活在天蓝、地绿、水净的良好生态环境中。

集中力量办大事没有"完成时",永远只有"进行时"。只要我们坚持以人民为中心的发展思想,不断推进新时代生态文明建设,让更多看得见、摸得着的生态环境改善和生态文明建设成果更公平地惠及全体人民,集中力量办大事的政治优势就将愈发彰显、愈发强大。

---

① 中共中央宣传部、中华人民共和国生态环境部:《习近平生态文明思想学习纲要》,学习出版社、人民出版社2022年版,第14页。

三、道义优势:构建人类命运共同体

党的二十大报告指出:“构建人类命运共同体是世界各国人民前途所在。”①构建人类命运共同体既是中国共产党践行为人类谋进步、为世界谋大同承诺的集中体现,又是从生态维度破解全球治理赤字的中国方案、中国智慧,充分展示了中国作为负责任大国的形象、“不能缺席”的自信与担当和应对全球生态危机的社会主义方案的道义优势,成为社会主义制度优越性的重要体现。它体现了区别于西方社会制度及现代化道路的社会主义中国,对人类共同问题的关注、共同命运的关切、共同福祉的关怀。反观西方,为了所谓的经济发展,不惜毁约退群的有之;为了转嫁环境污染,强推核废水排海计划的有之;打着人权、环保等幌子,对他国能源政策指手画脚的有之;捏造事实和数据发布他国破坏环境清单,恶意诽谤他国的有之等。这些行为都与构建人类命运共同体背道而驰,暴露了西方在环保上的“双标”和政治制度的虚伪,同时也从侧面证伪了西方制度的优越性。中国推动构建人类命运共同体的生动实践充分表明,以命运与共的真实共同体代替资本主义主宰的“虚幻共同体”,是破解全球环境治理赤字、共谋全球生态文明建设的“必选项”,使得社会主义制度优越性得到越来越广泛的认可。

(一)人类命运共同体的出场逻辑

人类命运共同体源于对马克思主义共同体思想的传承发展,源于对中华优秀传统文化的内化吸收。它实现了对马克思主义共同体思想的创造性表达和对中华优秀传统文化的创造性转化、创新性发展,是对全球治理赤字问题的自觉审视,是对全球道义裂痕的修补。

自“威斯特伐利亚体系”形成以后,西方就占据全球治理体系及世界秩序的“主场”。西方主导的“中心—边缘”二元对立型的全球治理,奉行零和博弈的冷战思维,坚持资本至上、自我优先、利益独霸,因而始终无法逃脱现代性的逻辑框架,其虚假的“普遍性”难以掩盖共同体的虚幻性。“正是由于特殊利益和

① 《党的二十大报告辅导读本》编写组:《党的二十大报告辅导读本》,人民出版社 2022 年版,第 56 页。

共同利益之间的这种矛盾,共同利益才采取国家这种与实际的单个利益和全体利益相脱离的独立形式,同时采取虚幻的共同体的形式。"①马克思认为,在阶级社会,正是由于私人利益和公共利益之间的尖锐矛盾,"虚幻"的普遍利益往往假借国家的姿态出现。在这样的"虚幻共同体"中,根本不存在普遍的共同利益。然而,马克思对"虚幻共同体"的批判,不是要根本否定共同体对人的存在的价值意义,而是要摒弃"共同体"的虚幻性,重建共同体的真实性。纵观人类社会发展史,从前资本主义社会的自然共同体到资本主义社会的"虚幻共同体",再到共产主义社会的"自由人的联合体",共同体始终是人类眷恋的存在方式。较之前资本主义社会的自然共同体,资本主义社会的"虚幻共同体"在客观上推动历史向世界历史演进、形成世界市场的同时,带来了"世界市场危机",并成为世界各国普遍交往、共同发展的"新的桎梏"。总之,目前的全球治理中裹挟着西方发达国家对后发国家的经济霸权、政治操控、文化殖民等。因而,这种以"全球"之名行霸权之实的治理,不可避免会陷入供给乏力、信任赤字等失灵困境,进而无法为包括全球生态危机在内的各种全球性挑战注入思想智识和实践指引。

全球环境治理是全球治理的"晴雨表"。近年来,单边主义抬头给全球环境治理增加更多的不确定性。一些发达国家任性退群,采取只为一己之私的单边主义行径,大开历史的"倒车",成为公认的"共识破坏者",遭到国际社会的广泛批评,使得在全球气候治理上出现了"责任真空"。任性退群的霸凌行动,背后是资本的任性。荒谬的所谓经济理由,难以掩盖资本至上逻辑对人类共同利益的漠视。而即便是没有退群,发达国家在全球环境治理上有意选择性"缺席",对发展中国家的"绿色承诺"也往往沦为"空头支票"。西方不仅不给钱、不给技术,还粗暴干涉他国能源政策,抹黑他国。欧盟打着人权、环保、碳排放等幌子,对别国能源政策横加指责,反对东非原油管道建设。面对突发的北溪管道泄漏,欧洲内部难以协同应对挑战,德国则试图重启火力发电、延长使用核电站等来缓解能源危机,碳中和计划则被抛之脑后。美国发布所谓的"中国破坏环境事实清单",捏造事实和数据进行政治操弄和恶意诽谤。如此的全球治

① 《马克思恩格斯选集》(第1卷),人民出版社2012年版,第164页。

理，不仅根本无助于全球生态危机的消解和真实共同体的构建，反而使全球环境治理愈发陷入失灵困境。

正是基于此，我国在2011年就提出了"命运共同体""利益共同体"的概念。党的十八大首次提出了"人类命运共同体意识"的概念。党的十八大以来，以习近平同志为核心的党中央提出了中国—东盟命运共同体、人类卫生健康共同体等十几个共同体概念，涵盖了政治、经济、安全、发展、生态等领域，形成了"共同体群"，从不同层面、不同广度擘画了真实共同体的美好未来。在所有的这些共同体中，人类命运共同体可以说居于"类"一般地位，具有广泛的影响力，其他共同体都是其在领域或广度上的"缩小版"或具体化。2015年，习近平总书记从政治、安全、生态等方面系统阐述了"人类命运共同体"的科学内涵。在此后越来越多的国际场合中，"人类命运共同体"成为中国多边外交的热词。2017年，他强调要以绿色低碳来建设清洁美丽世界。推动构建人类命运共同体，成为新时代坚持和发展中国特色社会主义的基本方略之一。它在被写入党章和我国宪法的同时，还被写入联合国决议、安理会决议、联合国人权理事会决议，充分彰显了国际社会对这一中国方案、中国智慧和中国道义担当的高度认同。

（二）人类命运共同体的生态意涵

随着全球化的加速推进和新兴国家的崛起，作为附庸于西方的传统全球治理体系面临着走向更加多元、平等、包容的改革诉求。人类命运共同体理念是顺应国际力量对比新变化和全球性挑战新特点、推动全球治理体系变革的中国方案，它"深刻揭露了由发达资本主义主导的全球治理体系中的资本宰制逻辑，充分体现了对隐藏在全球治理体系背后的西方资本主义理性至上哲学思维的批判性超越和历史性重构"①。它倡导并践行利益共享、责任共担、价值共认、命运共存的原则，找到了最大限度实现各方利益的"最大公约数"，画出了共建美丽世界的"最大同心圆"，实现了对马克思共同体思想的创造性表达和中华优秀传统文化的时代性弘扬。构建人类命运共同体蕴含了丰富的生态意涵和崇高的道义优势。

地球是全人类赖以生存的唯一家园。在马克思的视域中，历史向世界历史

---

① 刘同舫：《人类命运共同体对全球治理体系的历史性重构》，《四川大学学报（哲学社会科学版）》2020年第5期。

的转变是资本主义生产方式不断发展的历史必然。大工业助推资本主义飞速发展，生产力的大大提高使产品极大丰富，产品的“过剩”形成了开拓世界市场的强烈需求，使得各民族之间的生产、消费、交往等越来越具有世界性特征，结束了各自闭关自守的状态。然而，资本主义推动的世界历史背后是资本逻辑的作用。正是资本增殖自身的内在本性和强烈动机，促使资本在全球范围内寻找资源、开拓市场。因而，“创造世界市场的趋势已经直接包含在资本的概念本身中。”①世界市场的开拓及占领，又进一步强化了资本主义在世界历史中的主宰作用，同时也促使资本主义基本矛盾和危机进一步激化，诱发了世界性的矛盾和危机。全球生态危机就是例证之一。因此，资本主义在推动世界历史的同时，并未能同步构建地球美好家园，也未能守护地球这个共同家园。“世界主义方案面临的最大困境在于理论上难以厘清其与新自由主义的关系，在实践上难以分清与新帝国主义的区别。”②基于此，习近平总书记在多个场合强调地球作为人类家园的唯一性、共同性、依赖性。人类命运共同体理念建立在地球是人类唯一家园的共识认同之上，并呼吁各国为之付出实际行动。只有在真正的共同体中，才能形成有着高度统一性、共享性、公平性的对美好家园的目标追求。“只有自然主义能够理解世界历史的行动。”③由此可见，世界历史绝非是资本主义主导的只有人类私利和纵欲，准确地说只有西方资产阶级私利和纵欲的历史，它应该是关照自然、关照世界各国发展的人与自然和谐共生的历史。从这个意义上来说，地球是全人类赖以生存的唯一家园，构成了人类命运共同体的立论基础。没有这个共识，任何关于人类命运共同体构建的认知与行动，都难以顺应历史和时代发展的大势。

以绿色发展引领全球发展。习近平总书记强调，“大家一起发展才是真发展，可持续发展才是好发展。”④构建人类命运共同体不是一个空口号，必须以发展为要，靠实实在在的发展来构建一个真实的共同体，推动世界各国共享发展成果。然而，在全球生态环境问题受到普遍关注、生态文明受到普遍热捧的当

---

① 《马克思恩格斯文集》（第8卷），人民出版社2009年版，第88页。
② 从占修：《确证全球正义：世界主义及其批评者》，人民出版社2020年版，第225页。
③ 《马克思恩格斯文集》（第1卷），人民出版社2009年版，第209页。
④ 《习近平谈治国理政》（第2卷），外文出版社2017年版，第524页。

今时代,无论是过去靠资源要素堆积的粗放型发展之路,还是传统西方发达国家走过的先污染后治理之路,都是难以为继的。从现实来看,现有全球的资源总量已经使得资源要素的稀缺程度充分凸显,已不再具备过去靠资源要素堆积以支撑粗放发展的资源条件;也不再可能像当年西方国家那样,可以在全球范围内攫取资源。西方发达国家走过的先污染后治理之路,不仅对自身造成了环境污染,同时也导致环境问题升级为全球性问题,让世界各国共同来“买单”。现在的地球家园,可以说不可能经得起再来一次“折腾”。因此,构建人类命运共同体必须建立在绿色发展的基础之上,这不仅是守护地球家园的需要,也是实现全球共同发展、共享发展的必然要求。基于此,中国直面全球面临的发展赤字问题,强调构筑尊崇自然、绿色发展的生态体系来促进人与自然的和谐共生和全球经济社会的可持续发展。

建设清洁美丽的世界。中华民族向来具有一种天下情怀,中华优秀传统文化中蕴含了丰富的天下观或天下主义。大同世界、天下为公、天下和平、天下一家、万国咸宁、天下和合等,是中华民族为人类命运共同体提供的古代中国方案[①]。同时,中华传统文化中的“以和为贵”“和而不同”、重义轻利等思想智慧,也为人类命运共同体的构建提供了丰厚的思想资源。建设清洁美丽世界可以说是中国传统的天下观或“天下”尺度在生态环境层面的时代性体现,也是习近平生态文明思想在全球维度上的彰显。2017 年,习近平总书记发出了“坚持绿色低碳,建设一个清洁美丽的世界”[②]的全球性倡议。党的十九大报告将建设清洁美丽的世界作为推动构建人类命运共同体的有机组成。从形式来看,建设清洁美丽世界是建设美丽中国在广度上的拓展,两者形成保护人类共同地球家园的合力。从内涵来看,建设清洁美丽世界要求把绿色发展的理念融入经济社会发展和生态文明建设的全过程,推动全球各国生产方式和生活方式绿色化、低碳化。同时,建设清洁美丽世界是全球各国的共同事业,需要秉持人与自然和谐共生、国与国公平共享的理念,开展双边、多边的全球环境治理合作,共同应对气候变化等问题及挑战,防止将气候问题政治化。正如习近平总书记强调,

---

① 张立文:《中国传统文化与人类命运共同体》,中国人民大学出版社 2018 年版,第 6 页。

② 《习近平谈治国理政》(第 2 卷),外文出版社 2017 年版,第 544 页。

应对气候变化,"不应该成为地缘政治的筹码、攻击他国的靶子、贸易壁垒的借口"①。从理念来看,建设清洁美丽世界,必须超越资本主导下的西方单向发展的模式,建立以人类共同利益和环境关切为基础的行动导向和机制安排,汇聚推动世界各国共享发展的"最大公约数"。

（三）构建人类命运共同体的大国道义与担当

面对全球环境问题的深度复杂性及其影响的深度交织性,没有任何一个国家有足够的实力、完整的能力来应对全球性环境问题带来的挑战。放眼我们赖以生存的"地球村",生态共同体已经把我们"绑定"在一起,这个共同家园的健康关系每一位"村民"的生存与发展。世界各国人民同坐在命运与共的大船,在重大风险面前,谁都无法独善其身。如何化解实然的"虚幻共同体"与应然的生态共同体之间的矛盾,就成为全球环境治理无法回避的重要课题。因此,以人类命运共同体理念引领全球生态文明建设,是重建生态共同体、构建真实共同体的根本所在,充分展现了中国作为负责任大国的道义与担当。推进绿色"一带一路"建设就是有力的例证。

"一带一路"自2013年提出以来,已经发展成为当今世界范围最广、规模最大的国际合作平台。中国已与149个国家、32个国际组织签署200多份共建"一带一路"合作文件;中国与"一带一路"共建国家年度贸易额从1.04万亿美元扩大至1.8万亿美元②。中国不仅用自身打赢脱贫攻坚战、全面建成小康社会的历史性成就改写了世界贫困版图,同时还以"一带一路"建设的成果惠及世界各国人民,为全球反贫困事业、全球环境治理合作作出了重要贡献。据世界银行研究报告显示,共建"一带一路"倡议将使相关国家760万人摆脱极端贫困、3200万人摆脱中度贫困,将使参与国贸易增长2.8%至9.7%、全球贸易增长1.7%至6.2%、全球收入增加0.7%至2.9%③。"一带一路"实现从中国倡议到全球方案、从中国理念到全球共识的历史性飞跃,充分彰显了共商共建共享治

---

① 习近平:《论坚持人与自然和谐共生》,中央文献出版社2022年版,第255页。

② 陈尚文、李欣怡:《推动共建"一带一路"高质量发展(奋进新征程 建功新时代·伟大变革)》,《人民日报》2022年06月30日第04版。

③ 《"中共是为人类进步事业奋斗的政党"——国际人士积极评价〈中国共产党的历史使命与行动价值〉文献》,《人民日报》2021年08月29日第03版。

理原则在全球治理中所发挥的引领性作用，以及国际社会对中国治理理念的广泛认同。

然而，伴随着“一带一路”深入推进并取得巨大成效的同时，西方处心积虑地意图抹黑“一带一路”，将其视为历史上的马歇尔计划或马歇尔计划的新版，甚至歪曲事实、捏造数据等强行破坏中国与相关国家的“一带一路”合作。特别借生态环境问题的高关注度，抹黑、污蔑中国将所谓的“污染”产能转移到沿线国家，或者说“一带一路”的项目给当地造成严重的环境问题等等，将“一带一路”贴上“低标准、高污染”的人为标签。美国在环境问题上“欠国际社会一个交代”的情况下，仍发布所谓的“中国破坏环境事实清单”，炒作所谓“一带一路”破坏环境的谎言，试图损害“一带一路”的国际形象。

“一带一路”果真如西方渲染的那样是“污染”的“一带一路”吗？从项目设计来看，我国发布了《推动共建丝绸之路经济带和 21 世纪海上丝绸之路的愿景与行动》《共建“一带一路”：理念、实践与中国的贡献》《关于推进绿色“一带一路”建设的指导意见》《“一带一路”生态环境保护合作规划》《关于推进共建“一带一路”绿色发展的意见》《对外投资合作建设项目生态环境保护指南》等有关政策。从中可以发现，“一带一路”建设坚持绿色发展的引领和生态文明理念的指导，将生态环保合作视为合作的“重头戏”。我国积极分享在生态文明建设等领域的理念、技术及实践，并通过“一带一路”建设积极构建一个绿色的人类命运共同体。同时，还通过发布绿色发展国际联盟报告、绿色发展指数，在“一带一路”框架下开展多层次的绿色发展论坛、绿色发展合作等，“与 31 个共建国家共同发起‘一带一路’绿色发展伙伴关系倡议，通过实施‘绿色丝路使者计划’，为 120 多个共建“一带一路”国家培训 3000 人次绿色发展人才”①，携手推动全球绿色发展、共同应对环境及气候挑战。从项目成效来看，“一带一路”绿色项目带动了当地的高质量发展。中国承建的水电、风电等项目，为当地提供了源源不断的清洁能源，大大减少了火力发电所带来的环境污染。在施工过程中，同时还注重生态环境的保护。中国的生态文明理念深度融入“一带一路”的建设之中，为高质量共建“一带一路”打下了扎实的基础。

---

① 新华网：《中国的绿色发展对世界意味着什么》，2023 - 03 - 17 10: 16: 09, http://www.xinhuanet.com/2023-03/17/c_1129439018.htm。

习近平总书记在第三次“一带一路”建设座谈会上强调，要继续推动共建“一带一路”高质量发展，要稳妥开展绿色等新领域合作，“要支持发展中国家能源绿色低碳发展，推进绿色低碳发展信息共享和能力建设，深化生态环境和气候治理合作”[①]。作为合作范围覆盖人口超过世界44%、生产总值占全球22%的合作平台，其绿色程度不仅关系到相关国家的高质量发展，而且还关乎联合国2030年可持续发展目标的实现。中国推动绿色“一带一路”的实践，“让占世界人口80%的发展中国家不再走先污染、后治理的老路”[②]，拓展了全球环境治理的选择空间，实现了对西方主导的全球治理的利益重构与逻辑超越。

---

① 《习近平在第三次“一带一路”建设座谈会上强调 以高标准可持续惠民生为目标 继续推动共建“一带一路”高质量发展 韩正主持》，《人民日报》2021年11月20日第01版。

② 王义桅：《回应：关于“一带一路”的十种声音》，天津人民出版社2020年版，第129页。

第六章　新时代生态文明建设的时代价值

习近平总书记深刻指出:“从历史长河来看,如果说我们这一代人能留给后人点什么,我看生态文明建设就是很重要的一个方面。”①习近平生态文明思想推动新时代生态文明建设创造了惠泽世界的历史性成就,深刻回答了为什么建设生态文明、建设什么样的生态文明、怎样建设生态文明等重大时代课题,创造了独具特色的全球绿色理论话语,为全球环境治理作出了中国贡献。它不断继承和创新了马克思主义哲学、政治经济学和科学社会主义的理论,而“两个和解”、共同富裕、“两个必然”分别是马克思主义三个部分的核心命题。习近平生态文明思想指引新时代生态文明建设更好地促进共同富裕、推动“两个和解”、实现“两个必然”,进一步彰显了社会主义制度优越性。

第一节　促进共同富裕

习近平总书记强调:“实现全体人民共同富裕,从根本上体现了党的初心使命、性质宗旨,体现了我国社会主义制度的优越性。”②共同富裕,既是马克思、恩格斯描绘的共产主义的重要内容,又是中华优秀传统文化中关于富裕理念的新时代表达,充分体现了马克思主义基本原理同中国具体实际相结合、同中华优秀传统文化相结合在追逐富裕道路上形成的思想结晶。在古代中国,大同社

① 《“我们对东北振兴充满信心”——习近平总书记考察辽宁纪实》,《人民日报》2022 年 08 月 20 日第 01 版。

② 习近平:《为实现党的二十大确定的目标任务而团结奋斗》,《求是》2023 年第 1 期。

会、小康社会，“天下为公”“太平世”，以及各种农民起义提出的“等贵贱”“均贫富”等口号，都蕴含着对实现共同富裕的朴素向往。从社会主义的发展历程来看，空想社会主义者提出的“乌托邦”“太阳城”等对未来美好社会的设想，也蕴含着对共同富裕的畅想。但是由于受到生产力发展水平低下、生产资料私有制等历史条件的限制，这些理想最后沦为了空想。近代中国人民遭受外国的殖民掠夺和国内军阀的压迫，更加激发了人民对过上美好生活、实现共同富裕的强烈期待。在中国共产党的领导下，我国取得新民主主义革命的胜利，建立了新中国、确立了社会主义制度，特别是改革开放以来，我国坚持把共同富裕作为社会主义最大的优越性，推动经济实力、科技实力、综合国力等大幅跃升，创造了世所罕见的“两大奇迹”，引领中国特色社会主义进入新时代，协同推进人民富裕、国家强盛、中国美丽。党的二十大报告把实现全体人民共同富裕作为中国式现代化的本质要求，充分彰显了中国式现代化的共同富裕指向。

一、共同富裕的本质内涵

我国对共同富裕概念的认识经历了从幻想到理想、再到逐步成为现实，从“同等富裕”“平均富裕”“同步富裕”到先富带后富走向共富、再到存在合理差距的全体人民的共富的过程。共同富裕契合了中华民族迎来从站起来、富起来到强起来的伟大飞跃，融入了党的第二个百年奋斗目标之中。逐步实现全体人民共同富裕已成为新时代的鲜明特色，也是彰显社会主义制度优越性最可感的愿景。能否实现全体人民的共同富裕，关系到对社会主义本质、中国特色社会主义、社会主义现代化强国、中国共产党长期执政的认识，关系到中国式现代化的推进和民族复兴伟业的实现。

共同富裕是社会主义的本质要求和中国特色社会主义的根本原则，为“新时代坚持和发展什么样的中国特色社会主义、怎样坚持和发展中国特色社会主义”这个“道路之问”擦亮了政治底色。从科学社会主义的发展历程来看，共同富裕既是构成社会主义的目标引领，又是社会主义的实践指向。在马克思主义的视域中，共同富裕的实现是生产力和生产关系矛盾运动的产物，它既不可能出现在生产力水平低下的原始公社，也不可能出现在生产关系私有制的社会，哪怕这种私有制社会已经是足够富裕了。因为，在生产关系私有制的社会，“在一极是财富的积累,同时在另一极……是贫困、劳动折磨、受奴役、无知、粗野和道德堕落的积累"①。在吸收空想社会主义的有益思想和对资本主义批判的基础上,马克思、恩格斯认为,未来的理想社会,在变革生产关系私有制的基础之上,让每个社会成员都能够参与社会财富的生产、分配和管理,并通过社会化大生产,"使社会生产力及其成果不断增长,足以保证每个人的一切合理的需要在越来越大的程度上得到满足"②。也只有以共同富裕为指向的生产,才能保证一切社会成员过上富足、充裕的生活,同时在体力、智力等多方面得到发展,进而实现人的自由全面发展;"各尽所能,按需分配"才有可能写在旗帜上。可以说在马克思主义产生以前,共同富裕只不过是一种幻想,是马克思主义把共同富裕变成了一种可望且可及的目标引领,而中国特色社会主义正逐步推进全体人民的共同富裕。邓小平同志提出,共同富裕是社会主义本质的最终指向,明确将其作为社会主义最大优越性所在。党的十八大以来,以习近平同志为核心的党中央充分认识到全球贫富分化问题带来的一系列风险,立足党的第二个百年奋斗目标,从战略和全局的高度确立了扎实推进包括农村在内的全体人民的共同富裕的"时间表""路线图"。我国在打赢脱贫攻坚战、全面建成小康社会的基础上,正大踏步推动全体人民实现共同富裕取得更为明显的实质性进展,使之成为新时代坚持和发展中国特色社会主义的题中应有之义。

共同富裕是中国式现代化新道路、人类文明新形态的重要要求,成为"建设什么样的社会主义现代化强国、怎样建设社会主义现代化强国"这个"强国之问"的"风向标"。建设一个现代化强国,是中华民族近代以来的伟大梦想。近代中国经历了血与火的洗礼,大大强化了对建设社会主义现代化强国的无限向往。新中国建立后,我国提出了到20世纪末实现工业、农业、国防和科学技术现代化的奋斗目标。邓小平同志进一步提出要建设中国式的"四个现代化"。党的十三大正式制定"三步走"现代化发展战略。改革开放以来,我国现代化建设取得了历史性成就,在科技上从跟跑到并跑、甚至部分领域领跑,在人民生活上从温饱不足到奔向共同富裕的历史性跨越。建设社会主义现代化强国的过程,必定也是推动全体人民实现共同富裕的过程。在我们这样的有着14亿多

① 《马克思恩格斯选集》(第3卷),人民出版社2012年版,第806页。
② 《马克思恩格斯选集》(第3卷),人民出版社2012年版,第724页。

人口的世界上最大发展中国家，国强的同时应做到民富，也只有国强了才有民富，民富了国家才会更加强大。国强民富应该成为社会主义现代化强国的"标配"。习近平总书记强调："共同富裕是社会主义的本质要求，是中国式现代化的重要特征。"[①]因而，我国统筹推进"五位一体"总体布局、推动"五大文明"协调发展所创造的中国式现代化新道路和人类文明新形态，充分彰显了实现全体人民共同富裕的价值要求。

促进共同富裕是中国共产党人践行初心使命的生动实践，成为检验"建设什么样的长期执政的马克思主义政党、怎样建设长期执政的马克思主义政党"这个"强党之问"的"试金石"。"实现共同富裕不仅是经济问题，而且是关系党的执政基础的重大政治问题。"[②]中国共产党作为马克思主义执政党，承续了马克思主义政党的"为人类求解放"的崇高理想，坚守为中国人民谋幸福、为中华民族谋复兴的初心使命，在革命、建设和改革的不同时期，完成了历史和时代所赋予的光荣使命。1953 年，我们党的文献《中共中央关于发展农业生产合作社的决议》中最早出现了"共同富裕"的概念，强调党在农村中工作的最根本的任务说到底就是让农民过上共同富裕的生活。毛泽东同志肯定我们的制度是可以逐年促进共同富裕的制度。改革开放后，邓小平同志把共同富裕与以公有制为主体并列为必须坚持的社会主义的根本原则。党的十八大以来，以习近平同志为核心的党中央从关系党的执政基础的重大政治问题出发，将促进全体人民共同富裕作为为人民谋幸福的着力点，强调要坚持以人民为中心的发展思想，把经济高质量发展作为促进共同富裕的重要手段。党的十九届六中全会通过的决议，把推动人的全面发展与实现共同富裕统一起来，强调要推动全体人民共同富裕取得更为明显的实质性进展，科学指明了共同富裕与人的全面发展的关系，充分肯定了共同富裕在实现人的全面发展中的重要作用。面对全球贫富分化加剧及其带来的影响，面对我们自身发展的不平衡不充分问题，面对我国如此庞大的人口规模，推动全体人民而不是少数人、少部分人的共同富裕，可以说任务的复杂性、艰巨性、挑战性都是前所未有的。唯有中国共产党有如此强

---

① 习近平：《扎实推动共同富裕》，《求是》2021 年第 20 期。

② 中共中央宣传部：《习近平新时代中国特色社会主义思想学习问答》，学习出版社、人民出版社 2021 年版，第 98 页。

烈的使命、博大的胸怀、坚定的意志、无畏的担当、历史的自信，在促进全体人民的共同富裕的征程中必将锻造更加坚强有力的长期执政的马克思主义政党。逐步实现全体人民共同富裕，是中国共产党人践行初心使命的庄严宣誓。

二、促进共同富裕的生态保障

对于共同富裕概念的理念，学术界从不同的角度进行了多维度、多层面的阐释。有学者从人的全面发展角度解析共同富裕的内涵，认为共同富裕是涵盖全体人民的富裕、全面的富裕、具有相对差别的富裕①。有学者从“共同”和“富裕”两个概念入手，认为共同富裕就是消除两极分化和贫穷基础之上的普遍富裕；有学者从共同富裕领域的全面性着眼，认为共同富裕是物质生活和精神生活的全面富裕；有学者从共享发展的角度来理解共同富裕，认为共同富裕就是全民富裕、全面富裕、共建富裕、逐步富裕②；有学者将共同富裕的主要特点归纳为全面性、现实性、人民性、历史性、超越性③。总的来说，对于共同富裕概念的理解，形成了较好的共识。具体而言：从主体来说，共同富裕具有全民性，即共同富裕是全体人民的共同富裕；从领域来说，共同富裕具有全面性，即共同富裕是物质、精神、文化等多层面的富裕；从过程来说，共同富裕具有渐进性，即共同富裕不是某一时间节点全体人民整齐划一达到富裕状态，而是一个循序渐进的实现过程。“草木植成，国之富也。”④绿水青山是融自然财富、生态财富、社会财富、经济财富于一体。从生态环境与共同富裕的关系维度来看，生态环境的公共产品属性、自然价值的多元性为实现共同富裕提供了生态保障。

生态环境的公共产品属性决定了必须实现全民的共同富裕。我国作为中国共产党领导下的社会主义国家，必须站在提升全体人民根本福祉的高度促进共同富裕。正如习近平总书记所指出：“我们追求的发展是造福人民的发展，我们追求的富裕是全体人民共同富裕。”⑤全面小康路上一个也不能少，一个家庭、

---

① 罗健：《习近平关于共同富裕重要论述探析》，《马克思主义研究》2022 年第 3 期。

② 李军鹏：《共同富裕：概念辨析、百年探索与现代化目标》，《改革》2021 年第 10 期。

③ 付文军：《中国特色社会主义共同富裕论纲》，《社会科学辑刊》2021 年第 6 期。

④ 《习近平谈治国理政》（第 4 卷），外文出版社 2022 年版，第 365 页。

⑤ 中共中央文献研究室：《习近平关于社会主义社会建设论述摘编》，中央文献出版社 2017 年版，第 35 页。

一个民族也不能掉队,在实现共同富裕的道路上同样如此。无疑,实现全体人民共同富裕需要生态环境的支撑。与私人产品不同,生态环境的公共产品属性决定了无论是从人的基本生存与发展需要来说,还是从社会公平正义来说,这种公共产品必须面向全体人民开放,确保大家共享生态资源的权益。从人的基本生存与发展来说,环境权益是人权的重要内容,是人权在生态环境上的表现及延伸。没有生态环境的支撑,就难以确保人的基本生存与发展,也就谈不上实现共同富裕。从社会公平正义的角度来说,生态环境应该成为社会基本公共服务的重要内容,让每个人从生态文明建设中享受到生态权益。也只有如此,才能谈得上实现共同富裕。党的十八大以来,我国把生态环境作为关系民生的重大社会问题来看待,通过解决人民群众反映强烈的突出生态环境问题,对接人民群众不断增长的良好生态环境需要,生态文明建设为保障生态民生、提升生态幸福发挥了重要作用。

自然价值的多元性满足了实现共同富裕全面性的要求。共同富裕在最初意义上,也是主要聚焦在经济建设领域,以为共同富裕就是大家的口袋都鼓起来。但是随着经济社会的发展,共同富裕不仅承载着人们对物质需要的满足,而且更多地承载了精神、文化、生态等多层面需要的满足。共同富裕是一个包括物质生活在内的多领域的富裕。习近平总书记指出,共同富裕"是人民群众物质生活和精神生活都富裕"①。从生态的维度看,共同富裕的全面性有赖于自然价值的多元性。马克思对资本主义生产条件下对自然力的"无偿"使用进行了批判,认为这种无须付出代价的自然力和一切生产力一样,都"表现为资本的生产力",其实它是"特别高的劳动生产力的自然基础"②。也就是在资本主义的生产方式中,自然的内在价值未得到合理的、足够的认可。他还把人周围的自然在经济上分为生活资料的自然富源和劳动资源的富源,认为两类富源分别在文化初期、较高的发展阶段具有决定性意义。可以说,马克思从人类社会发展的角度对自然富源的价值给予高度肯定。恩格斯则通过众多自然界对人类报复的案例,警示人们不能过度支配自然,以劳动加自然界才是一切财富的源泉批判了政治经济学家关于"劳动是一切财富的源泉"的观点。美国学者霍尔

---

① 习近平:《扎实推动共同富裕》,《求是》2021年第20期。

② 《马克思恩格斯文集》(第7卷),人民出版社2009年版,第843、728页。

姆斯·罗尔斯顿认为，自然不仅具有工具性价值，而且还具有内在价值，这些价值包括经济价值、生命支撑价值、消遣价值等10余种价值。他认为，自然充当了经济、科学、审美甚至是哲学等活动的资源作用。自然价值的多元性，正好能更好地满足实现共同富裕的物质、精神、文化、生态等多领域需求。生态生产力越来越成为经济社会更可持续、更安全发展的动力支撑，成为人民实现更美好生活的增长点。自然价值的多元性，有利于更好地实现共同富裕的全面性。

三、促进共同富裕的生态路径

作为世界上最大的发展中国家，中国共产党领导14亿人民逐步实现共同富裕，其历史意义、现实意义、世界意义无疑是巨大的。但是我们没有老路可走，必须闯新路，更加凸显了生态文明在促进共同富裕中的重要价值。“贫困问题在本质上不是一个抽象的‘欠发达’问题，而是反映了工业化及其全球制度的失败和破坏性影响。”①工业化的生态恶果加剧了贫困问题，而生态文明则拓展了共同富裕的实现路径。从生态的维度看，绿色发展是促进共同富裕的重要路径；生态反贫困是促进共同富裕的重要前提；加快生态产品价值实现是促进共同富裕的重要手段。实现共同富裕必须依靠绿水青山这个“金饭碗”，把其中“蕴含的生态产品价值转化为金山银山”②。

绿色发展是促进共同富裕的重要路径。绿色发展是中国式现代化的显著特征。它不仅致力于生态维度上的人与自然和谐共生，而且追求以最小的资源环境代价获取最大的经济社会效益。因而，绿色发展是高质量发展、可持续发展的代名词。党的十八大以来，我们经济发展进入新的发展阶段，对实现经济高质量发展的要求越来越强烈。高质量发展要求“绿色成为普遍形态”③。中国特色社会主义进入新时代，我国社会的主要矛盾发生了变化，不平衡不充分的发展问题逐渐凸显出来，制约着经济社会的进一步发展。而共同富裕就是应对我国社会主要矛盾变化、破解不平衡不充分发展问题的重要之举。共同就是

---

① ［美］罗伊·莫里森：《生态民主》，刘仁胜、张甲秀、李艳君译，中国环境出版社2016年版，第127－128页。

② 中共中央宣传部、中华人民共和国生态环境部：《习近平生态文明思想学习纲要》，学习出版社、人民出版社2022年版，第32页。

③ 《习近平谈治国理政》（第3卷），外文出版社2020年版，第238页。

要破解区域、群体、民族之间的发展不平衡问题，富裕就是要解决存在的发展不充分问题。共同富裕最艰巨、最繁重的任务是在农村，促进共同富裕的首要任务还是要把“蛋糕”做大做好。但是做大做好“蛋糕”的方式不能再走传统的发展老路了，必须走绿色发展的新路，真正践行“绿水青山就是金山银山”的理念。面对人民群众日益广泛的美好生活需要，应对人民群众需求从“有没有”到“好不好”的重大转变，必须要更加注重发展的质量和效益，以满足人民群众日益增长的美好生活需要推动人的全面发展和全体人民共同富裕。以绿色发展为引领的发展质量和效益的提升，不仅可以更好保障物质生活的富裕，而且还为精神生活的富裕提供了更大的选择空间，让“口袋”“脑袋”都富起来。因为只有充分用好生态环境资源要素的劳动，才可能创造真正的、绿色的财富，并且生态环境本身就构成生产力中的重要部分。绿色生产力是一种以良好生态环境为支撑、超越于传统生产力的先进形态。它为经济的高质量发展和生产力动能的质的飞跃提供绿色动力。

生态反贫困是促进共同富裕的重要前提。在贫困的致因中，有经济发展水平不足、资源禀赋欠丰富、分配机制不公平等。生态贫困是造成贫困的重要原因之一。而要促进全体人民的共同富裕，首先就必须解决贫困问题，这就包括要向生态贫困在内的贫困宣战。生态环境是实现共同富裕的重要影响因子。从我国贫困的分布与生态环境的关联来看，我国中西部贫困地区往往是大江大河上游区、重点生态功能区或自然保护区、少数民族群众聚居区等多区重合，生态安全屏障地位突出但生态环境基础脆弱，同时又面临经济发展的困境。“贫困的出现就会与特定的生态系统结下不解之缘，从而表现为贫困与特定生态系统在空间分布上的高度重合。”①在经济发展的冲动和外部压力等多重因素的作用下，有些地方往往以牺牲生态环境为代价求发展、求财富，从而陷入了“得不偿失的‘逻辑怪圈’”②。因此，必须以生态反贫困来破解生态贫困的难题。一是优化顶层设计，建立健全科学的发展观、政绩观。针对不同经济发展水平、生态功能区域，采取不同的考核评价措施，避免单纯以“GDP”论英雄。如对于生态地位重要、生态功能突出的贫困县，重点考核在保护生态环境、保障国家生态

① 杨庭硕：《生态扶贫导论》，湖南人民出版社 2017 年版，第 80 页。
② 《习近平谈治国理政》（第 4 卷），外文出版社 2022 年版，第 64 页。

安全等方面履职表现。二是对于"一方水土养不起一方人"的生态极度脆弱区，实施生态移民搬迁工程，统筹做好教育、就业、医疗等配套工程，同时实施生态保护修复工程。三是加大自然资本投入，做足山水文章。破除生态环境保护和发展对立思维，通过发展旅游扶贫、退耕还林还草、实施生态补偿等举措，以生态发展让绿水青山变成金山银山，实现脱贫致富。四是坚持扶贫与扶智、扶志相结合，从单纯的"输血"升级为"输血""造血"并进。在生态扶贫、生态脱贫的过程中，要充分发挥贫困地区、贫困群众的智慧和力量，为物质生活、精神生活共同富裕创造良好条件。

加快生态产品价值实现是促进共同富裕的重要手段。生态产品是绿色财富的外在表现形式，是生态效益、社会效益、经济效益"三效"合一的集中体现。只有绿色财富越多，才能为提升生态产品供给创造可能。生态产品价值实现是"绿水青山就是金山银山"从理念到实践的重要载体，是顺应我国社会主要矛盾变化的内在要求。加快生态产品价值实现，对于推进新时代生态文明建设、实现人民对美好生活的向往具有重要作用。加快生态产品价值实现，必须破解生态产品"难度量、难抵押、难交易、难变现"等"四难"问题，建立健全价值实现机制。2021 年印发的《关于建立健全生态产品价值实现机制的意见》，为加快生态产品价值实现提供了科学依据。其一，科学做好生态产品的价值核算，破解生态产品"难度量"问题。明确界定生态产品的范围，在用生态系统生产总值（GEP）进行衡量的基础上，通过自然资源确权登记、生态产品信息普查，根据不同的自然生态系统和各地不同实际，合理确定生态产品价值量及其比例结构。其二，发挥生态信用作用，破解生态产品"难抵押"问题。2022 年印发的《关于推进社会信用体系建设高质量发展 促进形成新发展格局的意见》提出，要完善生态环保信用制度，进一步凸显了生态环保信用在整个社会信用体系建设中的重要作用。以个人或集体所持有的生态产品的自然边界为基础，以生态信用为抵押，以获取金融机构对个人或集体的金融支持。其三，发挥政府和市场双重作用，破解生态产品"难交易"问题。政府要对公共性生态产品的开发予以政策补贴支持，鼓励市场主体参与经营性生态产品的交易，推动如碳汇权、排污权、用能权等生态资源权益的交易。其四，健全生态保护补偿机制，破解生态产品"难变现"问题。根据生态环境保护者受益、使用者付费、破坏者赔偿的原则，加大纵向的生态保护补偿力度，鼓励横向生态保护补偿，建立负面清单制度，健全生态环境损害赔偿制度。

第二节　推动“两个和解”

基于对资本主义社会所造成的人与自然、人与人之间矛盾的分析，马克思恩格斯提出“人类与自然的和解以及人类本身的和解”①即“两个和解”的思想。在他们看来，未来的共产主义社会不再出现自然异化，并且实现了“两个和解”。人类与自然的和解和人类本身的和解是相互影响、相互作用的。虽然自然史和人类史是相互联系、相互制约的，但自然史是人类史的基础，自然是人类社会生存与发展的基础。反过来，人类史对自然的演变也产生巨大影响。“超越人类异化的社会主义目标在任何可观的程度上都不可能实现，除非它与超越自然异化的目标同济共进。同样，如果不解决社会异化，超越自然异化的生态目标也不可能实现。”②只有同时解决自然异化和社会异化的问题，推动“两个和解”，才能更好彰显社会主义制度优越性。推动“两个和解”就成为了社会主义制度优越性的内在要求。在习近平生态文明思想的指引下，我国统筹经济社会发展与环境保护、环境污染治理与生态福祉提升，在构建人与自然生命共同体、地球生命共同体的同时构建人类命运共同体，着力破解人与人、人与自然两重异化关系。社会主义生态文明蕴含着推动“两个和解”的必然性和可能性，不断彰显我国制度优越性。

一、“两个和解”的科学内涵

“两个和解”思想是马克思恩格斯生态文明思想的重要组成部分。这一论断最早出现在恩格斯的《国民经济学批判大纲》中。恩格斯在这部著作中揭示了资本主义私有制的内在矛盾，强调只有消灭私有制才能破解资本主义的弊端。正是站在受到压迫的无产阶级的立场上，恩格斯提出了“两个和解”的概

① 《马克思恩格斯文集》第1卷，人民出版社2009年版，第63页。

② ［美］约·贝·福斯特：《生态革命——与地球和平相处》，刘仁胜、李晶、董慧译，人民出版社2015年版，第28页。

念。马克思在《1844年经济学哲学手稿》中充分肯定劳动对于人类文明进步的重大意义，而资本主义私有制则必然造成劳动的异化，并进而造成人与自然的异化，给整个人类带来不可承受的灾难性后果。因而，要实现共产主义，就必须打破私有制的桎梏，把“两个和解”作为重要原则。马克思后来在《资本论》第一卷中，从商品生产的矛盾剖析资本主义社会中私人劳动与社会劳动的矛盾，批判了资本主义生产关系下的商品拜物教。而只有自由联合的人开展有意识、有计划的物质生产的时候，劳动生产力才能得到极大发展，人与人和人与自然之间才能呈现为一种“极明白而合理的关系”①。而当劳动生产力仍很低的时候，人与人、人与自然之间的关系均具有狭隘性，这种狭隘性观念以自然宗教或民间宗教的形式表现出来。“社会化的人，联合起来的生产者，将合理地调节他们和自然之间的物质变换，把它置于他们的共同控制之下，而不让它作为一种盲目的力量来统治自己；靠消耗最小的力量，在最无愧于和最适合于他们的人类本性的条件下来进行这种物质变换。”②因此，在马克思、恩格斯看来，“两个和解”既是实现人的自由全面发展的必然要求，也是实现共产主义的必然要求。人类与自然的和解和人类本身的和解互为条件，推动“两个和解”是一体推进的双向互动过程。

可能有人会发出疑问，马克思恩格斯创立马克思主义学说的根本目的不是实现无产阶级和全人类的解放吗？他们又为何要提出“两个和解”思想？这个论断与马克思主义学说的根本目的之间的关系又是如何？这就有必要回顾下“两个和解”的出场背景。我们都知道，马克思、恩格斯毫不掩饰地肯定资本主义在创造生产力方面的巨大功绩，但与此同时，他们也看到了资本主义文明面背后的阶级对立、人的异化、生态危机等种种矛盾。然而，一些资产阶级的思想家或所谓的国民经济学家却极力为资本主义制度开脱罪责，荒谬地将这些矛盾、危机归咎于自然原因或者自然界。在他们看来，造成人与人之间矛盾的原因是自然界。自然界倒成为了造成资本主义矛盾的替罪羔羊。马克思、恩格斯在批判资产阶级经济学的基础上，直指造成人类与自然异化、人与人异化的是资本主义制度，主张只有变革资本主义私有制，才能为推动“两个和解”创造

① 《马克思恩格斯文集》(第5卷)，人民出版社2009年版，第97页。
② 《马克思恩格斯文集》(第7卷)，人民出版社2009年版，第928-929页。

条件。

人类与自然的和解，绝非主张人类回归到原始的自然，也绝不意味着要求人类放弃对自然的利用，而是要求人类尊重自然的客观规律，遵循"美的规律"，在自然生态的承载极限范围内合理开发利用自然。正如罗尔斯顿所指出的，解放不仅表现在人对自然的宰制能力上，同时还表现在与自然保持亲密的关系上。因为，离开了自然界，人类连生存都无法保障，更何谈进行物质生产、创造历史。从历史的维度来看，自然具有相对于人的先在性，后天成长起来的人是直接的自然存在物。从能动性的维度来看，人类有着自然界没有的能动性，能够根据自身的目的、需要及意愿能动地改造自然，"懂得按照任何一个种的尺度来进行生产，并且懂得处处都把固有的尺度运用于对象"①。尽管如此，人类仍是一种受动的存在物。特别是在人化自然之前，自然界还没有受到人类历史进程的影响。正如马克思和恩格斯在《德意志意识形态》中所指出，"自然界起初是作为一种完全异己的、有无限威力的和不可制服的力量与人们对立的"②，他们把人类对自然的反应称为是纯粹动物式的意识。但是，工业革命以来的资本主义揭开了自然的神秘面纱，在工具理性和科学万能的主宰下，自然的祛魅似乎是不可避免的，对自然的崇拜必将荡然无存。资本主义制度下的自然界变成真正的有用物、真正的人的对象，自然界的最大价值在于服从和服务于人的需要。正是资本主义私有制造成劳动的异化、人的异化、自然的异化，造成人与自然的物质变换的断裂，因而，人类与自然的和解，必须成为马克思主义解放事业的重要组成部分。建立在对资本主义私有制扬弃基础上的共产主义社会，为人的自由全面发展创造了条件，进而为合理地调节人类与自然之间的物质变换关系创造了条件。

人类本身的和解就是要消除资本主义生产关系中少部分人对大部分人的剥削和压迫，消除劳动的异化、人的异化，为实现人的自由全面发展和共产主义社会创造条件。在马克思看来，劳动是作为人与自然物质变换过程的中介。劳动的过程就是不断调节人与自然之间物质变换的过程。在这个过程中，影响和改变了人类与自然和人类自身之间的关系。反过来，也还有人们相互之间结成

① 《马克思恩格斯文集》（第1卷），人民出版社2009年版，第163页。
② 《马克思恩格斯文集》（第1卷），人民出版社2009年版，第534页。

一定的联系或关系共同活动，才能进行物质生产或精神生产。“只有在这些社会联系和社会关系的范围内，才会有他们对自然界的影响，才会有生产。”①然而，这种人们在生产中结成的正常关系却在资本主义制度下发生了异化。首先，农民被暴力剥夺了土地，失去了一切生产资料，变成了一无所有的流浪者，最后沦为工业资本控制下的工人。其次，工人在生产过程中创造的价值却被少数人无节制地占有，多劳未必多得，“物的世界的增值同人的世界的贬值成正比”②，他们生产的财富越多，反而变得越贫穷，反而越变成廉价的商品。最后，工人除了仍受政治上的压迫、经济上的剥削外，身心还受到非人的工作及生活环境的伤害，注定了他们难以以人或非人的方式存在、甚至难以以动物的方式存在。正如恩格斯所指出，工人阶级处境悲惨的原因，“应当到资本主义制度本身中去寻找”③。因此，资本主义私有制决定了其制度的非人性。而只有在共产主义社会这样真正的共同体中，才能消除人与人在利益上的对立，每个人才能获得全面发展其才能的机会。

马克思指出：“人对自然的关系直接就是人对人的关系，正像人对人的关系直接就是人对自然的关系。”④人类与自然的和解为人类自身的和解提供了物质基础，人类自身的和解为人类与自然的和解提供了根本保障。在资本主义制度下，人与自然之间关系的异化，一定程度上是人与人之间关系的异化的表现。“两个和解”构成马克思主义为人类解放事业的重要内容。

二、“两个和解”何以必须

马克思恩格斯当年提出“两个和解”思想是基于资本主义制度的矛盾，而今天和平与发展是时代主题，社会主义制度与资本主义制度“两制”并存。那推动“两个和解”是否还有必要，是否有意义？社会主义制度条件下是否仍面临“两个和解”的问题？

马克思恩格斯提出“两个和解”思想是基于资本主义方式对自然的过度占

① 《马克思恩格斯文集》（第1卷），人民出版社2009年版，第724页。
② 《马克思恩格斯文集》（第1卷），人民出版社2009年版，第156页。
③ 《马克思恩格斯文集》（第1卷），人民出版社2009年版，第368页。
④ 《马克思恩格斯文集》（第1卷），人民出版社2009年版，第184页。

有,并扩展至对全球自然资源的大肆攫取,进而造成了人与自然的物质变换的断裂。这种人与自然关系的异化,同时还伴随着资产阶级对无产阶级的政治压迫及生态权益的剥夺,使无产阶级遭受狭小空间、污浊空气、不净饮水等生态环境的"污染"。人与自然、人与人之间异化关系的背后是资本的异化和资本主义制度对人性的压制。虽然今天我们所处的时代与马克思恩格斯当年所处时代截然不同,所面临的两类矛盾也有很大的不同,但是协调人与人、人与自然的关系依然是社会发展进步的重要内容。特别是马克思恩格斯当年提出的"两个和解"的任务仍然没有完成,人类还没有实现彻底的自由和解放,人类社会发展的最高目标共产主义社会也还没有实现。

从社会主义的发展历程来看,推动"两个和解"仍然是推进社会主义事业无法回避的重大任务。马克思主义指明了建立无产阶级专政、实现人类解放的根本方向。但是马克思主义原初设想的无产阶级革命首先在西欧一些发达的国家爆发,并建立无产阶级专政。但是随着资本主义发展出现的新变化,马克思晚年开始关注俄国和东方经济落后国家的发展道路问题,认为俄国可以不通过资本主义制度的"卡夫丁峡谷"。列宁同志领导了十月革命和社会主义革命,提出"一国胜利论",成功地在经济社会落后的俄国取得了无产阶级专政、建立了社会主义制度。在马克思主义的指导和十月革命胜利的鼓舞下,经过艰苦卓绝的斗争,我们取得新民主主义革命的胜利,建立了社会主义制度。但是对于什么是社会主义、怎样建设社会主义仍然认识不清。在社会主义建设探索实践中,我国不断加深了对社会主义的认识,提出了社会主义初级阶段论、社会主义本质论。东欧剧变、苏联解体,促使中国深化对于建设、治理社会主义社会这样全新社会的认识。苏联虽然在经济、军事上可与西方大国竞争,但是在推动"两个和解"上存在不足。主要表现在:一是未能较好地处理经济发展与生态环境保护的关系,进而造成人与自然关系的异化;二是未能同步提升人民生活水平,进而逐渐失去了民心,危及制度安全和政权安全。而中国一方面从关系民族永续发展根本大计的高度,努力推动人与自然的和谐共生;另一方面坚持以人民为中心的发展思想,促进人的全面发展,努力实现全体人民的共同富裕,从而为推动"两个和解"创造了坚实的基础。

从两种意识形态、两种社会制度较量的角度来看,推动"两个和解"是社会主义战胜资本主义的必然要求。社会主义代替资本主义的过程并非直接的线性关系，且社会主义发展的事实也证明了如此，即意味着在完成代替之前，必然存在一个"两制"共存、竞争的阶段。在这个阶段，社会主义和资本主义的力量在发生实时的角逐和较量，并最终为实现"两个必然"积累条件。苏东剧变后，"马克思主义过时论""社会主义失败论"等唱衰论调一度甚嚣尘上。但是，我国坚定走社会主义道路，推动"五大文明"协调发展，创造了中国式现代化新道路和人类文明新形态，"使世界范围内两种意识形态和社会制度的历史演进及其较量发生了有利于社会主义的重大转变"[①]。虽然当今的资本主义较马克思恩格斯所生活、观察、批判的资本主义有着巨大差别，并且采取了许多缓解矛盾的举措，但是这终究是在资本主义制度范围内的"小修小补"。2008 年美国次贷危机以及随后的欧债危机等等都表明，资本主义制度的矛盾仍在不断加剧，资本主义的制度性缺陷和结构性矛盾仍未找到有效的"拯救"方案。由此可见，要使社会主义在两种制度较量中获得更大的优势，并最终代替资本主义，就必须采取更多的政策举措以更好地推动"两个和解"。

三、推动"两个和解"何以可能

新时代生态文明建设必须落实"十个坚持"原则，这"十个坚持"为推动"两个和解"提供理念指引、方法支撑、发展动力、系统思维、制度保障、全球视野。

其一，把握生态与文明兴衰的历史规律，坚持人与自然和谐共生，为推动"两个和解"提供理念指引。坚持人与自然和谐共生是顺应生态与文明兴衰历史规律的集中体现，它继承和发展马克思恩格斯关于人与自然关系的思想。坚持人与自然和谐共生，既是新时代坚持和发展中国特色社会主义的基本方略，又是新时代推进生态文明建设必须坚持的首要原则。我们要建设的社会主义现代化必须是人与自然和谐共生的现代化。人与自然的共生关系决定了对自然的伤害必然等于伤及人类自身。坚持人与自然和谐共生，不仅要承认人类的主体地位，同时要凸显人类作为道德责任的承担主体对自然内在价值的自觉认可和对自然生态系统的自觉维护，因而具有重要的伦理意义。因此，"遵循人与

① 《中共中央关于党的百年奋斗重大成就和历史经验的决议》，人民出版社 2021 年版，第 63-64 页。

自然和谐共生规律是‘生命共同体’向人类提出的基本要求”[①]。

“两个和解”内蕴了代内与代际、不同民族与国家之间的和解，同时还内蕴了人类与自然之间的和解。人与自然的和谐共生正好为此确立了相应的理念原则。一是从时间维度看，人与自然的和谐共生蕴含代内与代际的共建共享。马克思对资本主义社会少数人对土地的占有所导致的代内、代际不公进行了批判，强调土地可持续利用要更好地促进代内及代际公正，指出“个别人对土地的私有权，和一个人对另一个人的私有权一样，是十分荒谬的。甚至整个社会，一个民族，以至一切同时存在的社会加在一起，都不是土地的所有者”[②]。推进生态文明建设，其短期目标是解决当代人面临的生态环境问题；从长远看，是要在解决当下生态环境问题的同时关注后代人的生态福祉，让子孙后代既收获金山银山，同时还能享受到绿水青山。二是从空间维度看，人与自然的和谐共生蕴含跨地区、民族和国家间的共商共赢。地球可以说是人类唯一可以依靠的生存家园。推进全球生态文明建设，必须深刻把握生态环境问题生成的全球背景、造成的全球影响及其治理的全球协同，站在和谐共生、命运与共的高度推动构建人与自然生命共同体、地球生命共同体和人类命运共同体。发达国家利用所谓“公平”的国际政治、经济体系，实施生态帝国主义，无底线地转嫁环境污染，这是环境恶果“偏爱”贫穷地区和国家的原因。以习近平同志为核心的党中央深刻认识把握生态与文明兴衰的历史规律，以全球的胸襟和宏大的视野，坚持你好我好大家好的理念，积极参与全球环境治理体系变革。没有共商共建共享，就难以守护地球家园。实现人与自然的和谐共生，离不开地区、民族和国家间的共商共赢。三是从种际维度看，人与自然的和谐共生蕴含人与自然的共生共荣。共生共荣要求把价值定位惠及人之外的自然，是在确认自然内在价值基础上的人的主体价值的确认，它实现了人的主体价值与自然内在价值的有机结合。人与自然的和谐共生就是要实现人的主体价值与自然内在价值的动态平衡。在工业文明以前，由于人的主体性及能动性有限，自然的内在价值得以较好保存。工业革命以来，人的主体价值的凸显伴随着对自然的祛魅，生态系统

---

① 张云飞：《“生命共同体”：社会主义生态文明的本体论奠基》，《马克思主义与现实》2019 年第 21 期。

② 《马克思恩格斯文集》（第 7 卷），人民出版社 2009 年版，第 878 页。

逐步走向失衡。“我们对自然的操纵越是纯熟和有效，我们就越迫切地需要尊重我们管辖的这个帝国的价值。如果我们亵渎了自然，也就亵渎了我们自己。”①而作为现代文明的生态文明，必须理性反思工业文明发展模式，超越传统发展模式自然无界限、生态无成本、增长无极限、发展无底线的“自然”预设，统筹人的主体价值和自然的内在价值。只有坚持保护优先，遵循共抓大保护、不搞大开发的导向，才能为自然生态休养生息创造条件。没有自然生态的和谐稳定，也就没有人类社会的可持续发展，更谈不上人与自然的和谐共生。因此，坚持生态兴则文明兴、人与自然和谐共生成为了推动“两个和解”的理念支撑。

其二，以绿色发展为引领，坚持绿水青山就是金山银山，为推动“两个和解”提供方法支撑。“两个和解”是人类社会孜孜以求的美好愿景。在空想社会主义者那里，他们设想的“乌托邦”“太阳城”等完美社会无不是建立在良好生态、友爱和谐的基础上。由于受到当时经济、社会等状况的限制，虽然他们对未来社会有着美好的设想，尽管也看到了阶级对立，并进行了揭露与批判，但由于资本主义生产状况和阶级状况不成熟等因素，注定他们的美好设想只能沦为空想。作为世界上第一个社会主义国家和社会主义阵营“大哥”的苏联也未能在人与自然和解上闯出一条新路。推动“两个和解”，继续以污染换增长、以 GDP 论英雄、以物质财富作为幸福的唯一标准是不行的，必须建立在绿色发展的基础之上，以合乎生态的方式把绿水青山转化为金山银山。“绿水青山就是金山银山”是习近平生态文明思想的形象表达和集中体现，是绿色发展落地的重要举措。“两山论”自 2005 年提出后，已成为我们党治国理政的重要资源。它先后被写进党中央文件《关于加快推进生态文明建设的意见》、党的十九大报告和新修订的《中国共产党章程》，并被列为新时代推进生态文明建设必须坚持的重要原则，见证了中国绿色发展的生动实践。坚持“绿水青山就是金山银山”，为实现经济发展同生态环境保护的内在统一、自然财富转化为经济财富确立指导原则，为推动“两个和解”提供了方法支撑。

“绿水青山就是金山银山”有着丰富的价值内涵，实现传统发展观、传统政绩观、传统民生观的生态转向。一是从经济维度看，“绿水青山就是金山银山”

---

① ［美］霍尔姆斯·罗尔斯顿Ⅲ：《哲学走向荒野》，刘耳、叶平译，吉林人民出版社 2000 年版，第 93 页。

倡导绿色发展,实现传统发展观的生态转向。如何处理好经济发展同生态环境保护的关系,是经济建设与环境保护共同面对的难题。要坚决摒弃以损害甚至破坏生态环境为代价换取一时经济增长的反生态发展模式。“绿水青山就是金山银山”,要求全面认识绿水青山与金山银山的对立面和统一面,既要打破守着绿水青山受穷的思想束缚,又要摒弃盲目追求金山银山的“靠山吃山”思想,更要走出“先污染后治理”的老路困境,以绿色发展理念引领经济社会全面绿色转型,进而实现传统发展观的生态转向。二是从政治维度看,“绿水青山就是金山银山”注重生态政绩,实现传统政绩观的生态转向。传统的政绩观片面强调以GDP 论英雄,这样的政绩观不可能从根本上实现经济发展与生态环境保护的双赢。要把生态效益的指标和实绩作为干部考核的重要内容,不能简单以 GDP 论英雄。为此,党中央不断优化政绩考核的顶层制度设计,实施生态环境损害责任追究,将生态审计纳入干部离任审计,开展最严的中央生态环境保护督察,生态审计、生态督察、生态问责渐成“新常态”,在党内树立生态底线、生态质量、生态效益“三合一”的生态政绩观“风向标”。坚持“绿水青山就是金山银山”,要求改变简单以 GDP 论英雄的做法,不仅算经济效益的小账、眼前账、短期账,同时更要算涵盖生态效益的大账、长远账、整体账、综合账;不仅要当好经济发展“谋士”,同时更要当好守护绿水青山的“生态卫士”,进而实现传统政绩观的生态转向。三是从民生的维度看,“绿水青山就是金山银山”追求生态幸福,实现传统民生观的生态转向。习近平总书记指出:“绿水青山是人民幸福生活的重要内容,是金钱不能代替的。你挣到了钱,但空气、饮用水都不合格,哪有什么幸福可言。”[①]“绿水青山就是金山银山”,顺应人民从“求生存”到“求生态”的需求转变,更加凸显生态环境在人民美好生活需要和美好生活向往中的关键地位,更加凸显生态幸福作为幸福生活的重要标识,更加凸显生态文明建设在党和国家事业中的战略地位,不断把绿水青山打造成人民的“财富活水”和“幸福靠山”,进而实现传统民生观的生态转向。

其三,坚持良好生态环境是最普惠的民生福祉,为推动“两个和解”提供发展动力。坚持良好生态环境是最普惠的民生福祉,不仅是关系到生态民生的保

---

① 中共中央文献研究室:《习近平关于社会主义生态文明建设论述摘编》,中央文献出版社 2017 年版,第 4 页。

障和改善,而且还关系到生态正义的实现。从人的自由全面发展的目标要求来看,“两个和解”既不是以牺牲人的发展为代价的对原始文明的回归,也不是以破坏生态为代价的对工业文明的痴迷。它必须建立在统筹人的发展性和自然的完整性的高度生态文明基础之上。人类与自然能否和解,关系到民生福祉是否能得到保障;而人类自身能否实现和解,则关系到这种民生福祉能否公平地惠及全体人民,即涉及民生福祉的普惠性问题。

马克思恩格斯对资本主义条件下的人化自然过程进行了批判。这种人化自然过程,不仅导致了人与自然关系的异化,同时也造成人与人关系的异化,使得大众的生态民生无法得到有效保障。人与自然的异化关系集中体现在资本主义农业中,“资本主义农业的任何进步,都不仅是掠夺劳动者的技巧的进步,而且是掠夺土地的技巧的进步,在一定时期内提高土地肥力的任何进步,同时也是破坏土地肥力持久源泉的进步”①。以追逐利润最大化为目的的资本主义生产就其本质是反生态的,这种所谓的“进步”都是建立在对自然资源的“榨取”和对工人阶级生态权益的剥夺上。这样的“进步”越多、越快,人与自然、人与人的矛盾冲突就越大,就越是无法推动“两个和解”。因而,从民生的维度来看,推动“两个和解”的过程就是一个不断保障生态民生福祉和扩大其覆盖面、提升其公平性的过程。只有变革资本主义私有制,才能把良好生态环境打造成最普惠的民生福祉,为实现人的自由全面发展提供坚实的生态支撑。

其四,坚持山水林田湖草沙系统治理,为推动“两个和解”提供系统思维。无论是人类与自然的和解,还是人类自身的和解,都要有系统性的思维,不能单就自然或人类来谈人类与自然的和解、人类自身的和解问题。工业革命以来,人类对自然的过度“借贷”切断了人与自然的联系,并引发人与人之间的矛盾。坚持山水林田湖草沙系统治理,站在生命共同体的高度要求人类在生产、生活实践中遵循自然规律和客观规律,尊重生态系统的整体性和系统性,恢复与生态系统的内在联系,进而破解人与人之间的矛盾问题。从“山水林田湖”到“山水林田湖草”,再到“山水林田湖草沙”,再到“山水林田湖草沙冰”,凸显生态思维主导下的生态系统治理理念的创新性发展和认识的不断深化。

---

① 《马克思恩格斯文集》(第5卷),人民出版社2009年版,第579-580页。

坚持山水林田湖草沙系统治理，彰显了整体性、精准性和底线性的生态思维。

一是就整体性生态思维而言，坚持山水林田湖草是生命共同体，注重从整体上谋划治理思路和优化治理主体。在治理思路上，强调以整体的眼光、宏观的视野、全局的广度、全球的维度来审视人与自然的关系、人与人的关系。回顾中国的环境保护之路，我国也曾经存在种树的只管种树、治水的只管治水、护田的只管护田和头痛医头、脚痛医脚的现象，未能站在生命共同体的高度来推进生态环境保护。在治理主体上，建立统一管理全民所有自然资源的部门，改变"九龙治水"的困境。国家组建自然资源部、生态环境部，强化自然资源监管，有效提升对生态整体保护、系统修复及综合治理的重要支撑及保障作用。二是就精准性生态思维而言，它采取精准化的顶层设计以破解生态整体保护、系统修复及综合治理的突出矛盾问题。如建立以国家公园为主体的自然保护地体系，改变自然保护地多头管理的局面，更好地维护生态系统的完整性。同时，在生态共同体中，突出水在人类可持续生存与发展的重要性，在水污染防治、水患治理和水生态保护等方面精准把脉定向，一体推进吃水、用水、节水、治水机制建设。三是就底线性生态思维而言，它科学把握生态环境保护与经济发展的关系，坚持保护优先和自然修复为主，严守资源环境生态红线、资源消耗上限、环境质量底线。

其五，坚持党的领导，汇聚建设美丽中国的全民行动，用最严格制度最严密法治保护生态环境，为推动"两个和解"提供制度保障。"两个和解"不能停留在概念或思想层面，必须深入到社会实践中。马克思主义非常注重实践的观点，批判"抽象人"，主张抽象的人要向现实的人的回归。马克思批判了"真正社会主义"的"概念和解观"，认为"人与自然的和解只能以人的感性实践活动为基础，在现实的生产活动中实现和解"①。离开主观能动性的实践，人与自然注定是难以和解的。

无论是人类与自然的和解，还是人类自身的和解，在实践中离开了制度、法治等制度性保障是无法真正实现的。而制度和法治既是党领导治国理政的重

① 杨兴英：《人与自然和解为什么不能建立在消灭"概念"基础上——重温马克思对"真正的社会主义"人与自然关系的批判》，《贵州社会科学》2019年第12期。

要顶层设计，又是建设美丽中国全民行动的重要手段，为调整人与自然、人与人的关系创造条件。从生态环境保护暴露出来的问题来看，其重要原因在于“体制不健全、制度不严格、法治不严密、执行不到位、惩处不得力”①。实行最严格制度最严密法治，既需要在党的强有力领导下打造一支执法“铁军”，敢于动真碰硬，做到该硬则硬、该严则严、该重则重；同时又需要汇聚全民行动，参与到法律及政策制度的制定、组织实施、跟踪问效等环节之中，共建共享生态文明的美丽中国、美丽世界，努力推动“两个和解”。

其六，坚持共谋全球生态文明建设，为推动“两个和解”提供全球视野。“两个和解”的范围远远超出一国、一个民族、一个地区，必须具备全球性视野，这也是马克思、恩格斯提出“两个和解”思想的本意。就人类与自然的和解来说，全球生态环境在空间上的整体性、关联性，决定了任何一个国家或民族或地区都难以“与世隔绝”和不受“蝴蝶效应”的影响。虽然一个国家或民族或地区内人与自然的和解是实现全球人类与自然和解的重要组成部分，但是若不从全球的视角来看待这一问题，是很难真正实现人类与自然的和解。同理，最终实现人类自身的和解，也需要世界各国、各地区、各民族间人民的和解。共谋全球生态文明建设就是在全球范围内立足人类发展的未来，锁定生态文明建设的目标指向及原则要求，不断调整人类与自然的关系、人与人之间的关系，为推动“两个和解”创造良好的条件。

从人的属性来说，人是自然属性和社会属性的统一。而类存在是社会属性的突出特点。马克思主义认为，人是一种类存在物，并“把类看作自己的本质”②。这种类存在，绝不仅仅体现在原始文明甚至农业文明时代因受制于外在自然的无奈“抱团”，即使在文明高度发展的今天，人依然具有相互需要的依存关系。类生活决定了人不可避免要与自然及他人发生直接或间接、有形或无形、可预见的或不可预见的联系。因而，马克思主义以世界历史的眼光，把为人类求解放作为自身的使命。共谋全球生态文明建设，就是对人的类存在、全面占有自己的本质要求的科学把握。从自然的空间属性来看，虽然自然界有着地

---

① 中共中央宣传部、中华人民共和国生态环境部：《习近平生态文明思想学习纲要》，学习出版社、人民出版社 2022 年版，第 84 页。

② 《马克思恩格斯文集》（第 1 卷），人民出版社 2009 年版，第 162 页。

理、区域等的划分,但是从总体上来看,自然界或生态系统已经把全人类紧紧地联系在一起,人类共处"一室"的现状至少到现在为止依然没有变,人类也尚未找到适宜生存的"第二地球"。然而,一些西方国家占据自身的经济、技术等先发优势,试图以地理或区域上的自然界划分为屏障,把环境污染转嫁到后发国家和地区,妄想将环境问题"拒之门外"。越来越多的事实证明并将继续证明,这种做法注定是徒劳的。因为生态系统的整体性以及内部各生态要素的关联性,决定了环境问题的影响必然会直接或间接、或早或晚影响到全人类,这是任何人、任何国家都无法改变的。从这个角度来看,共谋全球生态文明建设正是很明智地看到了这点。正如联合国环境规划署前执行主任埃里克·索尔海姆表示:"中国践行生态文明理念,展现出立志于为所有人创造更美好世界的思考。"①因此,无论是人类与自然的和解,还是人类自身的和解,都不可能搞"关门主义",必须具有世界历史的眼光、全球性的视野。

第三节　实现"两个必然"

从苏东剧变到21世纪资本主义的"腐而不朽",西方学者甚至国内也有人不断质疑"两个必然"的科学性。虽然当今时代发生了巨大而深刻的变化,但"我们依然处在马克思主义所指明的历史时代"②,"两个必然"仍然是世界发展大趋势。余金成等人分析了马克思对论证"两个必然"的两个层次:基于唯物史观基本理论层面的阐述和基于资本主义矛盾层面的阐释,并从历史唯物主义之困和剩余价值理论之惑两方面指出了社会主义代替资本主义传统视角的合法性危机,提出社会主义代替资本主义的价值尺度视角。③ 可以说,价值尺度视角为论证"两个必然"提供了新的思路。同时,社会主义代替资本主义的传统视角仍然具有时代价值。从人类文明的历史演进、当前世界发展出现的新变化、中国特色社会主义的新发展等多维度,可以拓展论证"两个必然"的新视角。

---

① 《描绘人与自然和谐共生的美丽画卷(国际社会看中国这十年)》,《人民日报》2022年10月24日第06版。

② 《习近平谈治国理政》(第2卷),外文出版社2017年版,第66页。

③ 余金成、郑安定、余维海:《中国特色社会主义与人类发展模式创新研究》,天津人民出版社2020年版,第110-131页。

生态文明是新时代推动中国特色社会主义以更大制度优势实现“两个必然”的关键论域。从人类文明的演进来看，生态文明代表了最新的文明，而中国高举生态文明这个旗帜，创造了举世瞩目的生态奇迹和绿色发展奇迹。从历史和现实来看，资本主义工业文明只能是穷途末路，只会愈发加剧人与自然之间的矛盾，引发让世界难以承受的生态危机。而生态文明正是化解这场危机的根本之道。从传统社会主义的发展来看，也正是由于未能正确处理好经济发展同生态环境保护的关系，使得生态环境问题成为传统社会主义失败的重要原因之一。因而，我国充分汲取传统社会主义发展的历史经验及教训，坚持以习近平生态文明思想为指导，把生态文明建设纳入党和国家事业发展全局的“五个一”重要地位，推进人与自然和谐共生的中国式现代化。生态文明已经成为中国特色社会主义的闪亮绿色标识。新时代生态文明建设的伟大成就，是新时代十年伟大变革的重要标识，它丰富了新时代十年经历的“三件大事”的时代内涵，在党史、新中国史、改革开放史、社会主义发展史、中华民族发展史上标注了新的历史印记。因此，我们完全有理由相信生态文明为论证“两个必然”提供了新视角。

从生态文明的视角来审视“两个必然”的科学性、真理性，首先需要回答的一个问题就是资本主义是否有生态文明？“资本主义生态文明”是否可能？

一、“资本主义生态文明”的梦呓

人类面临的生态问题、生态危机，归根结底是一个社会制度问题。阐述我国生态文明建设彰显社会主义制度优越性问题，就不可能回避对“资本主义生态文明”可能性的探讨。英国学者梅格纳德·德赛曾在《马克思的复仇：资本主义的复苏和苏联集权社会主义的灭亡》中发出资本主义扩张有没有任何极限的疑问，并把生态的限制作为如果有的极限之一。[①] 生态危机是不是与资本主义制度“捆绑”在一起的？谁才是全球生态危机的罪魁祸首？“资本主义生态文明”是否可能？西方当前生态环境的“优越性”是否说明了绿色资本主义、甚至“资本主义生态文明”的可能性？又是否进一步印证了资本主义制度的优越性？

① ［英］梅格纳德·德赛：《马克思的复仇：资本主义的复苏和苏联集权社会主义的灭亡》，汪澄清译，中国人民大学出版社2016年版，第43页。

对这些问题的回答,还是必须回到马克思主义对资本主义内在矛盾的揭示上。

马克思不同于其他社会主义者,他不仅批判了现存的资本主义生产方式,还通过唯物主义历史观和剩余价值规律,揭露了资本主义生产的秘密。而资本主义生产的秘密就隐藏在资本逻辑当中。对资本逻辑的批判首先应建立在对资本的阐述基础上。马克思认为,资本不同于一般的物,它反映了特定历史时代的社会关系,资本决不是一种个人力量,它代表的是一种社会力量,具有作为一种社会存在物的基本属性。

马克思在《资本论》中分析了资本运动不同于简单商品生产的目的性,指出资本运动的终极目标和永恒动力就是资本的唯一生活本能即增殖自身。"资本及其自行增殖,表现为生产的起点和终点,表现为生产的动机和目的。"①资本通过永无止境的追求增殖,进而表明自己就是资本,由此构成资本运动的内在逻辑。资本主义的生产方式还充分暴露了私有制"愚蠢而片面"的丑态,造成自然的异化,导致严重的全球生态危机。在资本家那里,只有行为的直接效益才是他们所关心的,获取利润成为其行为的唯一动力所在。在他们看来,没有从自然生产力中榨取最大好处,就称不上对资本的最有利使用。任何一个对象,包括自然界,只有它作为资本而存在,只有它被直接占有、疯狂攫取的时候,才称得上是我们的。资本创造了一个普遍有用性的体系,造成社会成员对自然界的普遍占有。"只有在资本主义制度下自然界才真正是人的对象,真正是有用物。"②资本主义生产方式彻底改变了之前社会人类对自然的崇拜。人对自然的占有、支配构成资本主义生产方式存在的基础和前提。资本增殖逻辑越充分,人类就"愈益控制自然",自然的异化越是加剧。因此,在资本主义制度框架中,无论是资本,还是资本逻辑,都无法从根本上解决生态环境问题。

然而,马克思不是止步于孤立、抽象地对资本逻辑进行批判,而是透过资本的迷雾,直指资本主义的生产关系以及资本主义私有制。换言之,对资本逻辑的批判,实质上就是对建立在资本主义私有制基础上的资本主义制度的批判。因为资本本身代表了一定历史社会形态的生产关系,资本逻辑的运行也是建立在一定历史社会形态基础之上的。资本逻辑与资本主义私有制似乎是一对孪

---

① 《马克思恩格斯文集》(第7卷),人民出版社2009年版,第278页。

② 《马克思恩格斯文集》(第8卷),人民出版社2009年版,第90页。

生兄弟。没有资本主义私有制的“庇护”，资本自行增殖的无限循环就将断裂，资本逻辑的运行也将受限；没有资本逻辑的运行，资本主义私有制也难以稳固。因此，必须系统审视对资本逻辑的批判与对资本主义私有制的批判，最终彻底变革资本主义生产方式、资本主义制度，从根本上破解资本主义的双重矛盾。马克思、恩格斯通过揭露资本逻辑的内在矛盾，指出资本主义生产方式所造成的人的异化和自然的异化，进而实现了对资本主义生产方式以及建立在私有制基础上的资本主义制度的批判，为推进社会主义生态文明建设、实现人与自然的和解指明了正确道路。

马克思主义对资本逻辑的批判直指资本主义制度的危机。面对对资本主义制度进行彻底性变革的要求，资本主义内部则极力主张通过局部调整以实现资本主义条件下生态危机的解决。1991 年，世界银行发起了旨在应对环境危机的全球环境基金，助推了绿色资本主义思潮的兴起。那么，绿色资本主义是否可能成为未来资本主义的最新形态吗？还是仅仅是一种生态幻想罢了？对此，学术界主要有三种观点。第一种观点认为，绿色资本主义鼓吹通过利用市场手段、实施技术创新、绿色碳税等政策，可以通过不触动资本主义制度体系的局部性变革，有效解决环境问题。第二种观点认为，与旧全球时代不同，以后工业文明为主导的新全球化时代，大量资本进入生态领域，生态产业得到迅猛发展并成为资本创新逻辑的必然产物。绿色资本主义不仅完全可能，而且在某种程度上已成为全球现实。① 第三种观点则认为，绿色经济在一定程度上导向了绿色资本主义，新自由资本主义在环境技术和生态制度革新方面已经作出了许多努力，虽然绿色资本主义是不可持续的，但某种程度或某种形式的“绿色资本主义”确实在发生过程之中。②

市场中心主义和技术创新真的能成就绿色资本主义吗？一方面，绿色资本主义支持者盲目崇拜技术，认为通过新技术的不断投入使用，可以有效解决环境问题。不可否认，新技术的投入、运用，一定程度上可以提高能源资源的使用效率。然而，环境问题不是单纯的技术问题，以追逐利润最大化为导向的技术

---

① 任平：《生态的资本逻辑与资本的生态逻辑——“红绿对话”中的资本创新逻辑批判》，《马克思主义与现实》2015 年第 5 期。

② 刘仁胜：《绿色资本主义的现实性及其局限》，《鄱阳湖学刊》2015 年第 3 期。

革新极有可能造成生态环境的进一步恶化。“绝没有先验的理由可以保证生产技术将会是以生态原则为基础的——除非各个资本或产业相信那是有利可图的,或者生态运动和环境立法逼迫他们那样去做。”[①]就此而言,“技术万能论”难以“点燃”绿色资本主义的生态梦想。杰文斯悖论就是对“技术万能论”的反面印证。另一方面,绿色资本主义支持者主张利用碳税、“总量管制和交易”、绿色金融等市场手段破解环境难题,也是难以从根本上奏效。资本主义同生态环境之间的根本性矛盾,决定了任何市场中心主义的方案都不过是资本逻辑的“外衣”。追求经济增长、追逐利润的目标必然造成生态环境保护为经济发展让路,生成以资本逻辑为导向的环境政策。这样的环境政策绝不可能成为经济发展的“负担”。由此可见,“市场万能论”“技术万能论”都只不过是为了掩盖资本主义的反生态本质,为资本主义制度进行最后的辩护而已。

“绿色”作为资本主义的修饰前缀,代表了对资本主义可持续性的期望。但是,无论是何种绿色,也无论绿色程度有多深,绿色资本主义始终逃脱不了资本主义制度的框架,即其后缀“资本主义”所界定的资本主义属性。进而言之,“绿色”和“资本主义”的结合,从一开始就注定只能是生态幻想。因为资本通过不断扩张以实现增殖自身,必然刺激整个社会卷入“大量生产—大量消费—大量丢弃”的“怪圈”,造成人与自然的严重对立。对此,马克思深刻指出,资本主义的生产破坏着人和土地之间的物质变换。这就决定了任何意图在资本主义制度框架下实现自然解放的种种努力,注定是一种不可能实现的奢望。资本主义制度本身不可调和的内在矛盾注定绿色资本主义的失败。“难道拒不接受气候协议只是美国——其企业与政府——的某种特性,而非资本主义制度本身痼疾的反应?”[②]无论是主张“技术万能论”,不断推动技术革新,还是鼓吹“市场万能论”,将自然资源市场化、资本化,任何不打破资本逻辑、不触动资本主义制度,但却试图消解生态危机的努力,最终只能是一种生态幻想,也必注是徒劳的。因此,消解生态危机的最根本路径就是彻底变革资本主义制度。

---

① [美]詹姆斯·奥康纳:《自然的理由——生态学马克思主义研究》,唐正东、臧佩洪译,南京大学出版社2003年版,第326页。

② [美]约翰·贝拉米·福斯特:《生态危机与资本主义》,耿建新、宋兴无译,上海译文出版社2006年版,第8页。

有人担心,如果说资本主义制度是全球生态危机的“罪魁祸首”,那么似乎无法解释为何社会主义国家的生态问题一点不亚于西方资本主义国家？如果说绿色资本主义只是生态幻想,那为何西方资本主义国家的生态环境反而更具“优越性”呢？更进一步说,中西方在生态环境方面的现实表现对比,是否从反面印证了资本主义制度的优越性、否定了社会主义制度的优越性？

在全球环境保护运动史上,西方曾经占据着主角的位置。从《寂静的春天》唤醒全世界对环境问题的关注,到第一次联合国人类环境会议发出开展全球性环境保护的倡议,到罗马俱乐部《增长的极限》的报告引发人们对追求无止境增长带来环境后果的关切,再到《我们共同的未来》系统阐述的可持续发展理念深入人心……无疑,西方引领了全球环境保护的“前半程”,为推进全球环境保护实践进行了思想启蒙和实践探索,为其他国家开展环境保护提供了经验借鉴。而广大的后发国家则扮演着追随者的角色。切尔诺贝利核电站事件、苏联的生态危机更是成为社会主义国家的“生态伤疤”,引发对社会主义制度优越性的质疑。

西方生态环境的“优越性”更是从形式上构成对社会主义制度优越性的巨大挑战。根据耶鲁大学等研究单位联合发布的全球环境绩效指数(EPI)报告来看,2014 年中国在 178 个国家和地区中排第 118 位。之后在 180 个国家和地区中排名中,2016 年为 109 名,2018 年、2020 年均为 120 名,2022 年则下降至 160 名。置身于西方发达资本主义国家,大片的森林、绿地,随处可见人与自然和谐共生的场景。他们有着完善的国家公园和自然保护区体系,在绿色经济、公民环境意识等方面也走在前列。如此巨大的“反差”,似乎难以让人树立对社会主义制度优越性的自信。对此,习近平总书记早有预料:我们“必须面对被人们用西方发达国家的长处来比较我国社会主义发展中的不足并加以指责的现实”①。

那么,该如何来看待中国与西方资本主义国家在生态环境上的表现？关于如何进行社会制度比较,列宁同志曾经有过相关的论述,认为“要弄清所比较的各个国家的历史发展时期是否可比”②。只有建立在这个起码的条件上的比较,才是恰当的。因此,对中西方生态环境现状的比较,应充分考虑所处的不同历

① 习近平:《关于坚持和发展中国特色社会主义的几个问题》,《求是》2019 年第 7 期。

② 《列宁选集》(第 2 卷),人民出版社 2012 年版,第 379 页。

史发展时期和面对的不同外部环境，不能只看结果，而不追踪其过程。

西方走过了几百年的工业化历程，但这个历程却是资本扩张最大化、资源攫取最大化、污染程度最大化的过程。震惊全球的八大环境公害事件，伦敦沦为雾都、莱茵河曾被称为"欧洲下水道"等，这些都是西方资本主义国家盲目发展造成严重环境污染的例证。从排放历史和人均排放量来看，毫无疑问他们才是全球最大污染国和全球生态危机的最大"贡献者"。而中国的工业化才几十年，在发展过程中曾经走了粗放型发展的道路，并在很长一段时间一直处于"世界工厂"的角色，虽然也造成了较重的环境污染，但对全球生态环境问题造成的影响仍远远不及西方。从现实来看，尽管目前我国每年的碳排放约占世界的四分之一，但同时应综合考虑我国的人口基数、仍然是发展中国家这个最大的国情和仍然处于社会主义初级阶段这个最大的实际等因素，且我国人均排放量远远低于西方。党的十八大以来，我国生态文明建设进程不断加快，美丽中国建设扎实推进。中国宣示碳达峰目标和碳中和愿景，并不断提高国家自主贡献力度。不可否认，我国在生态环境领域还存在一些短板。就党的十八大以来的生态环境治理成效来看，2013 年到 2020 年空气质量改善的幅度相当于美国《清洁空气法案》启动实施以来 30 多年的改善幅度①；过去十年全国地表水优良断面比例达 84.9%，接近发达国家水平②，中国的表现得到了全球大多数国家的高度认可，无疑成为社会主义制度优越性的重要体现。而西方主导的全球环境绩效指数（EPI）不可避免先入为主地"嵌入"了西方的价值、标准等，其科学性、合理性有待进一步确证。

难道是西方制度的优越性造就了生态环境的"优越性"？事实上，西方资本主义国家工业化的过程，同时伴随着对全球的统治和生态殖民扩张。在资本主义的发展过程中，不仅农村屈服于城市的统治，同时也是欠发达国家和地区屈服于西方资本主义国家，进而为西方提供了源源不断的材料供用和庞大无限的消费市场。世界市场成为资本疯狂扩张、资本主义贪婪逐利的竞技场，使得一

① 刘毅：《党的十八大以来——美丽中国建设迈出重大步伐（中国这十年·系列主题新闻发布）》，《人民日报》2022 年 09 月 16 日第 06 版。

② 习近平生态文明思想研究中心：《谱写新时代人与自然和谐共生新华章》，《经济日报》2022 年 12 月 6 日第 10 版。

切国家的生产及消费被带入了全球化的进程。西方资本主义国家是唯一的、最大的获利者。而欠发达国家和地区，则被迫沦为原材料的仓库、中低端产品的"世界工厂"、全球产业体系的"附庸"。不仅如此，由于资本的逐利性和资本主义的短视性，西方不满足于从攫取资源中榨取超额的利润，还贪婪地把欠发达国家和地区当成了自家的"垃圾场"。"让他们吃下污染"，奉行赤裸裸的、公开的生态殖民主义，对原本饱受发展之困的后发国家带来生态之灾。为何加拿大的新鲜空气让菲律宾人感到窒息？加拿大和菲律宾之间的"垃圾争端"长达六年。生态殖民主义、生态帝国主义是透视西方生态环境"优越性"的深层逻辑。因此，西方生态环境的"优越"是建立在通过污染转移，造成欠发达国家和地区生态环境恶化并付出巨大代价的基础上，并非资本主义有什么特异的法术，更不是西方制度优越的天然产物。然而，他们欠下的"环境债"却从来不用买单。尽管如此，一些西方国家在全球环境治理上仍采取"甩锅主义"。试问，这样的"优越"何以能印证资本主义制度的优越性呢？

西方生态环境的现实"优越"，未能印证资本主义制度的优越性，反而从另一个角度彰显了社会主义制度优越性。因为，西方资本主义国家正是运用了社会主义要素，采取一些对资本主义制度反生态本质的限制措施，再加上环境污染的转移，进而促进了环境的改善，使他们跳出"环境库兹涅茨陷阱"。而社会主义中国却是建立在落后的生产力基础之上，改革开放以来在发展过程中借鉴了资本主义要素，再加上相关的制度规范约束不完善、不到位，进而造成了较为严重的环境污染。由此可见，西方生态环境的现实"优越"并非资本主义制度的"功劳"，况且还有许多资本主义国家生态环境问题突出。而社会主义国家的环境欠佳也并非社会主义制度本身的问题。"无论从短期的政治角度还是长期的生态角度，资本主义都在威胁着我们的星球。"①西方资本主义国家生态环境的"优越"和社会主义国家生态环境的落后都是暂时的。唯有认清、看透西方生态环境"优越性"的虚伪表象，消除思想认识误区，坚定不移推进新时代生态文明建设，才能更好彰显社会主义制度优越性。因此，"资本主义生态文明"根本就是个伪命题。

---

① ［英］阿列克斯·卡利尼科斯：《反资本主义宣言》，罗汉、孙宁、黄悦译，上海世纪出版集团 2005 年版，第 40 页。

二、社会主义生态文明的超越

“资本主义生态文明”的不可能,并不天然意味着社会主义生态文明的可能。生态文明之所以能够成为社会主义战胜资本主义的有力武器,原因在于有中国共产党的坚强领导,有习近平生态文明思想的科学指引,有中国特色社会主义制度的可靠保障,使得社会主义生态文明实现了对资本主义的超越。因此,有学者认为,中国最有可能引领其他国家走向可持续发展的生态文明、建设新文明[①]。

有学者认为,人类当前及可以预见的未来要面临的难题似乎都与如何克服生态危机和选择资本主义还是社会主义这两个问题密切相关。[②] 从马克思主义的视角来看,这两个问题实质上就是一个问题,即要破解生态危机,就必须从根本上变革资本主义制度。与资本主义相比,社会主义制度与生态文明在本质上具有内在统一性。生态文明必然属于社会主义,社会主义必然内蕴生态文明,社会主义生态文明实现了对资本主义的三重超越。

(一)中国特色社会主义制度实现对资本逻辑的超越

为何在资本主义制度下,资本逻辑难以以理性的形式呈现?最根本的原因在于资本主义制度难以实现对资本逻辑的规制。当然,中国特色社会主义制度对资本逻辑的超越,并非一种资本排他主义。中国特色社会主义制度坚持人民当家作主的民主政治制度体系,坚持以公有制为主体等基本经济制度,为社会主义生态文明提供最硬的“后台”,确保资本逻辑能以理性的形式来运行,确保人与自然和谐共生中国式现代化的顺利推进。

一是在政治方向上,中国特色社会主义制度夯实了我国生态文明的“姓社”底色,超越了资本逻辑的“姓资”本色。在资本主义制度下,资本起着决定性作用,资本逻辑已经渗透政治、经济、文化等各个层面,并且实现了对政治的“绑架”和对社会的普遍异化。资本与权力集团、利益集团的勾连与联姻,造成资本

---

① [美]菲利普·克莱顿、贾斯廷·海因泽克:《有机马克思主义:生态灾难与资本主义的替代选择》,孟献丽、于桂凤、张丽霞译,人民出版社2015年版,中译本序第7-9页。

② [印]萨拉·萨卡:《生态社会主义还是生态资本主义》,张淑兰译,山东大学出版社2008年版,第8页。

“恶果”的全球化“漂移”,给广大发展中国家带来了前所未有的环境挑战与安全威胁。中国特色社会主义制度是科学社会主义的基本原理同我国具体实际相结合的产物,有效保障了我国生态文明的“姓社”底色,从而为推进生态文明建设、建设美丽中国提供了根本保障。我国通过制度规范资本运行,为资本设置“红绿灯”,发挥资本的文明面作用,保障资本逻辑遵从社会主义的根本政治方向、服务于社会主义现代化强国建设。没有中国特色社会主义制度的根本指引,就难以避免资本对政治的僭越,资本逻辑对权力逻辑的操控、对发展逻辑的背离。因此,中国特色社会主义制度保障了社会主义生态文明根本政治方向不偏。

二是在价值取向上,中国特色社会主义制度强化了我国生态文明的人民性,超越了资本逻辑的“伪人民性”。“人利用人是资本主义制度的价值体系的表现。”①在资本主义制度下,资本逻辑变成了少数特权阶级实现利益最大化、榨取剩余价值的“专利”,资本对自然及人性的异化关系也达到了极致。中国特色社会主义的首要性特色和根本性特质就是坚持人民至上。因为它的形成既源于人民的实践,又是为了人民、依靠人民,最终由人民共享、人民评判,由此确立了社会主义生态文明“以人民为中心”的根本价值取向。新时代生态文明建设坚持良好生态环境是人民群众共有财富的原则,紧盯人民群众反映强烈的突出环境问题,精准把握人民群众对良好生态环境的需要,不断实现人民群众对美好生活的向往。人民群众更多、更直接、更公平、更普惠地享受到生态文明建设的成果。因此,中国特色社会主义制度保障了社会主义生态文明人民立场不移。

三是在发展导向上,中国特色社会主义制度体现了我国生态文明的共享性,超越了资本逻辑的自反性。在法国学者安德列·高兹看来,受到经济理性的控制并以资本增殖为终极目标的资本主义社会关系,不仅控制着个人和社会的生活与活动,而且还主导着个人和社会的价值与目标。② 在资本主义制度下,增殖自身成为资本逻辑的最大动机和最强动力,资本的垄断和无序扩张成了资

① [美]艾里希·弗洛姆:《健全的社会》,孙恺祥译,人民文学出版社 2018 年版,第 76 页。

② [法]安德列·高兹:《资本主义,社会主义,生态:迷失与方向》,彭姝祎译,商务印书馆 2018 年版,第 113 页。

本主义生产方式的桎梏。而在社会主义制度下,资本逻辑服务于人的发展逻辑,引导国有资本带动、撬动社会资本参与生态文明建设,防范资本在生态环境领域无序扩张和肆意破坏,为全体人民共享良好生态环境奠定了基础。2021 年还专门印发了《关于鼓励和支持社会资本参与生态保护修复的意见》。社会主义生态文明的共享,不仅体现在通过发展理念的"绿化"、生态体制的优化保障我国代内、代际之间的生态共享,而且还通过建设绿色"一带一路"、构建人类命运共同体推动全球的生态共享和世界各国的"抱团"发展。我国生态文明以共享性确立了全球共同发展的新坐标。因此,中国特色社会主义制度保障了社会主义生态文明共享性不减。

(二)中国共产党实现对西方政党的超越

党对生态文明建设的全面领导,既是推进我国生态文明建设的根本政治保证,也是社会主义生态文明的内在本质特征。中国共产党传承马克思主义政党的"红绿交融"基因,具有推进生态文明建设的胸怀和意志,自觉地把"领导人民建设社会主义生态文明"写入党章,推动生态文明建设成为全党、全国、全社会的政治自觉。而西方政党难以撼动资本主义制度的根基,不可能成为人民的"代言人"。

中国共产党传承马克思主义政党的"红绿交融"基因。西方政党几乎都以所谓"人民党"或"全民党"自居,但其背后却与资本集团进行政治联姻、利益"捆绑"。由此决定他们必须为资本代言,不可能真正成为人民的"代言人"。即使是西方绿党,其绿色政治主张仍是在资本主义制度框架下的"小修小补",未能给普通大众带来可持续的生态福祉。在俄乌冲突和欧洲能源危机的大背景下,绿党出身的德国副总理哈贝克也只能在"拒绝核能"上妥协,把环保抛到了一边。还有一些国家重启煤电厂。而马克思主义政党将绿色视野融入为工人阶级和劳动人民争取解放的运动中,把生态文明作为实现共产主义的内在要求。马克思、恩格斯在早期就关注了社会底层的生态权益问题。中国共产党人则继承了"红绿交融"的基因,在领导革命、建设和改革的过程中,把环境保护和生态文明建设作为推进伟大社会革命的重要内容,推动我国生态文明建设从认识到实践都发生了历史性、转折性、全局性变化,不断实现人民对美好生活向往,推动构建人类命运共同体,担负起大党、大国的道义担当。

中国共产党具有推进生态文明建设的胸怀和意志。“作为马克思主义执政党的中国共产党形成确立了自己完整系统的生态文明理念原则及其治国理政方略”[①],党善规划、谋长远、抓落实的政治能力及政治智慧,是西方政党从根本上难以企及的。他们最远的谋划莫过于下一次选举。为了选举,为了所谓的“发展”和消除“不公平的经济负担”,破坏全球环境规则、牺牲他国利益反而成了“正当”理由。中国共产党胸怀“国之大者”,站在实现长期执政的政治高度推进生态文明建设。“中国共产党领导人民建设社会主义文明”写入党章,生态文明写入宪法,这在世界政党史上都是独一无二的。习近平总书记多次强调自己对生态环境保护问题看得很重,“对突破三条红线、仍然沿用粗放增长模式、吃祖宗饭砸子孙碗的事,绝对不能再干,绝对不允许再干”“对破坏生态环境的行为,不能手软”[②]……充分彰显了我们党推进生态文明建设的坚定意志和坚强决心。此外,我们党还善于顶层设计,制定了美丽中国建设和达成“双碳”目标的“时间表”“路线图”,为不确定的全球环境治理注入更多的中国确定性。

(三)习近平生态文明思想实现对西方生态思潮的超越

虽然任何一种生态思潮都无法忽视人类面临的生态危机问题,但不同思潮间仍存在着激烈的意识形态对抗与较量。对生态危机的根源、本质、出路和责任划分等的不同主张,既构成不同思潮间的最本质区别,也成为两种意识形态、两种社会制度较量的重要表征。习近平生态文明思想坚持马克思主义生态观的指导,立足社会主义的本质规定,坚定不移以人民为中心推进生态文明建设,实现了对西方生态思潮的超越。

从理论主张来看,西方生态思潮具有片面性。“浅绿”思潮和生态学马克思主义以现代主义的视野,主张以现代人类中心主义价值观替代传统的人类中心主义价值观,坚持人类利益优先。“深绿”思潮和有机马克思主义则以后现代主义的视野,强调自然价值、自然权利之于人类利益的优先性,进而排斥经济增长和现代科技。这些主张归根到底是一种主客二元对立的思维,割裂了人与自然、人类文明与自然生态、自然观与历史观的辩证统一关系。习近平生态文明

① 郇庆治:《以更高理论自觉推进全面建设人与自然和谐共生现代化国家》,《中州学刊》2023 年第 1 期。

② 习近平:《论坚持人与自然和谐共生》,中央文献出版社 2022 年版,第 88、11 页。

思想继承发展了马克思主义生态观，把统筹人与自然、人与人的关系融入生态文明建设的实践中。一方面，以人与自然生命共同体、地球生命共同体的理念一体推进山水林田湖草沙的系统保护及综合治理，促进人与自然的和谐共生共存；另一方面，坚持绿水青山就是金山银山的理念，及时解决人民群众反映强烈的突出生态环境问题，补上生态环境欠账，把良好生态打造成最公平的公共产品和最普惠的民生福祉，推动人与人的共赢共享。

从价值立场来看，西方生态思潮具有“伪人民性”。“深绿”“浅绿”思潮试图撇开社会制度抽象地分析生态环境问题，把生态危机看成是与资本主义制度无关的单纯价值观问题。生态学马克思主义则刻意回避资本主义社会的基本矛盾这个根本，超脱社会制度将人与自然关系简单化。这些试图破解人与自然矛盾的种种设想都只能停留在观念中。其实质是为资本主义制度开脱，漠视人民对美丽生态、人类对美丽世界的诉求。习近平生态文明思想贯彻以人民为中心的发展思想，坚持生态共有、生态共建、生态共治、生态共享，努力实现生态惠民、生态利民、生态为民。“千万工程”造就万千美丽乡村，“两山论”引领中华大地发生“绿色巨变”，构建人类命运共同体引领全球生态文明建设，充分体现了习近平生态文明思想的人民立场和人类情怀。

从治理路径来看，西方生态思潮具有不彻底性。“深绿”“浅绿”思潮片面强调价值观变革或技术革新，试图通过资本主义框架内的“小修小补”，以期解决资本主义条件下的生态环境问题。生态学马克思主义虽然对资本主义制度及其生产方式进行了批判，并强调制度和价值观的双重变革，主张建立生态社会主义社会，但未能从根本上撼动资本主义的根本制度。习近平生态文明思想立足社会主义基本制度，坚持绿色的发展观、科学的政绩观、严格的治理观，把生态文明建设的目标、要求融入经济社会发展的全过程、各环节，突出人的价值实现与生态系统的整体平衡，不断实现中国人民对美好生活的向往和世界各国人民的生态福祉。因而，习近平生态文明思想超越了西方生态思潮在治理路径上的不彻底性。

总之，习近平生态文明思想在实践过程中不断促进了共同富裕，推动了人与人、人与自然的和解进程，最终为社会主义战胜资本主义提供了思想指引。习近平生态文明思想引领新时代生态文明建设的伟大实践，充分彰显了社会主义制度的优越性。由此,更加凸显了习近平生态文明思想不仅是作为习近平新时代中国特色社会主义思想重要组成部分所彰显的真理力量和实践伟力,同时更加凸显了习近平生态文明思想对于坚持和发展中国特色社会主义、引领世界社会主义发展的价值作用。

结　语

美国学者菲利普·克莱顿、贾斯廷·海因泽克在《有机马克思主义：生态灾难与资本主义的替代选择》中，把中国视为最有可能引领其他国家走向生态文明、建设新文明的国家；挪威学者兰德斯在《2052：未来四十年的中国与世界》中唯独看好中国；英国学者马丁·雅克在《大国雄心》中发出了"中国为什么有能力引领世界的未来"之问。为什么看好中国？中国为什么能？也许有很多的不同回答，生态文明无疑是最不可忽视、也是最重要的选项之一。

中国走生态文明之路的信心和决心可以说是无人能比的。中国共产党在领导人民推进生态文明建设的实践，创造了根植中国大地、具有中国特色、体现时代精神并能够引领人类未来的新理念新思想新战略，形成了习近平生态文明思想。新时代生态文明建设的实践印证了习近平生态文明思想的真理力量和实践伟力。

习近平总书记指出："时与势在我们一边，这是我们定力和底气所在，也是我们的决心和信心所在。"①用好"时"与"势"，是伟大历史主动精神的集中体现。党的十八大以来，党领导人民推动美丽中国建设迈出重大步伐。准确把握我国生态文明建设的"时"与"势"，对于坚定"两个必然"的历史自信具有重要意义。

"时"代表历史发展迄今的必然机会。当前，我国生态文明建设正处于"三期叠加"重要关口和实现生态环境质量改善由量变到质变的关键时期，新时代

① 《习近平谈治国理政》（第4卷），外文出版社2022年版，第164页。

的中国比历史上任何时候都更有信心和能力、更有使命和责任通过生态文明彰显我国制度优越性。

从人类文明的演进来看，工业文明显然难以为继，生态文明就是最新文明，它代表了人类文明发展的历史趋势。生态文明是具有世界历史意义的关键抉择。中国创造了新的文明，生态文明就是其重要内容。一部人类文明的演进史，就是一部人与自然关系的发展史。迄今为止，人类经历了原始文明、农业文明和工业文明。在原始文明时代，人类匍匐在自然脚下，自然是一种外在于人的神秘力量。到了农业文明时代，人类对自然的利用仍是有限的、可控的。工业文明在创造巨大物质财富的同时，造成人与自然的物质变换的断裂，引发全球性生态危机。生态文明绝不是对工业文明的简单“修补”，也绝不是“后工业文明”，而是对文明生成逻辑的“大换血”，对人与自然共生关系的重塑。中国从实现党长期执政、增进民生福祉和推动中华民族永续发展的战略高度，科学把握生态兴衰这个影响文明兴衰的变量，高扬生态文明这个旗帜，开启不同于工业文明的人与自然叙事，推进了人与自然和谐共生的中国式现代化，创造了人类文明新形态。

从历史和现实来看，资本主义的发展显然难以为继，社会主义战胜资本主义的有力武器之一就是建设好生态文明。习近平总书记强调：“世界文明历史揭示了一个规律：任何一种文明都要与时偕行。”①自工业革命以来，西方资本主义借助资本和全球化的扩张，创造了前所未有的“繁荣”图景，推动历史向世界历史的转变。然而，其制度性缺陷和结构性矛盾导致“文明每前进一步，不平等也同时前进一步。随着文明而产生的社会为自己所建立的一切机构，都转变为它们原来的目的的反面”②。资本主义的文明悖论决定了其必然被更高级形态的文明所代替。近代中国所遭受的文明蒙尘，倒逼中华民族对中国式文明形态的持续探索。从“文明蒙尘”到“人类文明新形态”，中国以内蕴人与自然和谐共生的社会主义生态文明，打破了资本主义的“永久繁荣”神话。正如福斯特所言，“中国开创性地建设一种新的生态文明……进一步摒弃西方国家那种以资

① 中共中央党史和文献研究室：《十九大以来重要文献选编》（中），中央文献出版社 2021 年版，第 82 页。

② 《马克思恩格斯选集》（第 3 卷），人民出版社 2012 年版，第 518 页。

本为中心的政权模式”①。

从社会主义的发展历程来看,传统社会主义显然难以为继,必然发展到中国特色社会主义,生态文明也是其重要内容。习近平总书记指出:“怎样治理社会主义社会这样全新的社会,在以往的世界社会主义中没有解决得很好。”②苏联虽然在经济上较为充分地展示了社会主义制度优越性,却未能破解经济发展和生态环境保护的“两难”问题。基于对传统社会主义生态教训的历史反思,中国坚持把生态文明建设摆在党和国家事业发展全局中“五个一”地位,践行“绿水青山就是金山银山”的理念,推动人与自然的和谐共生,创造了举世瞩目的生态奇迹和绿色发展奇迹。生态文明建设已成为新时代中国特色社会主义的重要特征。

“势”蕴含着走向未来的必然趋势。习近平总书记指出:“生态文明建设做好了,对中国特色社会主义是加分项,反之就会成为别有用心的势力攻击我们的借口。”③这一重要论断,阐释了生态文明之于中国特色社会主义的基础性地位和根本性意义,指明了生态文明彰显我国制度优越性之“势”。

以“中国之路”顺应历史之势。顺大势是“中国之路”惠世界的定力所在。长期以来,西方以“文明高地”自居,以资本主义的扩张为物质基础、以资本主宰的强权逻辑为生存法则、以西式民主自由为“普世价值”,兜售西方制度“优越”论,宣扬历史终结于资本主义制度。然而,资本主义制度才是全球生态危机的制度根源。生态殖民主义、生态帝国主义都是西方生态环境及其制度“优越性”的最好反证。资本主义社会所支配的“虚幻共同体”已成为世界各国普遍交往、共同发展的“新的桎梏”。中国以全球视野、共同体意识和人类情怀,坚持构建人与自然生命共同体、地球生命共同体和人类命运共同体,倡导利益共享、责任共担、价值共识、命运共存,以“文明共生”超越“文明优越”,实现对“虚幻共同体”的价值超越,实现对马克思共同体思想的创造性表达和中华优秀传统文化

① 解读中国工作室:《读懂中国:海外知名学者谈中国新时代》,天津人民出版社2019年版,第193页。

② 中共中央文献研究室:《十八大以来重要文献选编》(上),中央文献出版社2014年版,第548页。

③ 习近平:《论坚持人与自然和谐共生》,中央文献出版社2022年版,第8页。

的时代性弘扬。从“以俄为师”到“以苏为鉴”，到坚持搞“中国式的现代化”，到“成功走出中国式现代化道路，创造了人类文明新形态”，再到“推进和拓展了中国式现代化”，彰显了党领导人民顺应历史大势、世界大势的历史主动。

以“中国之治”凝聚人民之势。不负人民是“中国之治”谱新篇的底气所在。人与自然和谐共生的中国式现代化是“中国之治”的逻辑必然和集中体现，是“两个行”的重要标识，是马克思主义中国化时代化的最新成果和人类文明新形态的重要表征。它对人类现代化及人类文明形态作出了历史性反思、时代性阐发。回眸历史，中华民族曾经创造了灿烂辉煌的文明成就，但近代以来遭到西方文明的凌辱。自此，探寻中国式现代化道路、复兴中华文明就成为了中华民族的历史重任。中国共产党通过革命、建设和改革，创造了以人民为中心、以实现全体人民共同富裕为目标、以人与自然和谐共生为特色的中国式现代化，持续谱写了人类发展进步的新篇章。在资本主义制度下，资本起着决定性作用，资本逻辑实现了对政治的“绑架”、对社会的普遍异化、对人的逻辑的操控和对自然的“掏空”。资本与权力、利益集团的勾连与联姻，造成资本环境“恶果”的全球化“漂移”，给世界各国人民带来难以承受的生态灾难。

以“中国之理”坚守道义之势。担道义是“中国之理”走天下的决心信心所在。近年来，西方频频渲染“中国环境威胁论”，发布所谓“中国破坏环境事实清单”，对我国大打“环境牌”，大肆唱衰社会主义。然而，西方现代化充斥着对全球的暴力掠夺和生态扩张。一些发达国家任性退群，为一己之私大搞单边主义，大开历史的“倒车”，成为公认的“共识破坏者”。同时，在全球环境治理上有意选择性“缺席”，对发展中国家的“绿色承诺”也往往沦为“空头支票”。中国共产党坚持胸怀天下，不仅为中国人民谋幸福、为中华民族谋复兴，而且还为人类谋进步、为世界谋大同。党的十八大以来，以习近平同志为核心的党中央以前所未有的力度抓生态文明建设，引领我国续写世所罕见的“两大奇迹”的同时，还创造了举世瞩目的生态奇迹和绿色发展奇迹，形成了习近平生态文明思想，为全球生态文明建设树立了新标杆，展现了负责任大党、大国的历史担当。党的百年奋斗的实践证明，中国共产党人和中国人民始终站在历史正确的一边，站在人类进步的一边，为探索建设更好社会制度方面作出了中国贡献，标注了人类真理和道义的制高点。

“所当乘者势也,不可失者时也。”面对百年变局与世纪疫情交织叠加,全球政治、经济问题与生态环境问题深度关联,围绕生态环境问题的大国博弈异常激烈,但马克思主义所指明的历史时代、“两个必然”作为世界发展大趋势、人类共处“一室”的现实依然没有变。只要我们坚持党的领导,坚持习近平生态文明思想的指导,坚持人民至上,胸怀“国之大者”,保持历史耐心和战略定力,“时”与“势”就一定能够转化为推动生态文明成为社会主义最终战胜资本主义的有力武器,全面展示中国特色社会主义制度的巨大优势。

参考文献

一、经典著作类

[1]马克思恩格斯文集(第1、2、3、5、7、8、9卷)[M].北京:人民出版社,2009.

[2]马克思恩格斯选集(第1、3卷)[M].北京:人民出版社,2012.

[3]列宁选集(第2、4卷)[M].北京:人民出版社,2012.

[4]毛泽东文集(第1卷)[M].北京:人民出版社,1993.

[5]邓小平文选(第2卷)[M].北京:人民出版社,1994.

[6]邓小平文选(第3卷)[M].北京:人民出版社,1993.

[7]中共中央文献研究室.邓小平年谱1997(下)[M].北京:中央文献出版社,2004.

[8]江泽民文选(第1—3卷)[M].北京:人民出版社,2006.

[9]胡锦涛文选(第3卷)[M].北京:人民出版社,2016.

[10]中共中央文献研究室.江泽民论有中国特色社会主义(专题摘编)[M].北京:中央文献出版社,2002.

[11]习近平谈治国理政(第1卷)[M].北京:外文出版社,2014.

[12]习近平谈治国理政(第2卷)[M].北京:外文出版社,2017.

[13]习近平谈治国理政(第3卷)[M].北京:外文出版社,2020.

[14]习近平谈治国理政(第4卷)[M].北京:外文出版社,2022.

[15]习近平著作选读(第1卷)[M].北京:人民出版社,2023.

［16］习近平. 论坚持人与自然和谐共生［M］. 北京：中央文献出版社，2022.

［17］中共中央文献研究室. 习近平关于社会主义生态文明建设论述摘编［M］. 北京：中央文献出版社，2017.

［18］中共中央文献研究室. 习近平关于社会主义社会建设论述摘编［M］. 北京：中央文献出版社，2017.

［19］中共中央文献研究室. 习近平关于全面建成小康社会论述摘编［M］. 北京：中央文献出版社，2016.

［20］中共中央文献研究室. 习近平关于社会主义经济建设论述摘编［M］. 北京：中央文献出版社，2017.

［21］中共中央党史和文献研究院. 习近平关于总体国家安全观论述摘编［M］. 北京：中央文献出版社，2018.

［22］习近平. 干在实处 走在前列：推进浙江新发展的思考与实践［M］. 北京：中共中央党校出版社，2016（2018.4 重印）.

［23］习近平. 之江新语［M］. 杭州：浙江人民出版社，2007.

［24］中共中央宣传部. 习近平新时代中国特色社会主义思想学习问答［M］. 北京：学习出版社、人民出版社，2021.

［25］中共中央宣传部、中华人民共和国生态环境部. 习近平生态文明思想学习纲要［M］. 北京：学习出版社、人民出版社，2022.

［26］中共中央文献研究室、中央档案馆. 建党以来重要文献选编（1921—1949）第 1 册［M］. 北京：中央文献出版社，2011.

［27］中共中央文献研究室. 十八大以来重要文献选编（上）［M］. 北京：中央文献出版社，2014.

［28］中共中央党史和文献研究室. 十九大以来重要文献选编（中）［M］. 北京：中央文献出版社，2021.

［29］中共中央文献研究室. 周恩来年谱（1949—1976）（下卷）［M］. 北京：中央文献出版社，1997.

［30］中共中央关于党的百年奋斗重大成就和历史经验的决议［M］. 北京：人民出版社，2021.

［31］党的十九届四中全会《决定》学习辅导百问［M］. 北京：学习出版社、

党建读物出版社,2019.

[32]《党的二十大报告辅导读本》编写组. 党的二十大报告辅导读本[M]. 北京:人民出版社,2022.

[33]国家环境保护总局、中共中央文献研究室. 新时期环境保护重要文献选编[M]. 北京:中央文献出版社、中国环境科学出版社,2001.

二、其他著作类

[1]孙通海译注. 庄子[M]. 北京:中华书局,2007(2008.1 重印).

[2]朱熹集注,金良年导读,胡真集评. 孟子[M]. 上海:上海古籍出版社,2007.

[3](宋)朱熹注,李剑雄标点. 周易[M]. 上海:上海古籍出版社,1995.

[4]曲格平. 中国环境问题及对策[M]. 北京:中国环境科学出版社,2007.

[5]曲格平. 中国的环境与发展[M]. 北京:中国环境科学出版社,1997.

[6]刘湘溶. 生态文明论[M]. 长沙:湖南教育出版社,1999.

[7]卢风. 生态文明新论[M]. 北京:中国科学技术出版社,2013.

[8]张云飞,周鑫. 中国生态文明新时代[M]. 北京:中国人民大学出版社,2020.

[9]张云飞,任铃. 新中国生态文明建设的历程和经验研究[M]. 北京:人民出版社,2020.

[10]方世南. 马克思恩格斯的生态文明思想:基于《马克思恩格斯文集》的研究[M]. 北京:人民出版社,2017.

[11]黄承梁. 习近平生态文明思想概论[M]. 北京:人民出版社,2018.

[12]刘希刚. 马克思恩格斯生态文明思想及其在中国实践研究[M]. 北京:中国社会科学出版社,2014.

[13]秦书生. 中国共产党生态文明思想的历史演进[M]. 北京:中国社会科学出版社,2019.

[14]潘家华等. 生态文明建设的理论构建与实践探索[M]. 北京:中国社会科学出版社,2019.

[15]卢风等. 生态文明:文明的超越[M]. 北京:中国科学技术出版

社,2019.

[16]路日亮等.新时代生态文明建设的理论创新[M].北京:人民出版社,2022.

[17]曹前发.建设美丽中国:新时代生态文明建设理论与实践[M].北京:人民教育出版社,2019.

[18]李捷.学习习近平生态文明思想问答[M].杭州:浙江人民出版社,2020.

[19]宋月红.新时代的生态文明建设[M].北京:当代中国出版社,2022.

[20]宫长瑞.新时代生态文明建设理论与实践研究[M].北京:人民出版社,2021.

[21]沈满洪等.生态文明建设:浙江的探索与实践[M].北京:中国社会科学出版社,2018.

[22]王宏斌.生态文明与社会主义[M].北京:中央编译出版社,2011.

[23]陆浩等.中国环境保护:形势与对策[M].北京:中国环境出版集团,2018.

[24]王毅等.绿色发展改变中国:如何看中国生态文明建设[M].北京:外文出版社,2019.

[25]中共中央组织部.贯彻落实习近平新时代中国特色社会主义思想在改革发展稳定中攻坚克难案例.生态文明建设[M].北京:党建读物出版社,2019.

[26]刘桂环等.中国生态补偿政策发展报告(2018)[M].北京:中国环境出版集团,2019.

[27]王伟光.大的历史时代与中国特色社会主义进入新时代[M].北京:中国社会科学出版社,2019.

[28]韩庆祥.强国时代[M].北京:红旗出版社,2018.

[29]黄宗良.从苏联模式到中国道路[M].北京:北京大学出版社,2014.

[30]江流等.苏联剧变研究[M].北京:社会科学文献出版社,1994.

[31]刘昱等.马克思主义文本视域下的社会主义(政治经济学卷)[M].北京:中央编译出版社,2019.

[32]王雨辰.生态学马克思主义与后发国家生态文明理论研究[M].北京:

人民出版社,2017.

[33]江畅. 中国传统价值观及其现代转换(上卷)[M]. 北京:社会科学文献出版社,2020.

[34]董险峰,丛丽,张嘉伟,等. 环境与生态安全[M]. 北京:中国环境科学出版社,2010.

[35]罗永仕. 生态安全的现代性境遇[M]. 北京:人民出版社,2015.

[36]张智光等. 生态文明和生态安全:人与自然共生演化理论[M]. 北京:中国环境科学出版社,2019.

[37]杨庭硕. 生态扶贫导论[M]. 长沙:湖南人民出版社,2017.

[38]余金成,郑安定,余维海. 中国特色社会主义与人类发展模式创新研究[M]. 天津:天津人民出版社,2020.

[39]王帆,凌胜利. 人类命运共同体:全球治理的中国方案[M]. 上海:上海人民出版社,2017.

[40]黄建军. 中国共产党思想领导能力建设研究[M]. 北京:人民出版社,2018.

[41]丛占修. 确证全球正义:世界主义及其批评者[M]. 北京:人民出版社,2020.

[42]张立文. 中国传统文化与人类命运共同体[M]. 北京:中国人民大学出版社,2018.

[43]王义桅. 回应:关于"一带一路"的十种声音[M]. 天津:天津人民出版社,2020.

[44]解读中国工作室. 读懂中国:海外知名学者谈中国新时代[M]. 天津:天津人民出版社,2019.

[45]程又中. 苏联模式的兴衰[M]. 武汉:湖北人民出版社,2000.

[46]张海源. 生产实践与生态文明:关于环境问题的哲学思考[M]. 北京:农业出版社,1992.

[47][古希腊]亚里士多德. 政治学[M]. 吴寿彭译. 北京:商务印书馆,2009.

[48][美]约·贝·福斯特. 生态革命:与地球和平相处[M]. 刘仁胜,李

晶,董慧译. 北京:人民出版社,2015.

[49][美]詹姆斯·奥康纳. 自然的理由:生态学马克思主义研究[M]. 唐正东,臧佩洪译. 南京:南京大学出版社,2003.

[50][美]J. 唐纳德·休斯. 世界环境史:人类在地球生命中的角色转变(第2版)[M]. 赵长凤,王宁,张爱萍译. 北京:电子工业出版社,2014.

[51][美]约翰·贝拉米·福斯特. 马克思的生态学:唯物主义与自然[M]. 刘仁胜、肖峰译. 北京:高等教育出版社,2006.

[52][美]约翰·贝拉米·福斯特. 生态危机与资本主义[M]. 耿建新,宋兴无译. 上海:上海译文出版社,2006.

[53][美]赫尔曼·E. 戴利、肯尼思·N. 汤森. 珍惜地球:经济学、生态学、伦理学[M]. 马杰,钟斌,朱又红译. 北京:商务印书馆,2001.

[54][美]莱斯特·R. 布朗. 生态经济:有利于地球的经济构想[M]. 林自新、戢守志等译. 北京:东方出版社,2002.

[55][美]巴里·康芒纳. 封闭的循环:自然、人和技术[M]. 侯文蕙译. 长春:吉林人民出版社,1997.

[56][美]霍尔姆斯·罗尔斯顿. 哲学走向荒野[M]. 刘耳,叶平译. 长春:吉林人民出版社,2000.

[57][美]约翰·罗尔斯. 正义论[M]. 何怀宏,何包钢,廖申白译. 中国社会科学出版社,1988.(2003.10重印).

[58][美]R. 科斯,A. 阿尔钦,D. 诺斯等. 财产权利与制度变迁[M]. 刘守英等译. 上海:上海人民出版社,1994.

[59][美]丹尼尔·H. 科尔. 污染与财产权:环境保护的所有权制度比较研究[M]. 严厚福、王社坤译. 北京:北京大学出版社,2009.

[60][美]弗朗西斯·福山. 历史的终结与最后的人[M]. 陈高华译. 桂林:广西师范大学出版社,2014.

[61][美]塞缪尔·弗莱施哈克尔. 分配正义简史[M]. 吴万伟译. 南京:译林出版社,2010.

[62][美]艾里希·弗洛姆. 健全的社会[M]. 孙恺祥译. 北京:人民文学出版社,2018.

[63][美]菲利普·克莱顿,贾斯廷·海因泽克.有机马克思主义:生态灾难与资本主义的替代选择[M].孟献丽,于桂凤,张丽霞译.北京:人民出版社,2015.

[64][美]利奥波德.沙乡年鉴[M].侯文蕙译.长春:吉林人民出版社,1997.

[65][美]罗伊·莫里森.生态民主[M].刘仁胜,张甲秀,李艳君译.北京:中国环境出版社,2016.

[66][美]约瑟夫·E.斯蒂格利茨.让全球化造福全球[M].雷达,朱丹,李有根译.北京:中国人民大学出版社,2011.

[67][意]康帕内拉.太阳城[M].陈大维,黎思复,黎廷弼译.北京:商务印书馆,1980.(2019.8重印).

[68][英]E.F.舒马赫.小的是美好的[M].虞鸿钧,郑关林译.北京:商务印书馆,1984.

[69][英]特里·伊格尔顿.马克思为什么是对的[M].李杨,任文科,郑义译.重庆:重庆出版社,2017.

[70][英]托马斯·莫尔.乌托邦[M].戴镏龄译.北京:商务印书馆,1960.(2020.05重印).

[71][英]威廉·莫里斯.乌有乡消息[M].黄嘉德,包玉珂译.北京:商务印书馆,1981.(2015.7重印).

[72][英]戴维·佩珀.现代环境主义导论[M].宋玉波,朱丹琼译.上海:格致出版社、上海人民出版社,2011.

[73][英]戴维·佩珀.生态社会主义:从深生态学到社会正义[M].刘颖译.济南:山东大学出版社,2012.

[74][英]克里斯托弗·卢茨.西方环境运动:地方、国家和全球向度[M].徐凯译.济南:山东大学出版社,2005.

[75][英]梅格纳德·德赛.马克思的复仇:资本主义的复苏和苏联集权社会主义的灭亡[M].汪澄清译.北京:中国人民大学出版社,2016.

[76][英]阿列克斯·卡利尼科斯.反资本主义宣言[M].罗汉,孙宁,黄悦译.上海:上海世纪出版集团,2005.

[77][英]马丁·雅克. 大国雄心(2版)[M]. 孙豫宁,张莉,刘曲译. 北京:中信出版社,2016.

[78][法]埃蒂安-加布里埃尔·摩莱里. 自然法典[M]. 黄建华,姜亚洲译. 南京:译林出版社,2014.

[79][法]安德列·高兹. 资本主义,社会主义,生态:迷失与方向[M]. 彭姝祎译. 北京:商务印书馆,2018.

[80][印]萨拉·萨卡. 生态社会主义还是生态资本主义[M]. 张淑兰译. 济南:山东大学出版社,2012.

[81][日]岩佐茂. 环境的思想:环境保护与马克思主义的结合处[M]. 韩立新,张桂权,刘荣华译. 北京:中央编译出版社,1997.

[82][加]威廉·莱斯. 自然的控制[M]. 岳长龄,李建华译. 重庆:重庆出版社,1993.

三、期刊论文

[1]习近平. 为实现党的二十大确定的目标任务而团结奋斗[J]. 求是,2023(01).

[2]习近平. 关于坚持和发展中国特色社会主义的几个问题[J]. 求是,2019(07).

[3]习近平. 坚持、完善和发展中国特色社会主义国家制度与法律制度[J]. 求是,2019(23).

[4]习近平. 扎实推动共同富裕[J]. 求是,2021(20).

[5]习近平. 切实把思想统一到党的十八届三中全会精神上来[J]. 求是,2014(01).

[6]习近平. 生态兴则文明兴:推进生态建设打造"绿色浙江"[J]. 求是,2003(13).

[7]宋健. 向环境污染宣战:在第三次全国环境保护会议开幕式上的讲话[J]. 环境保护,1989(07).

[8]曲格平. 中国环境保护四十年回顾及思考(回顾篇)[J]. 环境保护,2013(10).

[9]刘同舫. 人类命运共同体对全球治理体系的历史性重构[J]. 四川大学学报(哲学社会科学版),2020(05).

[10]周生贤. 走向生态文明新时代:学习习近平同志关于生态文明建设的重要论述[J]. 求是,2013(17).

[11]赵树丛. 为实现中国梦创造更好生态条件:深刻领会习近平同志关于生态文明建设的重要讲话精神[J]. 国土绿化,2013(10).

[12]刘海涛,徐艳玲. 全球环境治理与中国角色和贡献[J]. 理论视野,2021(03).

[13]张云飞. "生命共同体":社会主义生态文明的本体论奠基[J]. 马克思主义与现实,2019(02).

[14]万俊人. "正义排放"的道德共识[J]. 读书,2018(04).

[15]冷溶. 科学发展观的创立及其重大意义[J]. 马克思主义研究,2006(08).

[16]吴恩远. "中国特色社会主义"和"苏联模式"关系析论[J]. 马克思主义研究,2007(08).

[17]何畏. 生态问题的研究范式及其类型划分[J]. 马克思主义研究,2017(01).

[18]康瑞华,宋萌荣,陈丽华. 资源生态环境视阈下的苏联模式[J]. 当代世界与社会主义,2010(05).

[19]顾钰民. 生态危机根源与治理的马克思主义观[J]. 毛泽东邓小平理论研究,2015(01).

[20]梁康. 社会主义优越性问题研究综述[J]. 社会主义研究,1990(03).

[21]张祥龙. 中国古代思想中的天时观[J]. 社会科学战线,1999(02).

[22]卢风. "生态文明"概念辨析[J]. 晋阳学刊,2017(05).

[23]田心铭. 文明、生态文明与中国特色社会主义[J]. 思想理论教育导刊,2013(11).

[24]汪旻艳,管新华. 中国共产党关于社会主义优越性的理论阐述与实践探索:兼论党的制度自信思想[J]. 探索,2013(01).

[25]李钰. 新时代我国生态文明建设的作用、创新及特色发展[J]. 重庆社

会科学,2019(09).

[26]郇庆治.社会主义生态文明的政治哲学基础:方法论视角[J].社会科学辑刊,2017(01).

[27]庞中英.全球治理的转型:从世界治理中国到中国治理世界[J].国外理论动态,2012(10).

[28]郇庆治.作为一种转型政治的“社会主义生态文明”[J].马克思主义与现实,2019(02).

[29]秦宣.概括提炼社会主义制度优越性的必要性和基本依据[J].中国特色社会主义研究,2012(04).

[30]张丽.国外学者关于生态危机根源及其消解途径的研究述评[J].世界社会主义研究,2021(01).

[31]肖祥.习近平生态文明思想的哲学方法论[J].中国井冈山干部学院学报,2019(03).

[32]杨雪锋.垃圾分类:行动困境、治理逻辑与政策路径[J].治理研究,2019(06).

[33]陈绍军,李如春.意愿与行为的悖离:城市居民生活垃圾分类机制研究[J].中国人口、资源和环境,2015(09).

[34]任丙强.生态文明建设视角下的环境治理:问题、挑战与对策[J].政治学研究,2013(05).

[35]沈费伟,刘祖云.合作治理:实现生态环境善治的路径选择[J].中州学刊,2016(08).

[36]王英伟,孙新.生态共享的理论意蕴及其实践指向[J].思想教育研究,2020(11).

[37]罗健,梁德友.生态共享:习近平共享发展理念的逻辑要求及实现理路[J].广西师范大学学报(哲学社会科学版),2019(02).

[38]花明.习近平生态文明思想在江西的生动实践[J].鄱阳湖学刊,2018(06).

[39]李军鹏.共同富裕:概念辨析、百年探索与现代化目标[J].改革,2021(10).

[40]付文军. 中国特色社会主义共同富裕论纲[J]. 社会科学辑刊,2021(06).

[41]杨兴英. 人与自然和解为什么不能建立在消灭“概念”基础上:重温马克思对“真正的社会主义”人与自然关系的批判[J]. 贵州社会科学,2019(12).

[42]任平. 生态的资本逻辑与资本的生态逻辑:“红绿对话”中的资本创新逻辑批判[J]. 马克思主义与现实,2015(05).

[43]刘仁胜. 绿色资本主义的现实性及其局限[J]. 鄱阳湖学刊,2015(03).

[44]吴宁,刘玉新. 论习近平总书记对生态文明建设重要论述的创新及其意义[J]. 湖南社会科学,2018(02).

[45]牛先锋. 在应然与实然之间的社会主义优越性[J]. 人民论坛,2010(08).

[46]曾建平. 生态文明的三种阐释[J]. 鄱阳湖学刊,2009(01).

[47]铁铮. 中国引领着世界的生态文明:记美国国家人文科学院院士小约翰·柯布[J]. 绿色中国,2018(15).

[48][澳大利亚]弗瑞亚·马修斯,郭辉译. 中国能引领世界走向生态文明吗?[J]. 南京林业大学学报(人文社会科学版),2013(02).

[49]李绍东. 论生态意识和生态文明[J]. 西南民族学院学报(哲学社会科学版),1990(02).

[50]刘希刚,王永贵. 习近平生态文明建设思想初探[J]. 河海大学学报(哲学社会科学版),2014(04).

[51]周光迅,郑玥. 从建设生态浙江到建设美丽中国:习近平生态文明思想的发展历程及启示[J]. 自然辩证法研究,2017(07).

[52]段蕾,康沛竹. 走向社会主义生态文明新时代:论习近平生态文明思想的背景、内涵与意义[J]. 科学社会主义,2016(02).

[53]赵振华. 走向社会主义生态文明新时代:学习习近平总书记关于生态文明建设的重要论述[J]. 学习论坛,2015(02).

[54]荣开明. 努力走向社会主义生态文明新时代:略论习近平推进生态文明建设的新论述[J]. 学习论坛,2017(01).

[55]秦宣. 习近平生态文明思想产生的历史逻辑背景[J]. 环境与可持续发展,2019(06).

[56]张森. 习近平生态文明思想的哲学基础与逻辑体系[J]. 南京大学学报(哲学·人文科学·社会科学),2018(06).

[57]宋献中等. 理论创新与实践引领:习近平生态文明思想研究[J]. 暨南学报(哲学社会科学版),2018,40(01).

[58]王磊. 特性提炼:习近平生态文明建设思想的理论特色论略[J]. 理论导刊,2017(11).

[59]陈俊. 机理·思维·特点:习近平生态文明思想的三维审视[J]. 天津行政学院学报,2017(01).

[60]黄承梁. 论习近平生态文明思想历史自然的形成和发展[J]. 中国人口·资源与环境,2019(12).

[61]李干杰. 以习近平生态文明思想为指导 坚决打好污染防治攻坚战[J]. 行政管理改革,2018(11).

[62]王雨辰. 习近平生态文明思想中的环境正义论与环境民生论及其价值[J]. 探索,2019(04).

[63]张云飞. "生命共同体":社会主义生态文明的本体论奠基[J]. 马克思主义与现实,2019(02).

[64]张云飞. 习近平生态文明思想话语体系初探[J]. 探索,2019(04).

[65]郝栋. 习近平生态文明建设思想的理论解读与时代发展[J]. 科学社会主义,2019(01).

[66]张云飞. "绿水青山就是金山银山"的丰富内涵和实践途径[J]. 前线,2018(04).

[67]方世南. 习近平生态文明思想的鲜明政治指向[J]. 理论探索,2020(01).

[68]李钰. 新时代我国生态文明建设的作用、创新及特色发展[J]. 重庆社会科学,2019(09).

[69]沈广明等. 习近平生态文明思想的政治经济学解读[J]. 马克思主义研究,2019(08).

[70]燕连福等. 习近平生态文明思想的核心内涵、建设指向和实现路径[J]. 西北农林科技大学学报(社会科学版),2021(01).

[71]许嫣然,曹司彬. 多边主义理论辨析与全球治理实践危机[J]. 教学与研究,2022(05).

[72]郇庆治. 论习近平生态文明思想的形成与发展[J]. 鄱阳湖学刊,2022(04).

[73]王艳峰,吴晶晶. 习近平生态文明思想的原创性贡献[J]. 科学社会主义,2022(03).

[74]罗健. 习近平关于共同富裕重要论述探析[J]. 马克思主义研究,2022(03).

[75]郇庆治. 论习近平生态文明思想的世界意义与贡献[J]. 国外社会科学,2022(02).

[76]郇庆治. 习近平生态文明思想的理论与实践意义[J]. 马克思主义理论学科研究,2022(03).

[77]乔清举. 习近平生态文明思想的主要内涵及理论价值[J]. 甘肃社会科学,2022(06).

[78]王雨辰,陈麦秋. 论习近平生态文明思想对西方生态文明理论的超越与当代价值[J]. 社会科学战线,2022(03).

[79]黄承梁等. 论福建是习近平生态文明思想的孕育地与发源地[J]. 东南学术,2021(06).

[80]叶海涛. 习近平生态文明思想的逻辑体系研究:基于党的十八大以来生态文明建设的实践与理论[J]. 哲学研究,2022(08).

[81]张云飞. 试论习近平生态文明思想的鲜明特征[J]. 环境与可持续发展,2022(02).

[82]张云飞. 党的十九大以来习近平生态文明思想的新发展[J]. 国家治理,2022(17).

[83]郇庆治. 论习近平生态文明思想的马克思主义生态学基础[J]. 武汉大学学报(哲学社会科学版),2022(04).

[84]郇庆治. 以更高理论自觉推进全面建设人与自然和谐共生现代化国家

[J]. 中州学刊,2023(01).

[85]郇庆治. 习近平生态文明思想的科学体系研究：一种分析框架[J]. 福建师范大学学报(哲学社会科学版),2022(06).

[86]郇庆治. 习近平生态文明思想的科学体系研究[J]. 马克思主义与现实,2023(01).

[87]王雨辰,彭奕为. "四个共同体":习近平生态文明思想的向度与价值[J]. 探索,2023(01).

[88]耿步健. 人与自然和谐共生的现代化:习近平生态文明思想的核心与特色[J]. 探索,2023(01).

[89]沈鹏. 习近平生态文明思想对全球公域环境治理的意义[J]. 武汉理工大学学报(社会科学版),2023(01).

[90]李全喜. 习近平生态文明思想世界意义探讨的三个视角[J]. 北京科技大学学报(社会科学版),2023(03).

[91]沈广明. 习近平生态文明思想对马克思主义的原创性贡献论析[J]. 马克思主义研究,2024(02).

[92]叶海涛. 论习近平生态文明思想蕴含的全人类共同价值[J]. 宁夏社会科学,2024 (03).

[93]蔡华杰. 习近平生态文明思想对马克思社会主义经济本质论的传承和贡献[J]. 江西社会科学,2024 (06).

四、博士论文

[1]李艳芳. 习近平生态文明建设思想研究[D]. 大连海事大学博士论文,2018.

[2]刘涵. 习近平生态文明思想研究[D]. 湖南师范大学博士论文,2019.

五、报纸文章

[1]习近平在全国生态环境保护大会上强调 全面推进美丽中国建设 加快推进人与自然和谐共生的现代化[N]. 人民日报,2023-07-19(01).

[2]习近平在中共中央政治局二十七次集体学习时强调 完整准确全面贯

彻新发展理念 确保“十四五”时期我国发展开好局起好步[N]. 人民日报,2021-01-30(01).

[3]习近平在第三次“一带一路”建设座谈会上强调 以高标准可持续惠民生为目标 继续推动共建“一带一路”高质量发展[N]. 人民日报,2021-11-20(01).

[4]习近平在参加首都义务植树活动时强调 全社会都做生态文明建设的实践者推动者 让祖国天更蓝山更绿水更清生态环境更美好[N]. 人民日报,2022-03-31(01).

[5]习近平在省部级主要领导干部“学习习近平总书记重要讲话精神,迎接党的二十大”专题研讨班上发表重要讲话强调 高举中国特色社会主义伟大旗帜 奋力谱写全面建设社会主义现代化国家崭新篇章[N]. 人民日报,2022-07-28(01).

[6]习近平在全国生态环境保护大会上强调 全面推进美丽中国建设 加快推进人与自然和谐共生的现代化[N]. 人民日报,2023-07-19(01).

[7]习近平在全国组织工作会议上强调 建设一支宏大高素质干部队伍 确保党始终成为坚强领导核心[N]. 人民日报,2013-06-30(01).

[8]“我们对东北振兴充满信心”:习近平总书记考察辽宁纪实[N]. 人民日报,2022-08-20(01).

[9]中共中央关于进一步全面深化改革 推进中国式现代化的决定[N]. 人民日报,2024-07-22(01).

[10]刘毅. 党的十八大以来——美丽中国建设迈出重大步伐(中国这十年·系列主题新闻发布)[N]. 人民日报,2022-09-16(06).

[11]中共中央国务院关于实施乡村振兴战略的意见[N]. 人民日报,2018-02-05(01).

[12]中华人民共和国国务院新闻办公室. 新时代的中国绿色发展[N]. 人民日报,2023-01-20(07).

[13]中共中央国务院关于做好二〇二三年全面推进乡村振兴重点工作的意见[N]. 人民日报,2023-02-14(01).

[14]美丽中国,从雾霾中突围(贯彻十八大 开局新气象·特稿):学习贯彻

落实十八大精神系列述评之二[N]. 人民日报,2013-02-21(01).

[15]李佐军. 供给侧改革助推生态文明制度建设[N]. 人民日报,2016-04-05(07).

[16]联合国机构和国际人士点赞中国经济转型:“中国更加注重经济增长的质量”[N]. 人民日报,2019-07-16(03).

[17]冯雪珺. “中国治理环境的决心令人赞叹”:访联合国前副秘书长克劳斯·托普弗[N]. 人民日报, 2019-12-03(03).

[18]南水北调东中线:五年累计调水近三百亿立方米(权威发布)[N]. 人民日报,2019-12-13(02).

[19]“中华民族的世纪创举”:记习近平总书记在河南专题调研南水北调并召开座谈[N]. 人民日报,2021-05-16(01).

[20]建设人与自然和谐共生的美丽中国:以习近平同志为核心的党中央推进生态文明建设纪实[N]. 人民日报,2021-06-05(01).

[21]“中共是为人类进步事业奋斗的政党”:国际人士积极评价《中国共产党的历史使命与行动价值》文献[N]. 人民日报,2021-08-29(03).

[22]张光政,牛瑞飞,吴刚. 中国是生态文明建设的引领者(外媒看中国)[N]. 人民日报,2021-09-28(03).

[23]首批国家公园正式设立 涉及 10 省份,保护面积达 23 万平方公里[N]. 人民日报,2021-10-13(06).

[24]175 亿人次累计义务植树 781 亿株 40 年凝聚义务植树的全民力量[N]. 人民日报,2021-12-14(13).

[25]陈尚文,李欣怡. 推动共建“一带一路”高质量发展(奋进新征程 建功新时代·伟大变革)[N]. 人民日报,2022-06-30(04).

[26]周兵. 异常高温为气候变暖再敲警钟(科技大观)[N]. 人民日报,2022-08-02(17).

[27]沈小晓,刘玲玲. 携手应对全球气候灾害风险(国际视点)[N]. 人民日报,2022-08-12(17).

[28]描绘人与自然和谐共生的美丽画卷(国际社会看中国这十年)[N]. 人民日报,2022-10-24(06).

[29]南水北调东中线累计调水量超 600 亿立方米(新数据 新看点)[N]. 人民日报,2023-02-06(01).

[30]任平.全面从严治党是党永葆生机活力、走好新的赶考之路的必由之路——奋进新征程,创造新伟业⑤[N].人民日报,2023-04-03(05).

[31]黄浩涛.生态兴则文明兴 生态衰则文明衰:系统学习习近平总书记十八大前后关于生态文明建设的重要论述[N].学习时报,2015-03-30(A1).

[32]胡熠,黎元生.习近平生态文明思想在福建的孕育与实践[N].学习时报,2019-01-09(A1).

[33]习近平在浙江(十二):“习近平同志的‘两山论’是非常了不起的思想创造”[N].学习时报,2021-03-17(A3).

[34]习近平生态文明思想研究中心.谱写新时代人与自然和谐共生新华章[N].经济日报,2022-12-06(10).

[35]方世南.生态安全是国家安全体系重要基石[N].中国社会科学报,2018-08-09(01).

[36]用习近平生态文明思想武装头脑:一论学习贯彻全国生态环境保护大会精神[N].中国环境报,2018-05-22(01).

[37]郇庆治.生态文明建设是新时代的“大政治”[N].北京日报,2018-07-16.

六、英文文献

[1]Donald Worster. *The Weath of Nature*: *Environmental History and the Ecological Imagination*. New York: Oxford University Press,1993: 27.

[2] Anthony Giddens, Christopher Pierson. *Conversations with Anthony Giddens*: *Making Sense of Modernity*. Cambridge, UK; Maden, MA: Polity Press, 1998:216.

[3]John Bellamy Foster,Brett Clark, Richard York. *The Ecological Rift. Capitalism's War on the Earth*. New York:Monthly Review Press,2010:251.

[4]John Bellamy Foster, Dennis Soron. *Ecology*,*Capitalism*,*and the Socialization of nature*:*An interview with John Bellamy Foster*. Monthly Review,2004,56(6):

10-11.

七、其他

[1]习近平给世界大学气候变化联盟的学生代表回信[N]新华社,2020-01-07.

[2]新中国 60 年水利事业发展 人水相争变人水和谐[N/OL]. http.//www. china. com. cn/news/txt/2009-08/17/content_18349001_2. htm.

[3]白洁. 习近平会见“元老会”代表团[N/OL]. http://www. xinhuanet. com/politics/leaders/2019-04/01/c_1124312963. htm.

[4]李洁等. 中国的绿色发展对世界意味着什么[N/OL]. http://www. xinhuanet. com/2023-03/17/c_1129439018. htm.

后　记

本书是在博士学位论文《习近平生态文明思想研究——基于社会主义制度优越性视域》的基础上修改完成的，也是我个人公开出版的第一本学术专著。

回想2002年起求学于江西师大，从青山湖畔至瑶湖之滨，完成了本硕阶段的学习。2009年毕业后来到江西农大工作。十年后，很荣幸有机会再回母校、读博深造。在师大十余年的学习生涯，有很多的领导老师、学友同事、家人及亲朋好友需要感谢，恐怕用言语也未能完全、完整地表达。

我特别感谢我的导师曾建平教授。曾老师是我本科、硕士和博士阶段的导师，老师以扎实的学术功底、深厚的学识造诣、严谨的治学态度、宽广的学术视野教育培养了我，这些值得我一辈子去学习。能够在"三严"导师门下学习，我倍感荣幸，同时也感到不小的压力。记得第一次认识曾老师，是我在读本科期间参加老师主讲的一次学术讲座，主题是池田大作的环境伦理思想。当时我提了个问题，还获赠了一本精美画册。正是在老师的启蒙下，我才开始关注环境伦理学。在老师的指导下，我的本科毕业论文《论大学生生态人格的培育》还获评为全省优秀毕业论文。硕士阶段，我在老师的指导下参与了相关课题，并重点围绕环境群际公正开展了研究。硕士毕业后，老师就曾多次鼓励我有机会要继续深造。面对工作、生活等方面的琐事和压力，我总是觉得力不从心。感谢老师的接纳，使我有机会"回炉再造"。面对马理专业基础薄弱、慧根难觅的我，导师付出了辛勤的指导。从学习方法到阅读书目，从博士论文选题、论证到修改完善，从小论文撰写到课题申报论证，从学习研究上的难题到工作生活上的难事，都凝结着老师的大量心血。老师虽有繁忙的公务，但总会第一时间给我答疑解惑、指点迷津。老师为学、为事、为人的大先生模范已深深地浸润着包括我在内的每一位学生的心灵。如果说我勉强达到博士水平,这些年有所进步的话,这一切都有赖于导师的谆谆教诲和倾心指导。在本书即将出版之际,曾老师欣然受邀为本书作序,给我极大的鼓舞。曾老师和师母代老师在生活上还给予我很多的关心与帮助。在此,我想真诚地向两位老师道一声:谢谢!

我衷心感谢江西师范大学马克思主义学院马克思主义理论博士点的各位老师给予我的关心、指导和帮助!衷心感谢导师组组长、德高望重的祝黄河教授。祝老师多门课的讲授和对学术问题的独特见解让我深受教育。衷心感谢传道、授业、解惑的张艳国教授、汪荣有教授、周利生教授、吴仁平教授、彭隆辉教授、王玲玲教授、王员教授、吴瑾菁教授、尤琳教授、聂平平教授等。他们中很多也是我本科、硕士阶段的任课教师,这些老师在上课、开题、预答辩等过程中给予我指导,对论文提出宝贵的意见建议。同时,我还要感谢本科班主任陈大元老师、研究生班主任彭坚老师一直以来的关心、指导与帮助。感谢江西师大马克思主义学院领导的关心、指导和办公室刘明、刘卫红、季鹏等老师的辛勤付出。

我由衷感谢博士论文提交教育部学位中心盲审过程中对我论文的肯定和好评、提出的中肯意见和修改建议的匿名专家以及博士论文答辩专家们提出的宝贵建议。

我衷心感谢江西农大相关校领导和学校相关部门领导及同事,感谢他们的关心指导与理解。感谢马克思主义学院领导、同事的关心、指导与支持。感谢2018级博士同学的一路相伴,感谢同门给予的关心帮助,感谢身边好友的鼓励激励。感谢学院党团学、宣讲团及各班优秀学生干部们和同学们,若没有他们的高效协助及全力支持,我想我是难以较好地完成手头多方面行政工作的。

最后,我要感谢一直以来特别是读博期间对我鼎力支持的父母、丈母娘、兄弟姐妹、妻子及儿女。读博期间,可爱女儿的降生给家庭增加了许多欢乐。母亲把老大带到上幼儿园后回老家了,后再次来昌帮忙带老二,老爸则独自在老家。丈母娘克服生活、气候、晕车等多重不便来照顾爱人月子和帮忙带小孩。我爱人邹娜女士在承担家庭重任、全力支持我学业的同时,在工作上尽心尽力、精益求精,这几年先后获评教授、博士生导师,真心为她感到高兴与骄傲。儿子也从幼儿园升入小学，成长进步和懂事了很多。我和我爱人的兄弟姐妹等亲朋好友以不同方式关心支持我，让我感受到家庭的温暖和亲友的支持！

本书受到了江西农业大学马克思主义理论重点学科经费资助。本书能够顺利出版，要特别感谢江西人民出版社的万莲花编辑，她严谨务实的工作作风和专业高超的编辑水平使本书在形式和体例上增色不少。由于时间、精力及水平的限制，著作还有很多不完善的地方，恳请专家多指教！在写作过程中，我参考引用了大量的国内外文献、成果，从中获得许多启发。尽管我力求做到全部列入参考文献，但也可能有遗漏，敬请谅解。谨此向所参阅文献的专家、前辈和同仁表示感谢！

习近平总书记说："路虽远，行则将至；事虽难，做则必成。"博士阶段的学习经历是人生中一笔难得的、值得铭记的宝贵财富。专著的出版，既是博士阶段学习的一个小结，同时是开启人生新未来的更高起点。我将继续保持"本领恐慌"的意识和唯有奋斗的姿态，力争以更大的成绩来回报老师的栽培和领导同事及家人的关心信任。

黄以胜
2024 年 11 月 23 日